香帅 著

那些博弈、兴衰与变迁

# 钱永不眠

## II

中信出版集团 | 北京

图书在版编目（CIP）数据

金钱永不眠 . II，那些博弈、兴衰与变迁 / 香帅著
. -- 北京：中信出版社，2022.1
ISBN 978-7-5217-3762-2

Ⅰ . ①金… Ⅱ . ①香… Ⅲ . ①金融市场－研究－世界
Ⅳ . ① F831.5

中国版本图书馆 CIP 数据核字（2021）第 221678 号

金钱永不眠Ⅱ——那些博弈、兴衰与变迁

著者： 香帅
出版发行：中信出版集团股份有限公司
（北京市朝阳区惠新东街甲 4 号富盛大厦 2 座　邮编　100029）
承印者： 天津丰富彩艺印刷有限公司

开本：880mm×1230mm　1/32　印张：10.75　　字数：275 千字
版次：2022 年 1 月第 1 版　　印次：2022 年 1 月第 1 次印刷
书号：ISBN 978-7-5217-3762-2
定价：58.00 元

# 目  录

# ｜卷　三｜金融学那点事｜

# ｜附　录｜

# 序
## 一入江湖岁月催，不胜人间一场醉

距离《金钱永不眠》出版已将近五年。如果从收录的第一篇文章《虎兕出于柙，谁之过？》算起，已经八年。

我已经写了八年。

人生也过了八年。

彼时，父亲犹能徒手上树摘柚子，母亲每日忙于与诗朋应和，我在北大光华当一名"青椒"，为发表论文和终身教职奋战。我刚结婚不久，玩心仍盛，只觉自己尚是孩子，不堪为人父母之重任。

彼时，尚未有"双创"。我姐姐在体制内，刚完成中国第一个数字出版基地的筹建，还没有自己创业的念头。彼时也没有什么"国民App（应用程序）"。我经常去北大医院门口的自动取款机取现金，然后在路口挥手叫出租车，去五道口的"多乐之日"买面包，再去华清嘉园做个按摩。我还记得，常给我按摩的女师傅姓徐。

彼时，北京清河橡树湾的房价为4万元/平方米，我觉得太贵了。几经蹉跎，被吾姐痛斥，逼我找同事的先生帮忙，买了一套 3.2 万元 / 平方米的公寓。

彼时，我们几个"青椒"几乎活在 2 万平方米的两幢光华楼里，一人一间 20 平方米的办公室。楼里有味道不错的食堂、咖啡厅、健身房、澡堂，晚上一声招呼，围桌吃饭、闲聊、打牌，然后各自回房挑灯熬夜如挤牙膏一般写论文，跟北美的合作者天天不分昼夜地在 Skype（一款即时通信软件）上交流。

那时，日子如同流水，生命清澈见底。

变化是从什么时候开始的呢？我有点记不太清了，但依稀记得生活一点点被"线上化"。

首先是"双创"大潮和"互联网金融"呼啸而来。中关村大街上，空气中都是创业激素。三五步一个众筹咖啡馆，七八步一个搞创业的地下室，连光华老楼上也开设了 MBA（工商管理硕士）创业加速器。我的很多学生选择下海，有利用光华状元资源做线上培训的，有做 P2P（互联网借贷平台）的，有做定制服装 O2O（线上到线下）的，有做共享单车的……当时北大的学生拿天使投资不难，年轻的孩子们骑在 PPT 和 TED 式演说的马背上，眼睛里闪着光芒，天地都是理想和成功的味道。其次是"互联网颠覆金融"，在去中心化、去中介化的"普惠"光芒下，金融业从业人员前所未有地多了起来，互联网金融研讨会前所未有地热闹起来，普通家庭的储蓄开始流入形形色色的互联网金融产品。

随后，就逐渐进入"指尖时代"。社交、娱乐、工作、吃喝玩乐，一个人的全部生活可以在指尖完成。微信、支付宝、滴滴、大众点评、团购大战、O2O……我开始感到脚下浪潮涌动，那还是滚烫的浪潮。

接着，微信公众号呼啸而来。我关注了一个叫"六神磊磊读金庸"的公众号，觉得六神磊磊的文笔犀利俏皮、可爱无比。然后著名的财经作家吴晓波宣布做公众号，要"骑在新世界的马背上"。"自媒体"概念开始席卷中国大地。那时，我已经在上海第一财经写了一年专栏，自己还蛮喜欢这个活儿。写了10多年学术论文后，能释放个性，将自己熟稔的武侠、小说、诗词、流行歌曲嵌入枯燥的金融学文献，解释现实世界的金融、经济现象，说实话，有点儿"爽感"。这时，我隐隐地也产生了开通公众号的想法，想得并不深远，就是朴素的小农情感，觉得有块"自留地"挺好。

2015年9月5日晚上，我开通了一个叫作"香帅的金融江湖"的公众号。发布的第一篇文章是自己很喜欢的随笔《客途秋恨——极简香港经济史》。我感觉很魔幻，阅读量从1跳到100、1000、10000。第二天醒来，发现公众号的订阅人数已经快两万了。那一刻，我感到某种触动和变化，但那种感受并不确切。

那时正流行"集美貌与智慧于一身的女子"papi酱的搞笑视频。两个姓罗的胖子——罗辑思维的罗振宇和锤子科技的罗永浩，总是在各种新闻头条里出现。我远远地看着这些热闹，笑眯眯的，从来没有想跟这些舆论旋涡中心的人有任何交集。

我的公众号订阅人数超过10万的一天，突然有广告商找上门。也有投资人蹲在我的课堂门口，一直等到深夜，要跟我谈谈。那是2016年，我感受到更多触动和变化，但那种感受仍不确切，只是模模糊糊感到自己的半截身体泡在水里，整个人有点飘荡。

后来市场上出现"知识付费"这个概念。音频课程是新世界的第一块砖。后来出现了"得到"App，我北大的一位同事——薛兆丰老师的课程的订阅人数两个月就突破了10万。在光华学院食堂的自助餐台前，战略系的路江涌教授对我说："唐涯，你也应该做一门这样的课程。"我正端着盘子取菜，突然有点蒙，笑了笑，没有说话，但好像有一簇小火苗嗖的一声出现了。

对我这样的人来说，火苗一旦出现，就跟人家的老房子着火似的，没得救。当时，我也不知道这火会烧向哪里。

后来，一切就出人意料又顺理成章地演化下去。

2017年3月，我在中信出版社出版了《金钱永不眠》。怜花说："金钱必须永不眠，否则就不叫金钱了。"龙哥说："在金融的江湖里，做自由行走的一朵花。"

后来，我见到传说中的罗振宇，合作了想象中的线上课程。

后来，我离开北大，不再是未名湖里的一尾鱼，开始了一种全新的学术研究生涯，终于成了江湖里自由行走的一颗无花的果。

后来，全世界因为一种叫新冠的病毒停摆，以一种我们这代"全球化，自由化"的动物没有见过的方式。

后来，我儿子出生了。母亲的腿脚远不如之前灵活。强悍一生的父亲会在晚上10点钟就打呼噜熟睡过去。我姐姐创业经年，经历了"双创"的泡沫破灭、2018年的经济下行、2020年的疫情……她的企业几经转型，虽然没有成为头部企业，但是顽强地活了下来。

我很久没用过现金了，也没再去过华清嘉园，多年没见过那位徐师傅，也不去面包店买面包了。几乎所有服务都在线上完成交易，盒马、美团、大众点评、河狸家、支付宝、微信、滴滴已经覆盖我的日常生活。"平台"早已不是新鲜话题，而是一种像水、电、燃气一样的存在。我的学生的创业项目，如有利网、ofo 小黄车，一个个闪亮过，又消失了。蚂蚁金服轰轰烈烈的 IPO（首次公开募股）忽然被叫停。平台封号从"创新物种"变成"鹭鸶腿上割精肉"。比特币、元宇宙成了新世界。

潮起了，潮落了；潮又起了，潮又落了。

一天，我看到镜子里的自己，忽然想起《倚天屠龙记》里的一句话："花开花落，花落花开。少年子弟江湖老，红颜少女的鬓边终于也见到了白发。"

我华发已生。中信出版社的维益对我说："金钱永不眠啊，也该有续集了吧？"

于是有了这本《金钱永不眠 II》。和《金钱永不眠》一样，我仍然"借历史的酒，浇今日的块垒"，仍然写"金融学那点事"。不一样的是，当年的"金融市场之乱花渐欲迷人眼"换成了"不要温和地走进那个良夜"，只为和时代同频。

胡长白是我的朋友，是一个顽固的中年文艺男。他"没买过股票，几乎不去银行，连淘宝也不用……但凡在机场书店遇到谈论金钱和资本的著作，我总会转身离去，生怕遇到一张虚浮油亮的作者的脸"。

直到 2017 年 4 月，他被我逼着读完了《金钱永不眠》，决定有所改变。原因是香帅"写的是金融江湖。桃李春风一杯酒，江湖夜雨十年灯。有酒一瓢，你先喝了再说；有灯一盏，你要你就点燃。她在大大小小的金融理论的缝隙中绵密地嵌入了武侠、八卦、段子和流行歌曲，总是出其不意，又合情合理。这跟我见她第一面时的印象是一致的：端正素净的美女教授的头上，轻覆着金毛狮王般的乱发"。

四年过去，长白已身居要职，我怕是不能再逼他花三天时间读一本金融书了。我的金色乱发也换了一茬又一茬的颜色——桃红、墨绿、浅棕、粉紫。大概唯一没变的就是这"出其不意"却也"合情合理"的金融江湖。

一入江湖岁月催，不胜人间一场醉。

香帅

2021 年 11 月 21 日

于北京海淀万柳

卷一

借历史的酒，
浇今日的块垒

# 01

## 变形记：华尔街投行三百年简史

时光流转，一切都已改变。

——鲍勃·迪伦，歌曲《时过境迁》

无论是金钱永不眠的《华尔街》，还是欲望、贪婪、奢靡交织的《华尔街之狼》，抑或《大空头》中市场精英们的愚蠢与自大……政治正确的好莱坞一向乐于对华尔街"不道德的血液"口诛笔伐。但电影终究是电影。美国200多年的历史长卷里，在纽约高楼耸立的丛林中，华尔街一直扮演着举足轻重的角色，而华尔街的主流是由摩根、高盛这些古老的财团主宰的。这些历史悠久的权势集团见证了一个金融帝国的起伏跌宕。它们的一举一动或操控价值上百亿美元的大宗并购，或影响着企业财团的重大商业决策。

尤其是20世纪后半叶以来，伴随全球化和金融市场一体化的浪潮，这些金融巨擘的手更是时不时掀起资本市场的惊涛骇浪，成为无数聪明的、野心勃勃的年轻人顶礼膜拜、争相追逐的对象。除了高定服装、拉菲、私人会所这些常被街头小报过度渲染的浮华，常春藤名校、无休无止的高强度工作、冷静乃至冷酷的快速决策、操控巨额资金和企业生死的快感，可能是这个行业更贴切的肖像。这个群体有个共同的名字——"投资银行家"。

理解现代金融资本市场，要从理解华尔街的投资银行开始。

## 缘起：投资银行业务始于有价证券的承销

1783 年，当美国独立战争结束时，美国联邦政府面对的是个债务缠身的烂摊子。为战争欠下的各类负债达到 2700 万美元，支付货币五花八门，金融市场一片混乱。为了改善混乱脆弱的财政状况，美国财政部长亚历山大·汉密尔顿设计了一个大胆的方案：以美国政府的信用为担保，统一发行新的国债来偿还各种旧债。

这种现代司空见惯的"以旧换新"的债券融资在 230 多年前确实算得上超前妄为。为了使债券发行筹资顺利进行，大量"捐客"涌入，充当了发行人（政府）和投资者之间的桥梁，他们寻找投资者，并负责将债券以特定的价格卖给他们。这些人有传统的银行家、投机商，以及形形色色的交易者。这些捐客在债券发行的条件甚至定价方面都发挥着重要作用。

债券市场的发展为新生的美国提供了强大的资金支持，经济活动以一日千里的速度发展，反过来又推动了资本市场的空前活跃。在这个过程中，新大陆第一代"投资银行家"的雏形开始形成。

在随后的几十年里，美国版图不断扩大，经济的快速增长对交通运输的需求使得开凿运河和修建铁路成为最迫切的任务。单独的企业显然没有能力承担这些大型项目所需要的巨额资本。面对公众的筹资和股份公司因而走上历史舞台，现代意义上的投资银行业就此拉开帷幕——早期的投资银行家通过承销有价证券，将投资者手中的财富集聚起来，为实业家提供项目融资。

初生的美利坚合众国很快就看到金融资本对实体经济发展的巨大推动力：美国以超乎想象的速度完成了工业化进程，培育了像卡内基钢铁公司这样的超级企业。到 1900 年，美国已经取代英国成为世界第一经济强国。

可能连汉密尔顿都没有想到，他的这一设计，使得美利坚合众国的发展从一开始就带着金融资本的基因，并创造了一个至今未衰的金融资本世代。那些从承销债券、股票和各种票据起家并累积了大量财富和人脉的金融家，从此在世界历史的舞台上呼风唤雨。

## 镀金时代：J. P. 摩根带来了企业并购重组

铁路的发展产生了第一批现代股份制企业——企业的所有者（股东）和经营者（管理层）分离。虽然股份制公司在项目筹融资上的优势显而易见，但在缺乏有效公司治理和法律监管的情况下，铁路股票的发行成了一夜暴富的投机工具，千奇百怪的铁路公司资本结构、恶性的重复建设和价格战使得19世纪中后期的铁路工业成为名副其实的蛮荒丛林，全美大大小小的铁路公司有成百上千家，混乱无序地充斥着新大陆。

J.P. 摩根的出现改变了这一切。有着新英格兰贵族血统的摩根是华尔街传奇的标志。他高大稳重，头发整整齐齐地向后梳，露出宽阔的额头和一双炯炯有神的眼睛，好莱坞最经典的商战片《华尔街》（1987年）中，迈克尔·道格拉斯饰演的戈登·盖柯就梳着摩根式的大背头。这个发型后来被无数人效仿，被视为华尔街标志性的形象。

进入华尔街后，J.P. 摩根开始着手一项整合美国铁路系统的计划。他出面策划了一系列公司并购和重组，通过并购重组，效益低下的小公司以合理的价格被收购，而大的铁路公司实力大为增强。美国的铁路行业进入一个前所未有的良性有序经营时代。纽约中央铁路、宾夕法尼亚铁路、巴尔的摩铁路、伊利铁路等枢纽干线和其支线逐渐形成一张铁路网，使得这个辽阔大陆成为一个统一的经济体，开创了令人难以置信的繁荣时代。

1900年，摩根再次出面组织了巨型的财团（syndicate），开始对美国的钢铁行业进行并购重组。一年后，资本金达到14亿美元的美国钢铁公司成立了，而当年美国全国的财政预算也不过5亿美元左右。得益于规模经济和专业分工的巨大优势，美国钢铁公司迅速成为国际钢铁业的垄断者，一度控制了美国钢产量的65%，左右全球钢铁的生产和价格。

资本对于实体经济的作用日益显著。作为金融市场和产业发展之间最重要的媒介，投资银行家在美国经济生活中的分量举足轻重。企业资产并购重组从此也成为投资银行业务的重头戏之一。

## 分水岭：1933 年投资银行和商业银行分离

19 世纪末 20 世纪初，华尔街第一次享用盛宴。经济的持续增长和资本市场的持续繁荣使得华尔街成为名副其实的金矿。这一时期，金融巨头们扮演着上帝的角色。它们是最大的商业银行，吸收了大部分的居民存款；同时，它们又是最大的投资银行，垄断着证券承销经纪、企业融资、企业兼并收购这些利润丰厚的"传统项目"。由于没有任何法律监管的要求，商业银行的存款资金常常会以内部资金的方式流入投资银行部门的承销业务。巨额的资金很容易催生股市泡沫，然后引发更大的资金流入。然而，一旦股市动荡或者出现债务违约，储户的资金安全就会受到很大威胁。

1929 年 10 月开始的经济危机导致大规模的股市崩盘和银行倒闭（没错，就是你小时候听说过的"万恶的资本家宁可将牛奶倒掉也不肯救济穷人"的那次经济危机），许多普通家庭的储蓄一夜之间化为乌有。为了稳定资本市场，防止证券交易中的欺诈和操纵行为，保障存款人的资产安全，美国国会在 1933 年 6 月 1 日出台了至今影响深远的《格拉斯–斯蒂格尔法案》（Glass-

Steagall Act）①，规定银行只能选择从事储蓄业务（商业银行）或者承销投资业务（投资银行）。这也意味着商业银行被证券发行承销拒于门外，而投资银行不再允许吸收储户存款。根据该法案，J. P. 摩根被迫将自己的投资业务部门分离出来，成立了摩根士丹利公司。

紧接着，第一波士顿公司正式成立，雷曼兄弟、高盛都选择了它们擅长的投资银行业务。"投资银行"这个名字正式进入金融行业的词典。现代投资银行业的历史之门从此开启。

## 时代变了：投资银行也需要改变

对于刚刚独立的投资银行业来说，20 世纪 30 到 50 年代算得上是生不逢时。大萧条的余悸犹在，市场冷冷清清，罗斯福和杜鲁门政府显然对在资本市场"兴风作浪"的金融冒险家没有太多好感，政府对银行证券业的监管一再加强。幸好战争的爆发催生了大量资金需求，国债和国库券的发行使得投资银行业度过这一段艰难的日子。为了生存，投资银行家们甚至只得委身进入不那么"上流"的证券零售经纪业务。在此期间，以零售经纪业务为主的美林证券迅速崛起。

随着战后美国工业化和城镇化高潮的出现，20 世纪 60 年代的华尔街迎来自己的又一个黄金时代，承销和并购业务源源而来。

---

① 官方名字是《1933 年银行法》(Banking Act of 1933)。

与此同时，社会财富的急速累积催生了大量共同基金。随着养老保险制度的建立，养老基金也开始大量进入市场。人寿保险公司的资金实力在同一时期也快速提升。机构投资者在市场上开始形成巨大的买方力量。随着资金量的增长，买方渐渐不再满足投行所提供的单调的权益证券和固定收益证券。不同风格的机构投资者对风险敞口、风险收益和投资组合提出了更多的不同要求，投资银行家必须适应这一趋势，开发新的金融产品成为生存所需要的技能。

## 转型之路：金融创新与交易导向型的投资银行

直到 20 世纪 70 年代，证券承销（尤其是 IPO）仍是投行的主营业务，做顶级承销商仍是这个行业至高无上的荣誉。不过，时代的风向已经开始变化。客户导向型的投资银行开始向交易导向型的金融服务商转变。

交易需求有时候来自客户。比如为了保证自己承销的各种证券（股票、债券、票据、期货、期权）的流动性，投行需要在二级市场上为它们"造市"（market making）。另外，投行的大客户（包括企业和各种机构投资者）也常常要求投行帮助他们买入或者出售大宗证券。通过频繁买入卖出，投行赚取交易的"买卖价差"，同时也极大地增加了市场的流动性。

另外的交易需求来自自营业务。早期的投行主要是金融行业的"卖方"，即帮助企业出售金融资产来募集资金。以零售经纪业务起家的美林证券在 1971 年成为华尔街第一家上市的投行后，摩根士丹利和高盛也逐渐打破行业惯例，成为公众公司。投行的资本金因此普遍大幅提高，催生了自营账户资产管理的需要。此外，随着财富积累，客户方也越来越多地对投行提出了资产管理的业务要求。这些传统的"买方"业务（如何用资金购买合适的金融资产）渐渐演变成投行业务的重要组成部分。到 20 世纪 90 年代中期，曾经独领风骚的承销和佣金收入已经下降到不到美国整个投行业收入的 25%，而以各种有价证券交易为主的自营业务和资产管理业务收入上升到 50% 以上。

随着金融产品的日渐增多和投资者结构的日渐复杂，市场的波动性成为华尔街的最大困扰。保守型的养老基金和保险公司是债券市场最大的客户，它们对于债权人的财务状况日益谨慎，对资金的安全提出了更高的要求。利率掉期（swap）因此被运用在债券市场上来对抗利率风险。接着，货币掉期也开始被运用在跨国的债券交易中来抵御汇率风险。

另一项影响更为深远的金融创新则是资产证券化。20 世纪 60 年代后期，美国快速增长的中产阶级对于自有房产的需求带动了房产抵押贷款。为了满足不断扩大的房贷资金需求，两大房产抵押机构"房利美"和"房地美"①需要更多的筹资手段。银行家们因此设计了一种叫"转手证券"（pass-through security）的衍生产品。这种债券的发行用住房抵押贷款的利息来偿付债权

---

① 两者又称"联邦国民抵押贷款协会"（Fannie Mae）和"联邦住房贷款抵押公司"（Freddie Mae）。

人。如此一来，整个房地产借贷市场的流动性大为改善，直接带动了房产和债券市场的双重繁荣。

这个被称为"证券化"的金融工具迅速流行起来，任何债券、项目、应收账款、收费类资产甚至版税收入……都可以通过证券化的形式获得融资。在随后的几十年中，林林总总的商业机构，形形色色的投资者，还有投资银行家们都以前所未有的热情投入到证券化的浪潮中。华尔街因此产生了一句谚语，叫"如果你有一个稳定的现金流，就将它证券化"。和证券化有关的各类产品良莠不齐，纷纷粉墨登场。一句不是题外话的题外话：2007 年引起全球金融海啸的次贷产品，本质上也是证券化的一个产物。

时代在变化，一杯威士忌，一根雪茄，个人魅力主宰的投资银行将要渐渐从历史舞台隐退，更为专业化、技术化、数量化的时代要来临了。

## 狂欢：金融自由化与投资银行的狂欢时代

在撒切尔夫人强硬的自由主义的执政理念下，20 世纪 80 年代的英国首先实施了被称为"大爆炸"的金融改革——分业经营的限制被打破，金融保护主义结束，固定佣金制被取消。华尔街突然发现，伦敦又成了自己可怕的敌人。尤其在国际债券市场上，伦敦交易所已经占据先机，浮动利率票据、部分支付债券、可替换债券……眼花缭乱的品种被开发出来，以满足投融资多样化的需求。紧接着，日本、加拿大等国家纷纷放松金融管制。

罗纳德·里根的上台终于让华尔街的银行家们松了一口气。规定了利率上限的 Q 条例被取消，利率彻底市场化，415 条例的实施加快了证券发行的程序，银行跨州经营的限制被打破，储蓄机构被有条件地允许开展全能银行业务。金融改革的成效很快将要体现。

美国国内市场上，"垃圾债券"（junk bond）和杠杆收购（LBO）给了传统的投资银行业务大展宏图的机会。陷入财务困境的企业的债券通常被称为"垃圾债券"，长期以来，它们在市场上乏人问津，因此价格极低。一个叫迈克尔·米尔肯的投资银行家意识到，这些看上去一文不值的债券的收益率已经远远超过风险补偿所需的回报率，没有比这更好的投资机会了。更重要的是，对于那些缺乏现金流的新技术公司（通信、信息、生物医药等）来说，可以通过发行垃圾债券给风险偏好的投资者融资。在资本的助力下，新兴的产业快速发展，创新成为美国公司的标志。美国有线电视新闻网（CNN）正是这一金融产品的代表作之一。

此外，曾在 20 世纪六七十年代风靡一时的集团公司开始显现出"大而无当"的趋势。由管理层主导的私有化风潮席卷了整个企业界。在这波被称为管理层收购（MBO）的热潮中，垃圾债券充当了管理层最好的朋友——通过发行垃圾债券融资，然后收购公司股权，公司成为高负债的非上市企业。投资银行家们大显身手，他们收取普通债券两倍以上的高额承销费用，抽取巨额佣金，同时利用自己的信息优势在市场交易中翻手为云覆手为雨。

这像是一个黄金遍地的时代。华尔街的投资银行家们发现自己同时成了全球金融自由化的宠儿。旨在发展国际债务重组的可转换债券（布雷迪债券）的发行创造了一个庞大的新兴市场，东欧、亚洲和拉丁美洲国企私有化的浪潮急切地需要投行穿针引线。更令人心跳加速的是，在美国之外的其他主要资本市场上，投行发现自己不再受到分业经营的限制。全球化提供了前所未有的舞台，银行家们成了无所不能的上帝：从兼并收购到资产管理，从财务咨询到证券清算，从承销发行到资金借贷，从权益产品到固定收益产品，从大宗商品到衍生品……20 世纪八九十年代的投行毫无疑问是金融行业的主宰。

## 投行文化与 MBA 的兴起

高盛和摩根士丹利这样的公司已经将触角伸到世界的每个角落，它们所代表的投行精英文化也随之为世界所熟悉。高盛在20 世纪 60 年代开创了招收 MBA 学生的先河。哈佛、沃顿、芝加哥、哥伦比亚、斯坦福……顶尖名校最优秀的学生被招进投行。

在华尔街，时间比金钱宝贵。投行不吝为它们的员工提供最好的物质激励。年轻的银行家们衣冠楚楚，坐头等舱，住奢华的酒店。另外，他们每天睡四五个小时，疯狂工作，在全球各地飞来飞去却没有时间和闲情逸致欣赏一下当地的风景。极富诱惑力的薪酬，与各界甚至各国商业精英接触合作的机会，与最聪明的人共事的挑战性，这一切都吸引着更多雄心勃勃的年轻人。MBA 项目如雨后春笋在全球被推广开来，常春藤名校的入门券成为通往成功的魔杖。有趣的是，中国一直讲究"书中自有黄金屋，书中自有颜如玉"，这种古老的东方价值观和最"资本主义"的华尔街精神竟然以一种奇怪的方式融合在一起。

20 世纪八九十年代是投资银行家记忆深刻的一段时光，有关金钱的传奇不断涌现。华尔街的纸醉金迷和衣香鬓影也成为这个浮华时代的素描像。在巨大的金钱诱惑前，关于道德的拷问也在不断涌现。杠杆收购的大玩家伊万·博斯基在 1986 年被控内幕交易锒铛入狱。第二年，刚拿到 5.5 亿美元年终分红的垃圾债券之父迈克尔·米尔肯也被牵连入狱。《门口的野蛮人》中描述的管理层和投行家们抢夺纳贝斯克公司的尔虞我诈的金钱游戏，在不断上演。作为这个时代的注脚，迈克尔·道格拉斯在影片《华尔街》中，留下了两句不朽的台词：

金钱永不眠（Money never sleep）；
贪婪是好的（Greed is good）。

## 混业经营成为趋势，全能银行再现江湖

当投资银行开始主宰华尔街金融业时，一旁的商业银行却饱受"金融脱媒"的煎熬。直接融资市场的发达造成大量银行客户

流失。商业贷款客户涌入债券和股票市场进行直接融资，垃圾债券和其他担保性融资产品又进一步将信用等级稍逊的企业客户瓜分。接下来存款客户也开始流失，共同基金、对冲基金、养老基金、股权私募投资、大宗商品交易市场、贴身服务的高净值个人服务……投资者可以根据自己的风险承受能力和偏好追求更好的风险收益，传统的存款业务不再有往日的吸引力了。美国商业银行资产负债表的两边在迅速枯萎。

与此同时，欧洲的金融自由化已经催生大批金融巨头。通过大规模兼并收购，巴克莱银行、德意志银行、瑞银集团都成为兼营储蓄业务和投行业务的全能银行。美国商业银行如坐针毡，要求突破分业经营的诉求一天比一天强烈。华尔街在华盛顿的游说团队在 20 世纪 90 年代达到鼎盛。作为绕开金融管制的组织机构创新，金融控股公司成为商业银行的首选。大银行纷纷通过兼并收购转型成控股公司，由下设的证券机构主理投行业务。90 年代的金融业并购风潮由此而来。1989 年 J.P. 摩根重返阔别半个世纪的投资银行业，2000 年与大通曼哈顿银行合并，成为最大的金融控股公司之一。不知不觉间，形形色色的金融创新和金融机构的全球化运作已经突破《格拉斯-斯蒂格尔法案》的藩篱。

1999 年，在克林顿政府的主导下，《金融服务现代化法案》①通过，长达半个世纪的分业经营终于落下帷幕。银行从此可以通

---

① 又称《格拉姆-里奇-比利雷法案》。

过金融控股公司从事任何类型的金融业务。新的全能银行顶着"金融控股公司"的名字再现江湖。"投资银行"独占证券市场的时代结束了，金融业正式进入"春秋战国时代"。

## 次贷狂热

21 世纪初的华尔街遭遇了异常寒冷的冬天。首先是"硅谷"+"华尔街"联合出品的高科技狂潮在世纪相交的时候退去。纳斯达克的狂泻将美国股市拖入深渊。经济疲软还没有看到尽头，2001 年"9·11"恐怖袭击再次重创美国。自 1914 年以来，纽约证交所第一次关闭长达四天之久。重开的市场一蹶不振。然而华尔街的劫数还没有完。安然公司和世通公司先后爆出财务丑闻，最终宣布破产。投资者发现，这些被投资银行家们誉为"最安全可靠"的公司的财务报表基本全是谎言。市场对华尔街的信心降到了冰点，美国经济也经历着第二次世界大战后最萧索的一个时期。

为了尽快走出经济衰退，小布什政府决定进行强势的经济干预：调整税收制度，联储大幅降息，出台系列政策鼓励提高美国家庭住房拥有率。到 2004 年，名义利率已经从 2001 年的 3.5% 降至 1%，低于通货膨胀水平。历史罕见的"负利率时代"激发了投资的欲望。同期的《美国梦首付法案》则为中低收入家庭打开了住房贷款的大门。

20 世纪 70 年代创造的"抵押贷款证券化"也在这个时期大

显身手——投资银行将住房抵押贷款分割成不同等级的担保债务凭证（CDO）在市场上大量出售，源源不断地为抵押贷款提供充足的资金。同时，担保债务的信用违约互换（CDS）被开发出来对CDO进行风险对冲。房价的不断上升使得CDO的回报率越来越高。丰厚的利润让银行笑逐颜开，更多的没有经过审慎审核的抵押贷款被发放出来，然后被迅速证券化并投放到市场上。

CDS不断攀升的回报率吸引了善于利用杠杆的对冲基金和其他金融组织（没错，你所熟悉的索罗斯就是著名的对冲基金管理人）。激进的对冲基金急切要求承担额外风险，追逐高额利润。贷款人对市场扩大的渴望和投资者试图追求更高收益的需求创造了双重压力——一些低收入或者有不良信用记录的购房者也得到了贷款，这就是次级住房抵押贷款（"次贷"）的由来。一直在攀升的房产价格掩盖了次贷低信用的本质，对冲基金纷纷通过杠杆融资，反复向银行抵押CDO，将获得的资金再度投入CDO市场。越来越长的产品链条牵引着市场的狂欢。在2004—2005年的华尔街盛宴中，收益率主宰了一切，次贷的高违约风险暂时被选择性遗忘了。

2006年6月，全美房价指数凯斯-席勒指数创下历史纪录。同年底，华尔街各大投行的营业收入和奖金水平都达到历史新高。丰厚的利润让人感觉歌舞升平的好日子似乎永无止境。

## 贝尔斯登之死

在这场次贷狂欢中，成立于 1923 年的华尔街投行贝尔斯登格外引人注目。和高盛、摩根士丹利注重学历、血统的传统不一样，贝尔斯登奉行的是一种叫"PSD"的文化——P 指贫穷（poor）、S 指聪明（smart）、D 指有强烈的（deep）赚钱欲望。基于这样的企业文化，贝尔斯登在次贷抵押贷款的承销和以次贷相关衍生品的对冲交易中格外激进，在住房抵押贷款的复杂信用衍生产品上，基金经理人频繁使用几十倍的超高杠杆率以获得更高收益。

就像经典影片《华尔街》中道格拉斯说的："这一行需要聪明的穷人，要够饥渴，还要冷血，虽有输有赢，但要不断奋战下去。"

自 2004 年上半年开始，世界原油和大宗商品的价格大幅上涨，美国国内通货膨胀压力陡增。美联储连续 17 次上调利率，抵押贷款的成本不断攀升。然而市场仍然沉浸在"大萧条以来美国房产从不下跌"的美梦中不愿意醒来。

越来越大的泡沫终于破灭了。2006 年夏，房产价格突然回落，一切都改变了。次贷的房主们发现自己陷入了资不抵债的境地，债务违约成为不可避免的结局。大量基于次贷的信用产品和衍生产品忽然丧失了流动性，400 多家经营次贷业务的金融机构倒闭，信用机构调低债券评级……多米诺骨牌式的崩溃开始了。

为了挽回损失，贝尔斯登旗下的对冲基金提高了自己的杠杆率。然而市场持续下跌使得贝尔斯登的努力化为灰烬。到 2007 年 6 月，贝尔斯登这个全球数万亿美元衍生产品合约交易的对手已经深陷巨额亏损不能自拔。尽管包括摩根大通、高盛、美国银行在内的多家金融机构联手出资 32 亿美元试图挽救贝尔斯登，但破产的命运仍无法避免。到 2008 年 3 月，贝尔斯登的流动性问题已经病入膏肓。为了避免给已经脆弱不堪的市场带来过度的系统性风险，美联储和摩根大通开始联合出手救助。仅仅两天后，已经丧失谈判筹码的贝尔斯登被迫接受摩根大通 2 美元一股的报价，而一个多月前，这个价格是 93 美元。

85 岁的贝尔斯登消失了。华尔街第五大投行轰然倒下，投行历史的新一幕拉开了。

## 危机过后：投行新世界

经过 20 世纪 90 年代以来的金融业的兼并收购潮，华尔街的专业型投资银行失去在传统业务（承销、并购和经纪业务等）上的垄断性优势。由于不能开展储蓄业务，为了获得和商业银行转型的全能银行一样的净资产收益率，投行只能借助两大法宝：一是没有监管且没有上限的杠杆率，二是实施高杠杆率的自营业务。这种趋势使得投行从金融顾问中介机构渐渐转型为实际上的对冲基金和私募股权基金。贝尔斯登正是这种趋势下激进策略的牺牲品。不幸的是，其他的投资银行也面临着和贝尔斯登相似的困境。

当市场高涨的时候，杠杆率是天使；当市场崩溃的时候，杠杆率却成为魔鬼。和贝尔斯登一样，过高的杠杆率和庞大的次贷业务拖垮了另一家大型的投资银行——有着150年历史的雷曼兄弟。更令人沮丧的是，公众开始厌倦和质疑政府对华尔街的救助，雷曼兄弟无法从美联储那里获得更大的帮助。2008年9月7日，美国历史上最大的企业破产发生了。市值高达450亿美元、拥有2.8万员工的雷曼兄弟正式宣布破产保护。全美第四大的独立投资银行成为历史名词。

至此，最大的五家独立投资银行还剩下美林证券、高盛和摩根士丹利。

由次贷开始的市场波动已经演化成惨烈的噩梦。次贷产品成为垃圾。过去5年的次贷狂热的后果是金融市场变成一个巨大的次贷垃圾场。到2008年夏，华尔街第一家公开上市的投资银行，以零售业务著称的美林证券累计资产减值已经达到520亿美元。美林证券到了生死关头。鉴于贝尔斯登和雷曼兄弟的教训，美林证券速战速决，6个小时之内和美国银行达成紧急收购协议，美国银行同意以500亿美元的价格收购美林证券。

独立投行最后的血脉只剩下高盛和摩根士丹利。高盛是唯一一家在住房抵押贷款类证券上没有过度风险暴露的投行。然而倾巢之下，岂有完卵。大环境的恶化不可避免地伤害到以稳健著称的高盛，2008年，高盛出现了历史上第一次亏损。摩根士丹利则一直在积极地向外国主权基金寻找资金来源。2007年底，中国投资有限责任公司①以50亿美元的价格购买了摩根士丹利9.9%的股权。随着形势的日渐恶化，最后的两家大型独立投行向美联储递交了申请，要求改组为银行控股公司。

这不是一个容易的决定。从1933年以来，投资银行一直独立于美联储和其他银行监管机构。它们不需要披露资产负债表，杠杆率不受任何监管和控制。这一直是投行最神秘也最犀利的武器。一旦改组成银行控股公司，就像是自由自在的单身汉有了婚姻的约束。控股公司获得吸收存款的权利，有了稳定的资本金来源，但同时要接受美联储、联邦存款保险公司及各级银行监管机构的监管，符合资本充足率要求，以及详细披露自己的资产负债表。

2008年9月21日，美联储正式批准高盛和摩根士丹利改组。为期75年的独立投行史画上了句号。《纽约时报》头版文章写道："投行的一个时代结束了。"② 历史是个轮回，全能银行的时代又来临了，交易为王的时代仍然没有过去。高盛、摩根士丹利以及它们曾经的对手——摩根大通、美国银行、瑞银、德意志银行——又站在了同一条起跑线上。

从雏形初现到今天，投资银行家的身影已经跨越了三个世纪。从某种意义上说，现代企业的一切投融资活动背后都源自投资银行的推动和设计：企业上市融资，组建股份公司，企业分拆、并

---

① 从事外汇储备资金投资业务管理的国有独资公司，于2007年9月成立，注册资本金为2000亿美元（外汇储备）。

② https://www.nytimes.com/2008/09/22/business/22bank.html.

购、债务重组，企业证券交易。美国企业史，从某种意义上说，也是一部投资银行的发展史。

从诞生那天开始，投资银行一直没有停止变化的脚步。每一次变化，都是时代深刻的烙印，就像鲍勃·迪伦在歌里唱的：

"时光流转，一切都已改变"。

从 2021 年回望，13 年前《纽约时报》一句"投行时代结束"的预言一语成谶。在强监管和数字化大潮下，投资银行经历了自己的黑铁时代。首先是危机之后，全球政府达成了对投资银行强监管的共识。2010 年，美国出台的《多德-弗兰克法案》和《巴塞尔协议 III》都禁止银行或重要金融机构从事自营业务，提高核心一级资本充足率。在此趋势下，投行自营投资利润暴跌，业务迅速萎缩。为了弥补自营投资业务的损失，大量投行加速向资管业务（代客理财）转型。同期"数字化"开始更深地渗透到金融领域。科技巨头们纷纷涉足金融业务，迫使传统投行纷纷加快数字化转型的步伐。高盛就将传统的 IPO 业务总结成 146 个标准步骤，然后将其中很多部分进行"人工智能化"。摩根大通投入了 9% 的总收入研究数字技术，开发了一款金融合同解析软件 COIN，经测试，COIN 软件能够在几秒内就处理掉原先需要律师和贷款人员每年 36 万小时才能完成的工作。在岗位设置和员工招聘上，大投行们纷纷将"计算工程"放在更重要的位置上，力图将传统的"金融服务"推向"智能投顾"和"数字服务"领域。但资本市场对于投行的转型并没有给予太高预期。过去的十多年，金融机构估值一直处于低迷状态。尤其和医药、新能源、数字技术等领域相比，大金融机构的市盈率一直非常低。金融机构的低估值甚至拖累了巴菲特的业绩。所以也有人开始讨论，投行下行，金融机构的估值低迷，意味着金融资本主义转向了数字资本主义。

# 02

# 东成与西就：金融的东西方大分流

在我前半生的认知里，"现代金融市场"是个舶来品。中国的股市、债市、衍生品市场……莫不是亦步亦趋跟着西方学习模仿的产物。直到近几年，我越来越感到，"金融"的本质是跨期的价值交换，而金融产品则是这些交换行为的契约。

顺着这个思路，就难免要追问——这些契约产生的社会制度、社会大环境是外生给定还是内生演化的？如果是内生演化的，那么对于东西方的金融分流，是否应该回到历史演化的轨迹寻找线索？更重要的是，如果"制度"和"金融"是交互生长的生态系统，那么在金融的演化改造中，究竟是"人定胜天"还是"天人合一"？

我不知道答案。历史太复杂，无法一言以蔽之。历史太偶然，只有一个样本点，无法重复和试验。或者，我们只能回望历史，谦卑而理性地从中找到些"必然"的蛛丝马迹。

# 中国的中央货币财政体系

### 中国财政的历史渊源

公元前 221 年到公元 200 年，中国发生了两件影响深远的事。第一件是秦始皇建立了一个中央集权的国家，虽然历经朝代更替，但在幅员辽阔的疆域上，高度中央集权的帝国形态却从此绵延不绝。和欧洲的"君权神授"不同，中国的皇帝是"天子"，神权和王权合二为一，因此拥有至高无上的权力和信用。第二件则是汉武帝时期的桑弘羊实施"官山海"的政策，建立了一套盐铁专卖的"国有企业"机制。经济生活的国有控制从此成为中国社会的最大特征之一。

对于金融的演化来说，这些制度特征非常要紧。中央集权保证了统一的货币和市场的形成，极大地促进了商业交换的繁荣，工农商业大发展，财富累积和人口繁衍加速，经济增长。到了唐宋两代，这种货币经济空前发达，唐朝拥有兴盛的商业汇票业务——飞钱，宋朝则发明了世界上最早的纸币——交子。

从这个意义上看，农业时代中国长期处于经济领先地位，中央集权背书的货币经济是其最重要的推手。这个"推手"也造就了中国金融演化的另外两个特征。

第一，中央集权依靠一个庞大的官僚政治体制运作，财税收支的协调管理能力必然是国家的核心问题，所以"金融"的发展是以中央财政为核心的，税收和资源分配是重点。货币政策和国有经济控制都是为了满足财政需求。

第二，不受约束、频繁更替的皇权使得民间的财产私有权得不到保障，民间信用一直非常脆弱。

这种以财政为核心的，中央集权背书的强大货币经济是中国金融演化的制度根源，我称之为"中央货币财政体系"。这个体系的特征表现为经济生活的国有化（如国有企业）和民间信用的脆弱。从秦以始，到现代中国，几千年金融发展形态各异，但这个核心几乎从未变过。

**历史照进现实：官办金融**

回看历史，我们会发现，欧美的资本市场（如债市、股市、交易所）大都是从下而上，从民间慢慢演化形成的，而中国现有的金融市场，一直是自上而下，为中央财政目标进行的"顶层设计"。

20 世纪 90 年代 A 股市场设立的初衷之一就是"替国有企业解困"。改革开放之后，越来越多低效的国营企业濒临破产边缘，国家财政的负担越来越重。如何吸引民间储蓄为国有企业输血成为当时一个重要的财政金融目标。也正是在这个驱动力下，A 股市场从成立之日起，就存在诸多带有计划经济色彩的条款：上市的配额制，不准流通的法人股，证券交易印花税，具有政府背景的证券公司，等等，多少都是希望能"为国有企业提供新的融资渠道"。之后 20 多年，虽然历经多次市场化改革，但 A 股仍保留了很多计划控制的色彩，为各种权力寻租留下空间。

股市不是唯一的例子。债券市场监管及债券产品发行上的制度性缺陷；银行业存在巨大的"利息剪刀差"；还有从邮票到石头，从兰花到藏獒，市场上此起彼伏的资产泡沫……这些"金融现象"看似独立事件，但背后的制度根源都是一个——"官办金融"模式。

所谓官办金融，就是国家完全掌控金融资源，依据国家制定的产业发展战略，决定信贷规模、资金成本和资金流向。其目的是"集中力量办大事"，引导经济增长。这个模式的直接后果是：为了获得大量廉价资金，迫使民间储蓄以较低利率流入银行体系，同时压抑和扭曲资管市场，最后导致银行一家独大，资源配置不合理。同时，坐拥廉价资金的国有大企业有扩大投资的强烈冲动，银企关系不良，直接融资市场步履蹒跚。此外，合理的理财需求被正规金融体系压抑，只能在各种民间金融市场上开始冒泡，这种情况在早年体现为各种"非法集资"案件，过去七八年互联网科技提供了出口后，就立马出现了互联网金融、互联网理财产品的大火。不少投资者的积蓄被卷入这股庞氏洪流，被吞噬得尸骨无存。

"官办金融"模式几乎就是"中央货币财政体系"思路的现代版本。换句话说，尽管中国的现代资本市场建设在非常认真地模仿和学习欧美金融市场，但根子上还是只借鉴了其金融产品的"形"，其内核并没有变。从"中央货币财政体系"出发，到"官办金融"，我们绝大部分的金融行为都是自上而下的，其根本目的是实现中枢机构的财政目标。

这套金融逻辑的最大优势是拥有强大中央集权背书的国家信

用，能控制和调配大量资源，集中力量办大事，也造就了早期中国货币经济的辉煌。但经济生活的国有化和民间信用的脆弱也造成了我们和现代金融体系之间的天然隔阂。

## 欧洲的银行货币信用体系

### 圣殿骑士团的故事

电影《达·芬奇密码》讲述了一个叫"圣殿骑士团"的神秘机构，这个机构掌握着基督教的秘密和财富，因此遭到了数世纪的迫害。电影艺术多少有虚构的成分，但圣殿骑士团却是真实存在过的。

作为 12 至 14 世纪最重要的大型超政府机构，圣殿骑士团管理着欧洲各国的各种金融业务—— 小到个人的资金汇兑转移，账户管理，信托理财，吸储放贷，大到发行土地抵押债券，战争资金周转，都是其业务范畴。直到 14 世纪圣殿骑士团衰落后，意大利的汇兑银行、荷兰的各种证券创新、法国的土地抵押银行、英国的储蓄银行和中央银行才相继出现，它们或多或少继承了这个神秘组织的金融遗产，从而逐渐奠定了现代欧美金融体系。

圣殿骑士团的演化，在某种意义上，正是欧洲金融制度和金融演化的逻辑。

故事要追溯到公元 476 年。这一年西罗马帝国为日耳曼人所灭。之后基督教势力日渐衰落，圣地耶路撒冷被伊斯兰教势力统治长达几个世纪。1096 年，在罗马教皇支持下，西欧的贵族和骑士开始了一场近 200 年的十字军东征运动，旨在收复地中海沿岸的领土。

公元 1119 年，十字军东征占领耶路撒冷后，将城市开放给了欧洲各地的朝圣者。路途遥远艰辛，其间还要经过很多穆斯林控制的区域，教士们经常遭受死亡威胁。为了保护圣城和远道而来的传教士，两位法国贵族在耶路撒冷王国（当时新成立的十字军国家）的支持下，成立了一个武装精良的修士会——"基督和所罗门圣殿的贫苦骑士团"，也就是大名鼎鼎的圣殿骑士团。最开始圣殿骑士团主要是保护朝圣者的人身安全，不久后，他们发现朝圣者大都带着很多钱财，一种安全的资金托管方式才是更根本的解法。

于是圣殿骑士团创立了一个异地汇款系统：朝圣者可以在欧洲存钱，然后在圣地取用。这个功能和中国唐朝的"飞钱"非常像。不同的是，圣殿骑士团背后是罗马教廷。在欧洲"君权神授"的氛围中，骑士团拥有凌驾于世俗权力之上的力量，他们的武装力量保证了异地汇兑业务的安全，使得这种业务很快超越朝圣者的范畴，在欧洲流行开来。他们开始替英国王室保管王冠，征收税费，替法国王室经营皇家债务账户，还替各国国王和贵族进行"信托理财"—— 英王亨利三世打仗需要军费，就用贵重物品向圣殿骑士团抵押借款；法国国王路易九世将自己的一个城堡抵押给圣殿骑士团，换取一笔每年 300 金币的永久年金产品；亨利二世在 1182 年的遗嘱里将自己留给圣地的遗产委托给圣殿骑士团管理；1240 年，连教皇格列高利九世都通过一个相当复杂的交易安排，请圣殿骑士团帮他了结个人债务。随着圣殿骑士团势力的扩大，这些汇款、存贷、理财、支付等标准的金融中介业务也渗透到欧洲各个阶层，有记录表明当时地位很低的厨师也通过与圣殿骑士团签订协议进行财务支付。

作为一个中国人，难免感到奇异——普天之下，莫非王土，率土之滨，莫非王臣，怎么国王打仗还需要借钱雇用军队？借钱还要抵押？难道不是征兵征税吗？中国和欧洲的基本分野很多逻辑的根源就在于此：和中国一直保持大一统的帝国形态不同，欧洲自西罗马帝国覆灭之后，就陷入了长期分裂状态，成千上万的贵族统治着小块领土，形成了分而治之的局面，这些缺乏金融力量的大小统治者连年征战，不得不依赖贷款来满足军事和政治需要，同时也有将财务运营委托给圣殿骑士团这样中立的、有宗教力量加持的非政治团体的需求。

随着十字军版图的扩张，圣殿骑士团的业务和势力范围也迅速扩大。到 13 世纪，圣殿骑士团已经成为一个大型的超政府机构。在当时的欧洲社会环境中，这是弥足珍贵的：圣殿骑士团对教皇、英国、法国甚至高加索伊比利亚王国的君主都同样效忠，当这些国王互相征战的时候，他们的私人财产反而在圣殿骑士团这里得到了安全保障。这段时间内圣殿骑士团的金融活动，基本囊括了后来银行的核心中介业务，也将四分五裂的欧洲各国黏合成了一张以"信用"为纽带的网络。

但是到 14 世纪后，圣殿骑士团财富的不断累积，终于引起了国王们的觊觎。1307 年，因为圣殿骑士团一直没有免除法国国王腓力四世的债务，腓力四世恼羞成怒，开始血洗巴黎的圣殿骑士团。随后教皇、英国国王和西班牙国王都支持这一清洗行动，骑士团庞大的财产被瓜分，一个盛极一时的组织就此烟消云散，只留下零星传说。

当我们将眼光从历史的纵深投向历史的截面时，我们就会在故事里清晰地看到东西方迥然不同的金融制度根源。

在圣殿骑士团活跃的 11 至 13 世纪，宋朝正处在历史巅峰，工商业极发达，发明了对后世影响极大的纸币。与此同时，中央集权的官僚政治体制也走向高度成熟的阶段，整个国家形成了一个由中央财政驱动的中枢-附属型社会结构。这个结构适应于中央集权政治制度，维护着帝国庞大疆域的稳定与治理，自然也伴生着经济生活国有化和民间信用脆弱的特征。

反观圣殿骑士团的所有金融活动，其实都产生于软弱无力的政治力量和分权制衡的政治结构——封建城邦制和神权王权的分离，使得欧洲大陆缺乏一个统一的信用市场，各国缺乏系统的财政手段，圣殿骑士团的金融活动（工具）弥补了这一空白，以一张互相制约的"信用网络"代替了至高无上的"王的信用"。也就是从这个时候开始，东西方金融的大分流正式开始。

**圣殿骑士团的金融遗产：欧洲的银行货币信用体系**

骑士团消失了，但是他们留下的最重要的金融遗产却没有流失——意大利城邦国家中的银行业随即兴起，取代圣殿骑士团成为欧洲的公共金融机构。随着各国商业形态越来越复杂，这种银行信用网络也变得更加复杂，许多创造性的金融实践被激发出来。

威尼斯等城邦国家的国债，荷兰的期货和股权众筹，法国的土地抵押银行，英国的海运保险和中央银行相继出现，为欧洲信用网络提供了"信用创造"和"增信"的功能。与此同时，以分权为基础的社会治理模式演化又为这些金融工具的发展提供了必要的制度保证，对"信用"进行专业化运营的外部化金融市场开始形成，反过来赋能欧洲大陆的经济增长，市场扩大，规模化生产盛行，技术创新加速，欧洲崛起，工业革命时代到来。

从圣殿骑士团到意大利银行业，再到英法等国不同形态的银行业，早期欧洲的银行一直处在一个权力制衡的环境中，为欧洲各国提供着公共财政机构的功能，因此以银行为核心的，分权制衡下的信用货币经济是欧洲现代金融演化的根源，我们可以称其为"银行货币体系"。这个体系的根本特征是信用的抵押和扩张，而信用的抵押和扩张恰恰是现代金融体系的核心。

两种迥异的模式，孰是孰非？谁对谁错？哪个先进，哪个落后？在不同的时间段上，大概答案是完全不同的。从不同的维度来看，也可能有完全不一样的视角。还是那句老调重弹，历史太复杂，无法一言以蔽之。历史太偶然，只有一个样本点，无法重复和试验。

或者，演化是唯一的路径，而谦卑是唯一的答案。

# 03

## 父辈写的散文诗：中国股份制改革简史

如果说中国奇迹就是改革开放的历史，那么这段历史中最浓墨重彩的一个词语一定是"股份制"。1978 年之前，中国几乎所有经济问题的核心都可以指向"产权不清晰"这件事。股份制作为一种集中资金、自负盈亏、按股分配的经济组织形式，其实本质就是对产权的界定。

对股份制的重新认识，贯穿了 40 多年的改革史。理解有中国特色的社会主义市场经济，理解中国资本市场、中国企业的形态，甚至理解中国增长，都要从这个词开始。

### 萌芽篇：给点阳光就灿烂

#### 乡镇企业

1978 年，饱受饥饿贫困之苦的中国农民，以家庭联产承包责任制为切口，开始了打破大锅饭的历程。中国农村改革由此拉开序幕。

　　第一个实行包产到户的安徽小岗村，1979 年一年的粮食产量相当于 1965—1970 年的总和。这不是冰冷的数字，而是意味着数亿中国农民家庭的温饱。家庭联产承包责任制的推行迅速改变了农村的状况：首先是农民能吃饱饭了，更重要的是，随着农业生产效率的提高，数亿青壮年农民从土地上解放出来，成了富余劳动力。可以说，之后 40 多年整个中国故事中的悲喜交集、增长奇迹、世界工厂、城市化，以及留守儿童、贫富差距，都是关于这几亿富余劳动力的叙事变迁的镜像而已。

　　20 世纪 80 年代初，中国仍然实行严格区分的城乡二元体制，农村人无法进城找工作，大量的富余劳动力该何去何从呢？中央决定大力发展乡镇企业，鼓励农民向各种企业投资入股，刺激乡村经济的发展。这是股份制在改革后的中国的第一次落地。

　　为响应国家政策，成千上万的乡镇企业像雨后春笋一样冒了出来。它们虽然资金少、规模小，但是机制灵活。当时中国深陷僵化的计划经济体制，又刚经历了"文革"的冲击，整个社会处于极度"短缺"的状态，供给远远不足。劳动密集型的乡镇企业抓住这个机会，开始快速切入国营企业不太看重的轻工业消费品市场，从暖水瓶到搪瓷杯，从五金小件到衣帽服装，你能想到的任何消费品领域都出现了乡镇企业的身影。那是一个扔颗种子到土壤里就能发芽的时代，乡镇企业迅速取得巨大成功，尤其在江浙一带，整个经济呈现出爆发式的增长，人民生活水平快速提高。

　　乡镇企业超乎寻常的发展速度，不但解决了大量农村劳动力的就业问题，而且给当时仍以计划经济理论为主导思想的决策层发出了一个重要信号——股份制不是资本主义的专利，而是切切实实解决国计民生问题的良药。这个信号的释放，为下一步城市格局的改变奠定了重要基础。

### 城镇集体企业

20 世纪 80 年代初，中国面临失业问题的严峻挑战。工业制造能力低下，服务业几乎是停滞空白的状态，各个行业吸收就业人口的能力极其低下。当时全国各大城市有 300 多万待业青年，再加上上山下乡运动停止，近 2000 万的知识青年返回原城市，这样庞大的失业青壮年人口数量，不但是人力资源的极大浪费，更给当时的家庭和社会造成了巨大压力，成了社会稳定的隐患。

解决就业成了当时中国迫在眉睫的社会、经济和政治"三栖"问题。1980 年，北京大学的厉以宁教授前后两次在中央召开的"劳动就业座谈会"上提出，要用股份制的办法解决就业问题，比如集资兴办股份制企业，或允许企业发行股票，扩大经营，吸纳更多就业人口。国家体改委也提出要进一步放开城市集体企业和国营小企业，允许职工入股，年终分红。

在这个过程中，学者们和决策层更逐渐意识到，股份制可以解决国营企业中"全民所有，无人负责"的问题。用产权清晰划定企业的"责权利"，有可能在僵化的国营经济体系上打开一个缺口。股份制的概念开始进入中国的社会思想体系。

80 年代初期，大多数地方受意识形态的约束，不敢放开步子，所以"摸着石头过河"创立了大批集体所有制企业。和乡镇企业一样，城镇的集体所有制企业也是改革开放之后的一次民间创业大潮，是一条有中国特色的折中权衡之路，也是股份制在中国环境下的具体应用。和严格计划下的国营企业相比，这些企业的产权明晰、机制灵活，对市场反应快，长期被压抑的生产力被快速地释放了出来。海尔电器、李宁公司、青岛啤酒等一大批明星企业都是在集体所有制上起步的。与此同时，刚成立的深圳经济特区没有任何历史包袱，率先在股份制改革的道路上迈开大步。1982 年，深圳率先成立了一家混合所有制形式的南山开发股份有限公司，全权负责筹资开发深圳经济特区的赤湾。招商、平安、万科这些影响了中国经济发展历程的深圳系股份制企业，也都在80 年代纷纷起步。

今天"股份制"是个稀松平常的词语。但时光倒流回 20 世纪 80 年代初，这无疑是一次认知的颠覆：原来，实现共产主义理想也需要"资本"助力；原来，资本并不等于资本主义；原来，股份制的"确权"才是激励的核心……至此，股份制开始一步步深入塑造中国的城乡社会。到 1992 年党的十四大召开时，股份制企业已经在全国遍地开花，深植于中国社会生活的各个角落。

## 发展篇：自上而下的推动

20 世纪 90 年代初，随着国门的逐步开放，资本运作的概念慢慢进入中国。但是和其他的改革一样，中国资本市场变革萌芽的驱动力不是教科书上自下而上的"市场演化"，而是更多地服从国家发展的需要，自上而下的顶层设计。就像"股份制"的初衷是解决城市就业问题一样，"股票交易"的启动是为了树立国家开放良好形象的外交需要，而股票市场的推进则更多的是为了推动民间储蓄流向当时困难重重的国有企业。

### 股票交易所：重塑国家开放形象的需要

我们都会觉得"股票可以交易"是天经地义的。但 30 多年前，从"股份制"到"股票交易"，中间经过的路程比我们想象的要困难和漫长得多。

1984 年和 1985 年，上海的飞乐音响和延中实业分别发行了股票，吸引了不少上海市民踊跃认购。但一年多以后，市民们发现，因为没有股票交易场所，想象中的"活投资"变成"死储蓄"。套用一句当时上海老股民的话说，股民拿了股票不能卖，就像有了女儿不能出嫁，有了儿子不能娶媳妇一样，砸在了手里。随着时间的推移，这个矛盾变得越来越深。

1986 年，这个难题迎来了转机。当时正是中美关系的蜜月期，包括纽交所董事长在内的华尔街一行 20 人年底要到中国进行一场超高规格的交流。为了显示我们开放的决心和市场经济的方向，增加和美方对话的筹码，我方需要有一些"拿得出手"的内容。由于访问者的金融背景，这个内容锁定在"金融"上。

最终，在时任上海市市长朱镕基的督促下，第一个股票交易的柜台在上海静安寺附近的南京西路 1806 号设立，史称静安营业部。新中国的股票第一次有了"流动性"的概念。

从设立股票交易柜台到股票交易所成立，又花了 4 年时间。和上次一样，这一次大手笔的"破冰"一定程度上仍然不是市场需求的驱动，而是当时国家外交的需求——90 年代初，中国积极谋求塑造改革开放的良好国际形象，决策层开展了一系列的积极动作。

经过大半年的匆忙筹备，上海证券交易所于 1990 年 11 月成立，第一批上市的股票有 8 只，包括延中实业、真空电子和飞乐音响—— 1986 年邓小平曾赠送给纽交所董事长约翰·凡尔霖一张面值 50 元的飞乐音响股票，使他成为第一位拥有新中国股票的美国金融家。这 8 只股票被称为"老八股"。紧接着，1990 年 12 月，深圳证券交易所也成立了，包括万科、金田、安达在内的 5 只股票上柜交易，史称"老五股"。

**股份制改革：国企发展的需要**

尽管上海证券交易所和深圳证券交易所在 1990 年底都先后开业，但直到 1992 年底，资本市场的进展还是非常缓慢，可交易的股票一共只有 53 只，实在谈不上是一个成形的股票市场。但在接下来的几年里，中国的资本市场经历了一次快速发展，而发展的原动力仍然是熟悉的配方——为国有企业解困。

90 年代之后，在市场竞争的压力下，机制僵化的国有企业出现大面积亏损，坏账如山堆积在国有银行的资产负债表上，中国的金融和工业体系同时面临"债台高筑"的困境。面对这种情况，吸收廉价的长期资金，为国有企业输血的事情被提上议事日程。

怎么吸收廉价的长期资金呢？股权融资无疑是最佳选择。但当时绝大部分企业的产权都不清晰，更不要说股权融资和交易了。

1992 年春天，邓小平南方谈话成为解放思想的关键。之后，党的十四大提出中国要建立社会主义市场经济体制，确立了私营经济的合法地位。也是从那时起，人们以"股份"和"资本"为切口，对"私有产权"的重新认识彻底启动。

最初是乡镇企业和集体所有制企业的股份制改革。作为全民所有制和私有制之间的一个过渡，集体所有制是个非常特殊的存在。理论上，某个特定的乡镇或者机构是集体产权的所有者，但在实践中，这些企业的管理者（厂长、经理）通常也是集体（乡、镇、街道或者事业单位）的领导者。这类企业中能闯出来的大多靠的是"强人领导"——健力宝的李经纬、美的的何享健、德隆的顾雏军、万达的王健林、联想的柳传志、万科的王石，都是这样的"强人"。这些企业本质上是强人企业家的孩子，管理者的能力、见识和拼劲，或者用今天的话说，企业家精神，是这些企业最大的无形资产。但是"集体"的性质让企业的产权界定充满暧昧。企业一旦要进行资本运作，就会遭遇"权利、义务"如何界定的大问题。所以，进行股份制改革，将"集体"拆解成具体的人和单位，用股权的方法将各个主体的权利、义务固定下来，是这类企业实现突破式发展的必要条件。

　　基于这些考量，中国开始了大规模的股份制改造。几年之后，大部分集体所有制企业转化成了股份制的私营企业。在 21 世纪前 10 年的互联网新贵和房地产新贵出现之前，通过这次改制走出来的企业几乎占据了中国明星企业的大半壁江山。

　　再紧接着就是全国的办公司热潮。当时深圳国际贸易中心大厦这一幢楼里就挤着 300 多家公司，辞职下海的公务员更是超过 12 万人，包括冯仑、潘石屹在内的"万通六君子"，都是在这个时期起家的。珠三角地区也出现了大大小小的私营企业，全国各地的农民开始纷纷"南下打工"，揭开了"Made in China"（中国制造）的序幕。

　　股市成了当时社会最时髦的名词。1992 年，中国成立了三个大的证券公司——华夏、国泰、南方。深圳和上海陷入全民"股疯"。股票开始慢慢渗透到普通市民的生活，成为正在逐渐形成的"中国城市中产"的标配之一。在"国家"的巨大华盖之下，中国的资本市场跌跌撞撞开始起步。而对于中国决策层来说，这也是使用现代金融市场作为国家治理工具的开端。

　　从乡镇企业、集体所有制企业到国有企业的股份制改造，都是将这些企业中的集体、国有资产进行私有化，使得"谁投资，谁拥有股权"。在这个过程中，计划经济的堡垒被一步一步攻破，中国社会的面貌发生了翻天覆地的变化，人们的认知也有了巨大的改变。

　　至此，股份制在中国土地上生根发芽，中国的资本市场也以一种特别的方式开始了漫长的跋涉之路。

## 转型篇：股权分置改革

中国资本市场的发展是一部非常独特的历史：20 世纪 80 年代股份制的萌芽，90 年代初资本市场的匆忙上马，90 年代中期在国家目标驱动下的高速增长。由于这些特殊的历史原因，中国的资本市场呈现出一种生机勃勃但又满是扭曲的独特状态。

### 股权分置：股票市场的"双轨制"

在中国从计划经济向市场经济转型的过程中，为了避免意识形态方面的阻力，采取双轨制是常态。股权分置就是中国资本市场的双轨制。

为了避免"国有资产流失"和"私有化"的非议，20 世纪 90 年代国有企业在上市时有个原则：国有资产不上市，只在资产评估的基础上向社会公众增发股份，增发的股份可以上市流通。所以，那些存量的国有股、法人股，就被称为"非流通股"，而普通投资者手里拿的是所谓的"流通股"。这样一来就形成了股票市场上的双轨制，流通股股东用真金白银买股票，而非流通股股东持有的是原有资产按市场定价折算后的股份。

这种股权分置带来的扭曲非常明显。非流通股股东手里持有企业大部分的股份，掌握着企业的控制权。而非流通股的价格采取的是账面价值的计价方式，等于二级市场上股票的价格跟它无关，所以非流通股股东根本就不关心股价的涨跌，他们更多的是利用增发、关联交易等行为，从二级市场上圈钱。而流通股股东主要是中小投资者，因为无法正常地行使自己的股东权利，会更加倾向于进行短期投资。直到20世纪初，中国股市波动特别剧烈，以至被人批评像"赌场"。打一个不恰当的比喻，A股市场上的流通股股东就像拿着高额的聘礼去娶媳妇的男人，但娶回家的是半个媳妇。也因为这些扭曲，股权分置在学术研究、媒体报道中，都是以反面形象出现的，但历史需要用动态的眼光来看待。

20世纪80年代到90年代初是中国在"计划"和"市场"、"姓资"和"姓社"中挣扎得最苦恼的时期。如果当时不走这种"增量改革"的道路，而是动原有的奶酪，证券市场这么富有"资本主义色彩"的事物，怎么会轻易地快速落地生根，并在今天枝繁叶茂呢？

中国的任何改革都有这么一个历程。从体制中最薄弱、空白的地方寻找一个突破点，然后以增量带动存量，这也是改革中一直会出现双轨制的原因。股权分置是时代的产物，虽然它充满了妥协和扭曲，但毕竟将历史向前推进了一大步。没有这样一种双轨制，中国资本市场的建立可能在很长时间内都会是海市蜃楼。

更重要的一点是，在旧有体制内蓬勃生长的资本市场，还学会了用市场的力量来倒逼改革，一点点地纠正扭曲，股权分置改革就是市场倒逼的产物。

**股权分置改革：被市场倒逼的"市场改革"**

一般来说，2005年三一重工等4家上市公司的股权分置改革试点启动被视为这次历史性改革的起点。但其实在很早以前，这个改革就已经拉开序幕。

2000年前后，为了拓展社保的融资渠道，政府希望通过减持国有股将部分国有资产变现，补充社保资金。本来国有股减持是好事，可以慢慢地让那些"不能流通的股票"退出市场，但减持价格怎么确定却成为争论的焦点。

当时A股市场的市盈率高达125，这意味着以当年A股上市企业的平均盈利能力计算，大概要125年才能够收回成本。而美国股市同期的市盈率为15~20。换句话说，当时中国股市的估值肯定是被"高估"了。如果让国有股、法人股在这么一个价格上减持，明显会对流通股股东不公平，有抽血股市，利用股市套现的嫌疑。

2001年，在一片质疑声中，《减持国有股筹集社会保障资金管理暂行办法》出台，政府决定采取市场定价的方式，也就是以当时的高价来减持国有股。方案出台第二天，股市就用暴风骤雨般的下跌做出了回应。几个月之内，股市下跌将近40%，市值缩水了6000亿元。在股市这种断崖式下跌的压力下，国有股减持的方案几个月后被全面叫停。这是资本市场第一次以"用脚投票"的方式，告诉了政府什么是"市场"力量，也迫使政府意识到，必须用更"市场"的方法来解决股市的双轨制问题。

经过之后几年的反思和调整，以"对价"为原则的股权分置改革才正式拉开序幕。所谓对价，就是那些国有股、法人股的股东向普通投资者支付一部分金额，来换取上市流通的权利。从金融学的原理上看，股票的价格中本来就包含一个因为可转让、可交易而产生的"流动性溢价"，非流通股股东现在支付的对价正是这一部分流动性溢价。

2005 年，股权分置改革的试点工作开启，三一重工等 4 家公司被选中进行试点，整个工作非常顺利。从 8 月开始，股改工作就进入全面铺开阶段。在实践中，大部分公司都以送股的方式对流通股股东进行补偿。到 2010 年，A 股股改的比例超过 97%，这也就意味着股权分置改革基本完成。

自上交所、深交所成立后的将近 20 年的时间里，A 股市场终于成为一个全流通市场，中国股民的聘礼终于能够娶回一个完整的媳妇了。这次股改对于中国资本市场来说是一个巨大的进步，一个以"非市场化"为开端的市场，在磕磕碰碰之后，学会了用"市场化"的手段来解决问题。直到今天，很多老股民还会对股权分置改革之后长达两年（2005—2007 年）的牛市回味不已。

2007 年 10 月，中国股市一度突破 6000 点，这个点位到今天仍然是未被逾越的高峰。都说股市是经济的晴雨表，中国股市已经解决全流通问题，但为什么从 2008 年开始，中国经济在高速增长的情况下，股市却进入了长达 7 年的熊市呢？

### 后股权分置改革：中国逻辑仍然没有变

这个事情的逻辑并不复杂，在《陆一良心说股事：你不知道的中国股市那些事》这本书中，著名的财经记者陆一给出了他的观察和答案：尽管股权分置改革是一场市场化的改革，但仍然是以非常"中国式"的方式进行的。这些方式在推进改革的同时，也留下了很多隐患。

比如，当时为了防止股改流产，政府采取了很多保驾护航的行政手段。

中国股民熟悉的"大小非"，就是为了防止股价大幅下跌，保证股权分置改革过程的平稳过渡，在股改方案中把非流通股转变成"限售股"。这相当于用行政手段推迟和限制非流通股的真正上市流通。但是"限售"毕竟是有时间期限的，它只是将市场震荡推后而已。所以后来，只要一有"大小非"解禁的消息，就会引起股市强烈震荡。而股市大震荡，监管层又被迫以限制新股发行这种行政手段，来缓解市场的躁动———种行政干预会引发更多行政干预。市场也学会了对行政干预"闻风而动"。

更加耐人寻味的地方在于，为了让整个股指看上去"欣欣向荣"，监管层在股指的权重上做了一些技术处理。比如，当时中石油流通股的市值只占它整个市值的2%，绝大部分股票都是非流通股。但是中石油的股票在计入股指的时候，是按照总市值来计算权重的。按照当时中石油股票占股指16.63%的权重，中石油市场价格的任何波动，都会引起股指的强烈反应。当时有不少类似中石油这样的蓝筹股，它们的价格上涨让股指高歌猛进，股票市场呈现出虚假的繁荣局面，于是引发投资者疯狂入市，市场情绪更加高涨。水能载舟亦能覆舟，这种放大效应在股价下跌的时候，也同样会加剧市场的恐慌与投资者的出逃。

正是因为这些"历史遗留问题",在经历了近 30 年的发展历程之后,中国的资本市场仍然没有办法摆脱这种在行政命令和市场力量中间挣扎的宿命。

2021 年 7 月下旬,一份关于全面禁止学科类教育培训的文件在市场上流传,新东方、好未来、高途……多家教培中概股的价格飞流直下三千尺。蝴蝶扇动的翅膀随后分别在 A 股和港股市场掀起波澜。资本市场垂头丧气、牢骚满腹,但是也有不少普通家庭额手相庆,觉得终于可以从无处不在的"鸡娃"内卷中稍微喘一口气了。孰是孰非?我不知道。也许没有一个完美的标准答案。实际上,直到今天,我们也很难用"主流经济学教科书的模板"来理解中国资本市场。更何况,市场上的许多扭曲,很多时候也是多方利益权衡博弈的产物,无法用好坏来简单评判。

要等这个市场真正成熟,也许,我们还需要时间和耐心。

回首历史,我们会发现股份制改革贯穿了过去 40 多年中国艰难转型发展的所有足迹:从农村到城市的普及,从乡镇企业到私营企业的渗透,到国企改革,再到资本市场跌跌撞撞前行。这些足迹歪歪斜斜,高低深浅不一,更不是一条直线,而是曲折蜿蜒向前。

年轻的歌手许飞写了一首歌,叫作《父亲的散文诗》:

一九八四年庄稼还没收割完,女儿躺在我怀里,睡得那么甜。今晚的露天电影没时间去看。妻子提醒我,修修缝纫机的踏板。明天我要去邻居家再借点钱，孩子哭了一整天闹着要吃饼干。蓝色的涤卡上衣，痛往心里钻，蹲在池塘边上给了自己两拳。这是我父亲日记里的文字，这是他的青春，留下留下来的散文诗。几十年后我看着泪流不止，可我的父亲已经老得像一个影子。

一九九四年，庄稼早已收割完，我的老母亲去年离开了人间，女儿扎着马尾辫跑进了校园，可是她最近有点孤单，瘦了一大圈。想一想未来，我老成了一堆旧纸钱。那时的女儿一定会美得很惊艳，有个爱她的男人要娶她回家。可想到这些，我却不忍看她一眼。这是我父亲日记里的文字，这是他的生命，留下留下来的散文诗。几十年后，我看着泪流不止，可我的父亲已经老得像一张旧报纸。旧报纸，那上面的故事就是一辈子。

股份制改革的这 40 余年，何尝不是父辈们写下的一首散文诗，并不完美，却真实质朴。当我们回看历史，看到这首充满纠结的散文诗的时候，也许，我们会对现实多一些理解、宽容和期待。

## 04

# 大年初五搜神记：寻找历史上的财神爷

在对过年的记忆中，初五是仅仅次于初一的重大日子，肩负着送穷神、接财神等多重重任。

这些年财神的地位越来越高，初五零点时分的鞭炮声堪比除夕，再冷的天，门窗一定大开着，还得鲜花满屋，就怕品位不高，入不了财神爷的法眼。

在早期历史上，拜财神只是零星的地方性祈福活动，这项活动仪式化并推广到全国是在唐朝。隋唐时期，随着南方经济的崛起，漕运贸易成为全国经济的大动脉，搞长途贩运成了最赚钱的营生，贸易发达，商业也随之发达：贩醋的刘十郎，办旅店、搞丝织品贸易的何明远，长安西市搞快餐（粥）的张通夫妇，搞垃圾回收的裴明礼，淘粪的罗会都成了富甲一方的大款，以至唐代农民经商之风空前兴盛。这些富豪中的带头大哥叫王元宝，原名叫王二狗，天纵奇才，贩卖贵重建筑材料琉璃掘了第一桶金，又在商业地产上大展拳脚，商铺遍布长安，终成巨富，然后改名王元宝。因为富，两次受到唐玄宗的亲切接见。王元宝也比较高调，喜欢炫富，说自己家的布帛可以挂满山上的树，不，树全挂满了，布帛还剩下很多（"臣请以一缣系陛下南山一树，南山树尽，臣缣未穷"）。不过玄宗心眼大，哈哈一笑，还盛赞二狗是"天下之富"，可以与自己这个"天下之贵"相媲美（"我闻至富可敌贵。朕天下之贵，元宝天下之富，故见耳"）。①

　　和一切爱读领袖著作的商业大佬一样，王元宝对于"仪式感"有一种不可名状的迷恋。每年初五，他旗下商号都统一开张，上千家商铺鼓乐齐鸣，张灯结彩，香烛祭牲，拜接财神，煞是壮观。偶像的力量是无穷的，元宝同款很快一传十，十传百，大江南北各路小商家纷纷效仿——王朝流驶，没有官职的首富王元宝虽然没能在正史里留下一个名字，但是初五接财神却作为商家最重要的开工仪式流传下来。

　　初四晚上，我跟着家人一边清扫庭院，布置花篮花瓶，准备烟花，一边瞎琢磨，这么大张旗鼓迎接的财神，是怎么在千年的历史里修炼成仙的？

　　在古代，作为一个极度世俗化的中央集权国家，中国历史上神仙的地位大多不算太高，尤其道教中的神仙，大多是凡胎肉身通过"忠君爱国，修身齐家治国平天下"修炼而成的。最早的财神雏形据说是商纣王的叔父比干，官拜丞相（当时叫"少师"），忠君爱国，犯颜直谏，被纣王剖心而死，武王灭商后封比干为国

---

① 这两则小故事都见于稗官野史，出处分别为《西京记》和《独异志》。

神——比干无心，故永远不偏不倚，后世经商者因此取其"公正公平"之义，视为商业精髓，财富之道，尊之为"文财神"。

另外一个财神算是春秋末年的范蠡。相国兼上将军范蠡是个聪明绝顶的人，帮越王勾践雪耻之后，怕功高盖主，改了名字，带着美人西施云游四海（"乃乘扁舟浮于江湖，变名易姓"），最后定居在山东定陶（属于齐国），做"国际贸易"，把越国的蚕桑、秦国的铁器、赵国的木器在各国之间低买高卖，赚取差价（"诸侯四通，货物所交易也"），发了财之后做做慈善，最后青史垂名（"故言富者皆称陶朱公"）。作为商人、政客、投机家、慈善家和浪漫文人的范蠡是幸运的，他活在中国漫长历史上绝无仅有的，商人地位可以和世家贵族分庭抗礼的年代，因此得以"忠以为国，智以保身，商以致富，成名天下"，并享年高龄，几近百岁，被尊为中国商人的圣祖。

不过民间祭拜最多的"正财神"倒不是上面鼎鼎大名的两位，而是北魏孝文帝时期的李诡祖，当时只担任了河北曲梁县令这么个小官，但是李县长清廉爱民，疏通河道，治理盐碱地，还常常用自己的俸禄周济穷人，被传说为太白金星下凡。他去世后百姓为其立祠祭祀，然后历经唐明宗（926 年）、元文宗（1329 年）、明神宗（1581 年）几次赐封，先后被加冕为"神君增福相公"、"增福灵德侯"和"福善平施公"，最后在道教经典《三教搜神大全》中步入神坛，成为三星（福、禄、寿）和二神（喜、财）组合的正式成员，法号"增福财神"。自从成为钦定的仙家，七品李县令就连升六级，成了"财神像"中穿一品朝服，戴丞相帽的白脸长须美男子，一手执"如意"，一手执"元宝"，身后是左青龙，右白虎，口吐方孔钱和元宝，财源滚滚，羡煞世人，引无数人折腰。

财神还有一个分支叫"武财神"。武财神主要源自两位：家户型的赵公明和商户型的关羽。赵公明来源已经不可考，有说他是日精之一，避居山中修炼得道，也有说他是秦朝终南山人，年轻的时候做木工，经营木业成巨富，为人仗义疏财，后驯养了一只黑虎，口耳相传终成传奇。赵公明最开始在晋朝《搜神记》中以反面形象出现，周行天下，暴杀万民，直到明代小说《封神榜》中，赵公明随闻太师出征，后为太公所杀，灭商后姜太公大封天下，赵公明被封为"玄坛真君"，统率招宝、纳珍、招财和利市四仙，专司人间迎祥纳福之责。至此开始，身跨黑虎，手执铁鞭，黑面浓须的赵公明成为庙宇里的"正财神"，为民间家户所膜拜跪迎。

另外一位武财神就是家喻户晓的红脸关公——关羽。关羽也是典型的中国神仙养成路径。因为他武艺高强、军功卓著，又对刘备"重义气，忠君王"，历代朝廷褒封不断。到清朝之后，更是全面取代抗金忠武的岳飞（可怜的岳飞因为"金"触了清朝的霉头，一不小心就被拉下神坛），长期被树立为"全国道德标兵模范"，口耳相传，竟成为横贯儒释道三家的神祇，即儒家"武圣"，佛教的"护法神将"，道教的"关帝圣君"——一边是圣恩隆眷有靠山，一边是艺高人胆大，正是冷兵器时代江湖商帮人士最渴望的状态。在皇权、忠义、个人英雄主义的加持之下，猛将关羽成为明清商帮的财神爷。直到现在，南方诸省的商铺、会馆，或者古惑仔的地盘上，门厅神龛香火最盛之处仍然是永远的"忠义神武灵佑仁勇威显关圣大帝"。

看起来，财神一度属于民间"散养"，"买卖公平"和"经商致富"是财神爷的核心元素，然后在漫长的演化路径中，被强大皇权收归麾下，成了世俗宗教与朝廷政治完美融合的标识。

琢磨一下，中国神仙被"赐封"的古怪历史很有趣。在《山海经》时代，我们也曾经是有神的。和希腊神话中半人半神的英雄们比较相似，女娲、伏羲、精卫都是天赋异禀，有超自然的神秘力量。但是到了西周，王一统江湖，以"天子"自居，逼得诸神升天归位，从此凡间再无真神。元明之后，儒释道三教合一，以王为尊的儒家占据主流地位，隶属于各派各教的大仙小鬼自然被"招安"，形形色色的庙宇里，多的是御赐或者诰封，等级森严，品秩有序。

# 05

## 压岁钱的前世今生

　　尽管已经是上有老下有小的中年人，我还是喜欢年三十从爸爸妈妈手里拿压岁钱的感觉——拿着大红洒金的纸包，欢天喜地地放在枕头下睡觉的感觉还是那么温暖，像回到了童年时代围炉而坐，嗑瓜子，看春晚，吃酒酿年糕的浓浓年味里。

　　关于压岁钱，流传最广的故事是远古时代，每到年三十，一个叫"岁"的野兽会把家里的孩子叼走吃掉，所以很多地方都有不睡觉守"岁"的习俗。后来一个妈妈无意中发现，只要把一枚铜钱装在红色的袋子里，放在孩子的枕头底下，"岁"就不敢靠近小孩了。从此以后，每到年三十，大人都会给小孩或者晚辈发压"岁"钱，避的是邪，图的是孩子平安。

　　这种传说已经无从考证，历史上最早有记载的"压岁钱"出现于汉代，当时叫厌胜钱（也叫压胜钱），但这种"钱"不是市面上流通的货币，是为了佩戴玩赏而专铸成钱币形状的避邪品，在正面铸着"千秋万岁""去殃除凶"的吉祥语，背面则有龙凤、龟蛇、双鱼、斗剑、星斗等图案。

真金白银的压岁钱据说是从唐朝杨贵妃开始的。当时的春节和现在不一样，是"立春日"，在宫廷里春日散钱的风气很盛，王公大臣、御前侍卫都会被赏赐八宝荷包，挂在胸前。最有名的当然是杨贵妃收安禄山作为义子，唐玄宗为了表示宠爱，"上自往观之，喜，赐贵妃洗儿金银钱"①，这里的"洗儿金银钱"就是长辈给新生儿的避邪驱魔的护身符。②

到宋元之后，正月初一取代立春日，成为春节，春日散钱这种宫廷风俗也流入民间。根据稗官野史记载，今天的压岁钱主要是北宋神宗年间的一件小事演化而来的。

当时的朝廷枢密副使（副宰相）王韶的小儿子王寀，除夕晚上跟着大人在汴梁（北宋都城）的街头观灯游玩，却祸从天降，被歹人绑架了。王寀看到朝廷的车子经过，急中生智，大声呼救，歹人一时害怕，放下王寀就跑，王寀得救了。后来，宋神宗得知了这件事的来龙去脉，就赐予王寀一些金钱，给他压惊。这事儿很快传遍汴梁，百姓纷纷效仿宋神宗，除夕的时候专门给孩子一

---

① 《资治通鉴》第二一六卷。

② 王仁裕《开元天宝遗事》记载，唐玄宗天宝年间，"内廷妃嫔，每于春时，各于禁中结伴三人至五人掷钱为戏"。王建的《宫词》说，"宫人早起笑相呼，不识阶前扫地夫。乞与金钱争借问，外头还似此间无"；"宿妆残粉未明天，总立昭阳花树边。寒食内人长白打，库中先散与金钱"；"妃子院中初降诞，内人争乞洗儿钱"。《燕京岁时记·压岁钱》："以彩绳穿钱，编作龙形，置于床脚，谓之压岁钱。尊长之赐小儿者，亦谓压岁钱。"《帝京岁时纪胜·岁暮杂务》："除夕为尊亲师长辞岁……阖家团拜，更尽分岁，散黄钱金银锞锭。亲朋友辈来辞岁者，留饮啜，答以宫制荷包，盛以金银锞饰。"

些压惊的零用钱，称"压岁钱"。①

一代代这么传下来，总之，除夕晚上给压岁钱就成为趋吉避凶、保平安的一种习俗。因为当时大多是铜钱，所以常常是大人用红（彩）绳穿着铜钱，穿成龙形，压在孩子床脚。

现在说起压岁钱，经常说"红包"。其实压岁钱和红包是略有不同的。

红是中国人传统的吉利喜庆色彩。传说中的神农氏被称为炎帝，炎即红色。后来刘邦自称"赤帝之子"，自汉朝开始，红色被作为权贵象征，功勋诸侯用朱门，坐朱轩，穿朱衣。在这种文化氛围下，"红"（朱、赤）成了富贵吉庆的象征，新婚要用红色，走运称为"走红运"，受到重用的人称为"红人"。

所以，在我们的文化中，红色是富贵幸运色。到唐朝的时候，民间开始以手工缝制的红色布袋作为"包封"，里面装上钱，潮汕之地包封又叫"利事"或者"利市"，取的是吉利发财的兆头。

随着印刷术的发展，红纸慢慢取代了红布包。到了民国时期，随着铜钱退出历史舞台，彩绳穿钱压岁的习俗也渐渐成了大年三十用红纸包钱——给小孩子包一百文铜元，意思是"长命百岁"，给成年的晚辈则包上一块大洋，寓意"一本万利"。

红包压岁也就慢慢成了大江南北除夕夜的压轴节目。尤其在物质还不那么丰裕的年代，小孩子口袋里的零花钱都是奢侈品。在我的印象中，我和姐姐每年最阔绰、最舒心的时候就是春节收

---

① 　见岳珂记载两宋朝野见闻的史料随笔《桯史》。

到一个个红包，打开，偷偷在桌子下数一数，然后像打洞的松鼠一样，将所有红包收藏在自己的秘密角落，每天窃喜着计划自己的"预算安排"。那种匮缺突然丰盈的欢喜，2000年之后出生的人大抵是体会不到了。

2014年春节，微信红包横空出世。我记得那年我和姐姐陪父母在深圳、香港过年，所有人都被卷入这场"摇一摇"的狂欢。自此开始，"电子红包"逐渐进入我们的日常生活，红包的数字也有了好多意义："1314"是"一生一世"，"520"是"我爱你"，"818"是"发一发"。红包成了一种社交语言，可以随时随地表达。说起来，我们中国人真是一个有些世俗化、物质化的群体，所有的爱意、敬意、暖意，无论通过什么方式，最后都能化作一个小小的红包，递送到对方手上。

2019年除夕，刚满一岁的小香帅君坐在我身边的餐椅上，咿咿呀呀拨弄着玩具，看我写字，好歹安分了快两个小时，终于忍不住，开始用各种方法骚扰我，想让我抱抱他。

我回头想呵斥他两句，他却咧开上下各两颗牙的嘴冲着我一笑。在忙乱中过了一年的我突然松弛下来，是啊，真的过年了。站起身来，我找到一个红色烫金的红包，包上已经逐渐"消失"的纸币，晚上压在他的枕头下，希望他，还有所有的人平安、喜乐、吉祥。

# 06

## 人类增长的秘密到底在哪里

这篇文章其实源于一个高端牛奶的广告。

我开始琢磨人们为什么会为更贵的牛奶买单——质量是关键。换句话说，很多人愿意为"更好的质量和口感"买单。接下来的问题是"为什么"？这个问题的答案很清楚，因为数量不再是限制。为什么数量不再是限制呢？因为工业时代的生产模式改变了"供给"能力。现在，对于大多数产品来说，"供给"这条曲线几乎有完全的弹性，完全不构成约束，所以人们才愿意为质量买单，为独特的标识性买单，为体验和"爽感"买单，而这不正是社会"增长"的结果吗？

在划时代的技术进步前，历史经验成了灰烬。

几年前，我逐渐意识到，我们生活在一个和"以前"非常不同的年代，商业模式与生活状态都正在被"解构"和"重组"。随着时间推移，这种感觉越来越强烈，但却一直停留在"感受"的层面，我不太能想清楚里面的逻辑到底是什么。

　　日子一久，没有想透彻，也就把这件事放下了。直到前一阵子，因为准备"得到"的课程，把工业革命前后的资料翻出来细看，才意识到，我们眼里的"经济增长"在人类历史上，其实只有两三百年，甚至更短的时间。世界银行和Maddison（麦迪森）数据库里有一张人类过去2000多年的经济增长曲线图。

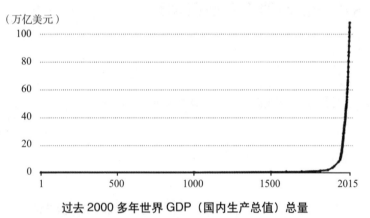

过去2000多年世界GDP（国内生产总值）总量

（世界经济总产出，经通胀调整后，以2011年国际美元价格表示）

　　在这张图里你会看到，在前面的1700多年中，人类的经济增长几乎是一条水平线，直到18世纪中期之后，这条曲线的斜率才有了第一次跳跃，人类经济增长水平快速提升。接着，在20世纪中叶和20世纪末，这条曲线的斜率又一次次变得更为"陡峭"，成了一根几乎垂直上升的直线，人类经济增长呈现爆发式的几何级数增长。

这张图的绝大部分对应着历史上一场接一场的致命饥荒。直到 18 世纪初，除了英国之外，就连欧洲大陆也经常是"饥肠辘辘"的。1709—1710 年，一场巨大的寒潮席卷法国，温度从10℃猛然下降到-10℃，地里的庄稼、池塘里的鱼、马厩里的马、空中飞行的鸟都被冻死了，连凡尔赛宫的葡萄酒都被冻结在酒瓶里。随即而来的就是大面积的饥荒，粮食价格在几个月内猛涨 5倍，差不多 60 万人饿死在这场灾难中。一个多世纪之后的 1845年，爱尔兰被病虫害肆虐，马铃薯大减产，连续 5 年的饥荒让人口锐减 1/4。在人口密集的亚洲就更不用提了，直到 20 世纪中期饥荒还在印度和中国轮番上演。

屈指算算，公元后的 1700 年里，人类经济一共增长了三倍，从 1700 年到 1940 年左右的 200 多年里，增长了 10 倍，而从1950 年到现在的 70 多年中，又增长了 10 多倍。如果不回看历史，我们很难相信，人类脱离极度贫困匮缺仅仅两三百年，衣食无忧也不过七八十年的历史。

那到底是什么改变了这一切呢？

对着这张图再仔细想，我们就会发现，以 17 至 18 世纪为分水岭，一个词语将整个世界历史划分成了截然不同的两段，这个词语就是"工业革命"。

1688 年英国"光荣革命"之后，正式确立了限制王权，扩大议会权力的君主立宪制，为"工业革命"铺平了道路。从 18世纪中期开始，英国转型为以规模化、专业化机器生产为特征的工业社会。生产能力的飞跃让英国成为全球最富庶的国家。100年后的 19 世纪中期，随着本土制造业的飞速发展和海上航路的拓展，英国各种商品的价格不断下降，过去被视为贵族奢侈品的商品和服务纷纷"飞入寻常百姓家"，英国出现了庞大的"中等消费阶层"。娱乐室、酒馆、咖啡店、剧院、夜总会像雨后春笋一样在英国流行开来。当周边国家的普通人家还在为一日三餐发愁的时候，英国人已经率先进入物质丰裕的社会。

英国的财富故事打破了传统社会关于"增长"和"消费"的几乎所有认知。从英国开始，欧洲思想界掀起了一场关于"奢侈""自私"的大讨论，荷兰人、法国人都参与进来，认为"私人恶德（奢侈）即为公众利益"，消费能刺激贸易发展，促进经济繁荣。

但并不是所有的人都这么乐观：1789 年，马尔萨斯在他的《人口原理》一书中，忧心忡忡地提出了著名的"马尔萨斯陷阱"——过去近 2000 年中，每次随着经济增长，人口增长就会加速，超过生活资料增长的速度，然后就产生人口过剩，人均生活水平下降，接着出现失业、饥荒、瘟疫，甚至战争，再消灭掉大量人口，导致经济倒退。

从历史经验来看，马尔萨斯的理论实在无懈可击。几千年了，还没有哪个国家摆脱过马尔萨斯陷阱，即使传说中遥远的强大中华帝国也一样。

然而面对划时代的技术进步，如以蒸汽机为代表的机器生产，历史经验成了灰烬。从 1750 年开始，英国自给自足的自然经济被规模化和专业生产的工业经济取代。到 1850 年第一次工业革命基本结束的时候，英国的人均工业产值翻了 6 倍。随着本土制造业和海上商路的拓展，茶叶、布匹、金属制品、纸张、肥皂、蜡烛、烈酒、啤酒和玻璃器皿……几乎所有日用品的消费增长速度都快于人口的增长速度。同时，英国人口数量也从 1750 年的 750 万猛增到 2100 万，增长近 2 倍，而人均消费水平增长了 3 倍。

接下来的半个世纪，19 世纪中期到 20 世纪初，技术进步带来的生产力提高在英国本土继续迭代发酵：50 年中英国人均工业生产值又翻了 6 倍，远远超过了人口增长的速度。同时期，工业革命的浪潮也开始席卷欧洲大陆，德国、法国、瑞典、比利时，所有国家都经历了类似的情形，人类增长的魔咒被打破，欧洲大陆也成为世界最富庶的区域，这就是我们在前文说到的那条曲线的第一次"跳跃"。

从某种意义上而言，这次跳跃意味着，在工业革命之前和之后的人类社会，完全是两种"增长模式"，对于匮缺和消费的定义，也是完全不同的。在突破性的技术进步下，生产增速远超人口增速，社会出现大量的剩余产品，资本存量累积；人口的增长使得工业生产规模进一步扩大；同时，资金和人力的聚集又进一步推动专业化的社会分工和规模生产，其过程中产生更多技术进步，形成了一个资本、技术、人口和增长的正向螺旋。

这套"工业化"的资本主义模式被一艘叫"五月花"的轮船带到了美洲大陆，在一个完全没有历史包袱的土地上被当作圭臬载入宪法，产生了不可思议的奇迹：从 1776 年独立开始，美利坚合众国在 100 多年内走完了英国 200 多年走过的路。到 19 世纪末，美国取代英国成为世界工厂，经济总量超过英国，人口数量也达到 7600 万，是英国的两倍。在美洲这样一个庞大的统一市场上，人口、资金、技术进步和增长的叠加点燃了以电力为突破技术的第二次工业革命，然后再继续演化出了以"计算机通信"为突破技术的第三次工业革命。

每次工业革命之后，整个资本主义世界的生产力就会发生一次巨大改变，尤其是工业制造业，技术进步一日千里，推动世界朝着"成本更低，质量更好"的方向飞奔。随着全球化和信息化的进程，整个世界被卷入工业化的资本主义时代——更大的需求刺激着生产规模进一步扩大，成本进一步降低，同时带来更快的技术进步。

20 世纪后，全球人口最多的国家——中国也被卷入这场工业技术的革命。这个进程从七八十年代开始加速，中国在 2000 年后成为新的世界工厂。这是全球"工业化"进程中一个具有里程碑意义的事件——全世界 15% 的人口快速进入了工业时代，在创造巨大需求的同时也创造了巨大供给，并为世界提供了一条完整庞大的工业产业链。

仔细想一下，你会发现过去的 20 多年中，我们总是抱怨物价涨得太快，但却忘记了一个基本事实——这些年很多工业产品的价格都在下降，质量却在一日千里般上升（比如手机、电视机、冰箱、汽车……）。

换句话说，随着技术的进步，"产能"几乎不再是绝大部分工业产品生产的限制。尽管和 19 世纪相比，全球人口已经从 10 亿增长到 70 多亿，但是人类社会的"生产"能力仍然远远超过人口增长速度。这其中最核心的改变就是，工业时代彻底改变了人类社会"供给不足"的局面。我们正在迎来一个"盈余"的时代，供给和需求都在发生颠覆式变化，数量甚至质量都不再是"消费品"的硬约束，一个更加注重"个体感受"和"标识性"的时代已经来临。

# 07

## 笨蛋，一切都是货币

这是一篇半小时的演讲稿，本质上是想讲"货币"这个抽象概念的塑造和变形会怎么影响人类文明进程。在我的理解中，人类社会的发展就是一部追求更好生活的历史，而财富增长是其中最重要的一个量化指标，它会深刻影响我们的增长和分配模式，进而影响整个社会的人际关系准则。而"财富"与"货币"的概念和形态密切相关。所以从古到今的很多社会现象，追根溯源都可以在"货币"上找到底层逻辑。

当然，这是个极度复杂宏大，还极度抽象的命题。作为一个学者，穷尽一生之力也许只能得窥一鳞半爪。为了在一场半个小时的口语表达中将这个框架交付给现场观众，我最后选择了"抽筋剥皮"，用颠覆认知、交付观点和故事讲述的方法完成这个"不可能实现的任务"。也正因为如此，我选择了一个强势，甚至有点娱乐性的标题《笨蛋，一切都是货币》，中间也省略了大量逻辑论述，直接用故事化的手法给出结论。换句话说，这不是一篇学术研究，但期望给人一些重新思考的线索。

特别感谢厦门大学的赵燕菁教授，和他的一次长谈刺激了这篇文章的诞生，同时这篇文章也受益于朱嘉明教授的《从自由到垄断：中国货币经济两千年》。

在我眼里，"货币"是经济金融学教科书里最被低估的词语。

很多社会现象背后，其实都有"货币"的影子。比如，谁能想到秦朝的灭亡和始皇帝的货币统一之间有着微妙而密切的联系？谁能想到，过去半个多世纪的世界和平环境和高速增长其实应该追溯到 1971 年美元脱钩黄金这只蝴蝶扇动的翅膀？谁又会想到，中国互联网行业弯道超车的繁荣背后，土地财政和土地货币扮演过重要角色？

法国经济学家雅克·胡耶夫说，"货币决定人类命运"。这些年，我越来越深刻地感受到货币的数量、形态和性质一直在塑造着人类社会的文明进程。国家兴衰、商业模式变迁，甚至人际关系准则的变化，背后都有货币的强力驱动。

## "秦半两"加速了秦朝的灭亡？

我们先从秦朝灭亡说起。不过在讲故事开始之前，我们先要知道一个关于货币和经济发展的底层逻辑——"货币的数量决定社会分工水平"。

乍一听，这句话的逻辑很跳跃。经济增长可以等同为社会分工的进步，分工水平越高，越专业细化，意味着经济越发达，它和货币数量之间并无关联。但是仔细想想，就会发现社会分工通过市场交换实现，而市场交换必须依靠货币实现。货币之于市场，就像农田需要的水。鱼米之乡肯定雨水充足，缺水的大都是贫瘠之地。同样的道理，货币匮缺，就是市场的旱灾，很多商品生产就无法进入市场交换体系，社会分工就会倒退，经济发展水平就会下降，甚至引发萧条。

秦朝灭亡之前，整个社会就处于货币极度匮缺的状态。

统一六国后，始皇帝面对着辽阔疆域，信心爆棚，为了实现帝国的千秋伟业，他很快开始了对货币的强力统一的进程，将铸币权收归国家，禁止地方和私人铸币，又以黄金和铜钱为法定货币，废除原来六国使用的布币、刀币、铜贝等各种货币，还规定了货币的种类、尺寸、样式等。

这个过程并不容易。战国时期的金属开采、冶炼技术不够发达，各个国家分而治之，也很难垄断货币发行。所以各国都允许民间铸币，让市场力量调节货币发行数量。这个时候，尽管市场上的货币五花八门、良莠不齐，但是货币数量是充足的，市场交换和社会分工也在快速进步。秦统一六国之后，市场规模扩大，这本来是重大利好，市场经济水平会提高，分工也会更精细。

但问题在于，这个"利好"是有前提的，市场交换规模扩大，对货币的需求也快速上升，所以必须加大货币供应量，否则就容易发生"钱荒"，导致经济萧条，而加大货币供应量的先决条件是铸币水平得跟上。

作为一个传统的农耕军事国家，秦朝的金属开采冶炼水平不行，官方铸币不可能满足市场需求。但始皇帝不明白这个道理，对"大一统"的迷恋让他大手一挥，决定以官办的"秦六两"作为唯一法定货币，毫不留情地禁止各国民间铸币。

所以秦朝出现的情况是：一方面货币需求量大增，另一方面货币供给量大减。就像要灌溉的农田多了，水闸却被调到了最小挡。结果很容易想象，庄稼得不到灌溉就枯死了。同样，没有货币，很多商品只能退出市场交换体系，百姓可买的商品越来越少，收入也越来越少，陷入今天各国政府谈虎色变的"通缩"循环。

老百姓没钱了，政府也收不到税，收入下降，而支出却一天天更加庞大。怎么办？只能绞尽脑汁搞苛捐杂税，征徭役修长城、阿房宫，于是经济问题很快转化成社会问题，秦王朝的各种暴政终于引发了轰轰烈烈的农民起义，结束了中国历史上最牛也最短命的王朝。

用现代金融学术语来说，秦朝覆灭的根本原因在于严重的通货紧缩导致了经济危机，又触发了社会危机。而这个经济危机，究其根源，就是货币数量太少，满足不了商品流通的需求。

这个结论进一步外推，你会发现更有趣的事情：在贵金属时代，谁占有最多数量的贵金属（尤其是黄金），谁就站在世界经济发展的金字塔尖。自大航海时代以来，西班牙、葡萄牙、荷兰，然后是英国，再接着是美国，不管是通过战争、殖民、金融市场，还是其他方式，大家的"霸主之路"都差不多，都是占有更多数量的黄金。如19世纪英国拥有全球30%以上的黄金，第二次世界大战后美国更是拥有全球近一半的黄金储备。这个历史趋势，本质上就是因为货币数量对社会分工、经济增长具有决定性作用。

## 美元脱钩黄金让"货币"的概念发生了改变

货币如水，长期缺水会导致经济农田的荒芜。货币数量对经济发展具有至关重要的作用，但比货币数量更重要的，其实是货币形态。

对这个结论的最佳诠释莫过于1971年的美元脱钩黄金事件。这次脱钩，将人类从"金属货币时代"送入"信用货币时代"。这个变化在教科书里仅仅是一个不大不小的事件，但如果放在人类文明和增长的维度来看，今天世界所经历的增长模式和社会形态都和这次货币形态的转变密切相关。

美元脱钩黄金的直接后果是布雷顿森林体系的崩塌。布雷顿森林体系是第二次世界大战后确立的国际货币体系，它的核心是美元钉住黄金，其他货币钉住美元，维持全球汇率水平稳定。换句话说，在此基础上的国际货币体系稳定是有前提的，即美元和黄金的比例要维持在一个相对平稳的水平。

第二次世界大战后几十年是资本主义的黄金时代，社会生产力飞速发展，对黄金和美元的需求飞速增长，经济的波动也增大了。两个问题随之产生：一是美国黄金储备跟不上经济发展需求，二是美元自身币值会随经济情况大幅波动。所以这个体系变得越来越脆弱，直到1971年，美国宣布美元和黄金脱钩。

这一脱钩，相当于世界最大经济体的信用从黄金身上剥离出来。美元成为新的"黄金",而这种"黄金"的数量不受任何历史条件约束,只和人们对它的信念(如未来增长预期)有关,这就是所谓的"纯信用货币"。

从这时开始,人类的分工和增长进入新阶段:在贵金属货币时代,货币数量受限于储藏量和开采冶炼技术,所以市场交换和社会分工的发展相对平缓;到了信用货币时代,人类创造货币的能力一下子摆脱了"具体物品"的限制,只要有"信心",货币数量几乎不再受到限制。这样一来,很多原来不可能进入市场交换领域的行业,都开始了"专业细分"。比如我们女生喜欢的美容美甲,现在是由专业的"美容美甲师"完成的,甚至有专业平台(如河狸家)上门为你服务。这样细分的专业分工,在货币匮缺的市场体系里完全不可能产生。往前推进一步,这几十年来全球商业模式创新层出不穷,本质上就是社会分工不断细化的结果,当然,也是货币形态改变的结果。

更重要的是,随着货币形态改变,人类社会的"信用形态"也发生了巨大改变。农耕时代,土财主有钱的标志是自家地里埋的黄金多,而现在《福布斯》上的富豪一个比一个"负债率"更高,因为负债表示人们愿意借钱给你,你拥有给人长期稳定预期的能力,即有信用。换言之,现代社会的富人不是拥有货币,而是拥有创造货币的能力。

这个信用形态的改变带来了两个巨大的社会变化。

其一,财富创造摆脱自然资源的约束。只要有实力制定规则,有能力创造想象,你就拥有未来和财富。比如,比特币之所以兴起，是因为数字技术创造了一套让很多人产生信任的规则，而它的风险波动则是因为缺乏国家主权支撑，没有形成稳定的长期预期。 这一点随着数字货币、数字资产的演化会更加显著：无论是企业，还是个人，未来财富都一定会和个体（机构）信用绑定在一起。理论上，只要有足够多的人接受和相信你，个体就可以拥有信用创造和财富创造的能力。

其二，信用货币让人类社会具有"合作博弈"的可能性。贵金属的占有是排他的，所以大家用各种方法（殖民、战争、暴力、贸易）占有更多黄金，这就是非合作博弈。而信用货币体系下的财富不完全排他。大家可以一起通过创造未来财富实现双赢。战后这几十年，是人类历史上战争最少的时期，这和货币信用形态的改变是密切相关的。

从金属货币到信用货币，看上去只是货币形态的变化，但是这个变化却改变了我们的增长模式和商业模式，也改变了社会财富累积的速度和社会博弈的准则。

## 土地货币：理解中国的一把钥匙

目前全球货币体系的锚是美元，理解现行的信用货币体系当然要从理解美元开始。但是中国的情况也有例外，我们在无意的情况下，创造了一套相对独立于美元之外的"土地货币"体系。可以这么说，土地货币是理解有中国特色经济现象的一把钥匙。比如，为什么房价这么高？为什么中国的移动互联网可以弯道超车? 这些现象都可以在土地货币上找到深层逻辑。

对于大部分人来说，土地货币是个陌生的词语。但大家对下面这组词语就很熟悉: 房地产市场、地方融资平台、银行融资体系。这组词语共同构建了一个中国独有的信用货币市场，即土地货币信用体系。

这套体系的形成本身就是个有中国特色的过程。直到 20 世纪 90 年代末，中国城市居民的住房主要依靠"单位分房"或者"公房"。1998 年，中国经济经历了通胀、硬着陆、三角债、东南亚金融危机等各种折腾，面临建设资金严重不足的状况。公房建设需要的庞大资金实在找不到出口，在无路可走的情况下，酝酿多年的住房商品化改革被快速推动。地方政府把土地出售给房地产开发商，开发商投资，建房子卖出去赚取利润。

这么一来，催生了一个以城市土地为锚的"内生增长模式"，将中国的城市房价、城市化进程紧密联系在一起: 土地价格取决于未来这个地方各种公共服务的价值（如商圈、学校、医疗、交通、娱乐等），也就是所谓"城市建设"的价值。沿着这个思路，我们很快就会明白，从本质上来说，买房就是购买一个地方城市公共服务的股票。为什么大城市、好学区的房价高，因为它们是"城市公共服务"的大蓝筹和龙头股。

20 世纪 90 年代末到 2012 年前后，中国几乎所有城市的房价都上涨了。这是因为我们的城市化率从 30.89% 上升到 52.57%，城市人口则从 3.8 亿上升到 7 亿。相当于"城市化"这个大盘普涨，所有股票雨露均沾。

由于政府能出售土地，所以当一个城市（地方）的地价、房价涨上来后，就相当于地方政府手里有了"抵押品"——房（地）价越高，流动性越好，抵押品质量越好，银行越愿意贷款，开发商和地方政府也就有更多的钱投入"城市建设"。

换句话说，中国的商品房市场和城市化进程糅合在一起，创造了一套以土地金融为基础的资本生成模式。城市土地在这个模式中充当了"信用抵押品"的角色，让货币资金流通，进行信用扩张，这恰恰是"货币发行"的逻辑，只不过这种信用生成的基础是土地而已。

所以，我将这套体系称为"土地货币信用体系"。

因为土地、房产均属于非贸易品，很难进入国际交换分工体系，所以这套信用生成体系和国际美元货币体系之间是相对独立的。2008年全球金融危机中，几乎所有国家都遭遇"钱荒"，为什么只有中国一个"四万亿计划"，就把经济刺激得差点发烧呢？这可以从我们"土地信用货币体系"的相对独立性上找到部分答案。

全球金融危机来袭，中国制造业出口受到严重冲击，增速从17%猛然跳水到-16%，相反，同期城市房产价格却猛然飙升7%。一降一升，其中究竟有什么关联？

我们不妨这么来理解：如果货币体系像水闸，那么中国有两个水闸，属于全球交换分工体系的美元货币和主要在内部消化的土地货币。全球危机的时候，属于美元货币体系的水闸被严重损害（如制造业出口下滑），但是另一个水闸——土地货币的闸门大开，解决了"钱荒"问题。回头看，中国城市家庭房产的价格大多在 2008 年后经历过飙升。

土地货币闸门大开，会不会有副作用呢？当然有，洪水过后总会遗留下很多问题。比如，有的地方资金"水漫金山"，房价被推得过高；比如，从银行到信托再到地方融资平台，杠杆率上升过快，导致了后来影子银行的产生，引发了系列金融风险问题；再比如，土地市场是非标产品，而且属于政府垄断型资产，土地交易过程中特别容易产生贪污腐化，很多干部都倒在这个上面……关于"四万亿计划"，土地财政的负面效应，媒体和各种文章里已经讨论得比较多，但是，现实世界中从来不是非黑即白的。这场货币洪水在客观上产生了一个意想不到的效果——催熟了中国移动互联网行业"弯道超车"的商业繁荣。

在阐述这个逻辑之前，我们先思考一个问题：一般来说，洪水过后当年是灾年，还是丰收年呢？绝大部分城市孩子的第一反应应该和我一样，是灾年。但农业专家告诉我们，正确答案是大洪水过后的年份大都是丰收年。为什么？因为谚语说"水淹一条线，灌溉一大片"，意思是有一些土地无法灌溉，靠人力翻松也很低效，但是一场洪水过后，虽然生灵涂炭，但也会灌溉很多荒地，等于大自然的伟力帮我们做大规模的深度土地翻松工作。再想想为什么人类文明都产生在大河两岸，这也是一个重要原因。

说到这里，其实货币逻辑也浮出水面：土地货币体系闸门大开，洪水泛滥，造成经济过热、货币过剩的局面。这意味着市面上有大量的钱无处可去。

钱会到哪里去呢？到那些烧钱的地方去。

2011—2012 年是全球移动互联网技术大规模应用的时候。和所有高科技行业一样，移动互联网是烧钱的行业，其基本原则是越高端的服务行业、越精细化的分工，就越烧钱。像商汤科技、丁香医生、抖音、快手，这些公司在经济发展水平低的情况下是不可能产生的，因为它们对分工水平要求很高。如果按照资本自然积累的节奏，2011 年左右中国发展阶段并不一定充分满足这些分工要求。

结果一场货币洪水来了，资金过剩蔓延，将当时生产力水平还比较难以触达的社会分工用钱生生冲开了。2011 年之后，中国移动支付一骑绝尘，各种新商业形态层出不穷，微信、美团、滴滴、今日头条……我们普通百姓的生活发生巨变就是从这个时候开始的。很多人把这场巨变称为"移动互联网革命"，但这场技术革命的背后，也有货币的影子闪动。

王朝兴衰，分工水平，社会关系，行业起落……如果深入下去，我们会发现，人类文明的历程中，货币无处不在。

# 08

# 海南，海南

上次当"海南开发"这个话题发酵的时候，一个中学好友跟我讲过自己家的一个故事。

大概是 1993 年，他小姨因为在家游手好闲又不安分，去了海南闯天下。一年多后扛着一个麻袋，回到长沙坡子街的家里。小姨什么也没说，将麻袋塞入床底，躺在床上好几天。家庭气氛变得很诡异，老实巴交的外婆每天跪在菩萨跟前念叨"造孽啊，化生子（长沙话：败家子）"。小姨蒙头睡，不理外婆。他好奇，一天趁小姨起床，爬进床底，打开麻袋，发现是一大袋人民币。他吓得赶紧系上袋子爬出了床底，也不敢吱声。过了几天，警察来到家里，小姨跟着走了。然后有陌生人来了，取走了这个麻袋。外婆更加长跪在菩萨像前，磕头如捣蒜。小姨在里面一年多出来了，又走了。后来他也上大学离开了家，这些事情也渐渐变得模糊，只是"海南"这个词语深深刻在他的脑海里。

1988—1992 年，那是海南省的第一个高光时刻。

1988 年 4 月，海南从广东划出，建立海南省和海南经济特区。之后数以万计的"闯海人"怀着淘金梦想涌入这个热带岛屿，开启了疯狂的"海南楼花年代"。面积 3.5 万平方公里，人口不足百万的热带小岛上开设了 10000 多家房地产公司。热血、豪言壮语和一张图纸就能暴富的神话不断上演，空气中充满金钱和冒险的热气。

1992—1993 年，没有人口、产业基础的"海南楼市"终于成为阳光下的泡沫。烂尾楼、三角债、跑路者……和当初的喧嚣一样，潮水退去，留下一堆砂砾。之后海南"特区"一直处于不温不火之中。靠着天然的海岸线和温暖的气候，旅游地产是一枝独秀的支柱产业，大批东北人逐渐学会"候鸟南飞"，三亚成了著名的"东北第四省"。

2010 年，历史以熟悉的面目重演。"国际旅游岛"的概念，加上各种影视娱乐宣传的效应，海南房价再次开始暴涨——那个远离市区，承载了旷夫怨女对奢华、爱情向往的凤凰岛，房价飙升到 10 万 / 平方米。

故事的结局也没有什么意外。2011 年，缺乏人流，缺乏基础设施，缺乏服务的凤凰岛泡沫再次破碎，房价暴跌至 4.5 万元 / 平方米。海南还是那个海南，仍然只是一个"候鸟们"来来去去的"飞城"。

之后开始慢慢有零星讨论，要将海南建设成自由贸易港。2018 年，建设海南自由贸易港的提法正式出现在官方文件中。但问题的核心是，作为一个缺乏产业支持的海岛，自由贸易可发挥的余地并没有那么多。而现实中，这个概念仅为各路财经媒体贡献了一波流量，其余一切照旧。2019 年，海南的 GDP 总量为 5300 亿元，不及厦门一个市（约 6000 亿元）。"特区"之特，也只剩下了蕉风椰雨，碧海蓝天。

历史的变化可能总要等待一个特殊的时间节点。

2020 年的 6 月 1 日，一份名字普通的《海南自由贸易港建设总体方案》让"海南"这个沉寂很久的名字重回公众视野。这一天，正是香港国安法出台（5 月 28 日）后的第三天。这样的时间节点和文件发布的方式，都显得有些微妙。

领导班子的规格决定了一个政策的重要性。一个省级特区政策的领导小组由中央政治局常委 + 政治局委员 + 最重要职能部门一把手组成，不难看出这个政策在高层设计中的地位。

而文件在 2020 年 5 月 28 日香港国安法立法通过后迅速公布，也多少带着一些"强调其重要性"的信号作用，确实彰显了在香港问题上的一种底线态度。但一个常见的误解是，海南自贸港有替代香港之意，我倒是觉得，这两地没有可比性；其一，香港实行一国两制，而海南不存在这样的问题；其二，海南自贸港的金融开放依然是有控制地逐步放开，和香港自然演化而成的金融自由港不可同日而语。

对于海南来说，这次真正的看点在于"税"和"资本账户"两个方面。相比之前，这两项是真正能被企业和个人用起来的政策，也最可能给海南带来真正的新气象。

在当前高净值、高收入人群绝对数目不断上升的情况下，"低税率"是真有诱惑力的，符合条件的企业和个人可以免征或按照 15% 征税。内地个人所得税税率累进最高达 45%，企业仅所得税一项就为 25%—— 在现行税率水平下，一个年薪 100 万元的高级白领（100 万元在很多北上深企业中高层都是经常可以达到的数目）都基本达到 45% 这个税率，所以不管是高利润的企业，还是高收入的人群，真金白银的低税率都是有实际价值的。

当然，个人所得税的优惠有当年居住满 183 天的要求，还有其他一些门槛，企业要满足"注册地在自贸港且实质性"——这种情形下，可能会出现一些政策预期之外的后果—— 前几年有朋友讨论说，也许会催生一些在政策中套利的行业，比如人才门槛的认定、企业的注册服务，以及如何满足监管要求等。从做增量的角度，这在短期内不一定能见到奇效，但是可能在分配上会出现对海南倾斜的局面。换句话说，这对国家和其他区域的好处尚不清楚，但对海南的利好还是比较清晰的。

另外一个是资本账户上的试探性举措。比如，岛内购买进口商品免税，这实际上帮助消费者在中国境内突破了 50000 美元外汇兑换额度的限制。虽然这个额度和体量非常小，但是"试验田"意义很强，为下一步在岛内"分阶段开放资本项目"打下基础。

从这个意义上讲，海南经济一直以来的"弱"和小体量，反而成了优势——试错成本更低、风险可控。金融账户开放这样的大改革，如果放在上海试验，影响根本不可控。放在这样一个体量小，但是拓展边界大的岛上，自然形成防火墙，有更大的迭代和试错空间。

　　也许，海南在真正迎来属于自己的历史契机。当然，站在 2020 年这样一个政策环境高度集中化、标准化的时点上，任何一项改革措施的落地都会碰到巨大的摩擦力和阻力。所以，即使有高规格的领导班子、具体的政策抓手，政策的落地到实施，实际上也更考验当地政府的治理水平。

　　但愿这一次，海南能在历史的弯道上，好风凭借力，借此上青云。

# 09

## 深圳密码：时代、势能和命运

2020 年 6 月上旬，在数据里摸索了几个月之后，我日渐焦虑和撕裂。在 2020 年各种"史无前例"的冲击下，数据里显示的"中国"和在媒体文章、朋友圈，以及日常生活中感到的"中国"出现了巨大的鸿沟。习惯在数据中寻找真相和结构的我感到了迷惘。

终于，在"新发地疫情"发酵之前，我从北京出发，开始了一场长达两个月的"中国之旅"：北京，上海，杭州，深圳，长沙，长三角和珠三角的小城，最后回到北京。

从街头小店到出租车；从食肆酒坊到学院机构；从城中村到摩天大厦；从寺庙到夜店；从阿里到腾讯，从万科到华为；从北京的创投机构到上海国企混改基金，再到潮汕客家那庞大的民间融资体系；从工厂蓝领、外卖小哥、美容师到白领丽人、小老板、投行世家、IT 新贵，以及形形色色的体制内精英……

这一路走来，我基本将中国的多种有生力量感受了一遍：国有大金融资本、民间资本、民营经济、食利经济、创新经济、科技巨头、房地产、制造业……像电影片段一样被浓缩在这场跨越大半个中国的行程中。

我意识到，现实经济世界里，"中国"是一个过于抽象的概念。每个区域，每个城市，每个行业，每个企业，甚至每个人所感受到的中国都是不一样的。

中国经济的复杂程度远比我们想象的要深，而且快速发展中的浓缩度也远比我们了解的要高。这对于研究者是坏消息，因为无法得到一个同质性的统一答案。但是对于生命体而言，这可能却是好消息，因为有机会以各种形态在这个生态中找到自己的生存方式，并活下来。

这次给我最强烈感受的是深圳。从地理位置上说，岭南是中国历史上一个特殊的区域，从五胡之乱开始，大的战乱几乎都没有影响这里，反而有大批世族、宗族千里迢迢迁徙至此，慕儒的客家文化和远儒的本土文化的很多原生态元素——宗族祠堂、传统社团（群）——都被完整保留下来。

位于岭南一隅的深圳，40年前不过是广东省最乡土的一片滩涂而已。然而，就是这样一个荒芜的渔村，仅仅用了30多年的时间就完成了工业化、城市化和现代化进程，成为上千万人口的中国科创制造中心和商业中心，孕育出万科、招商、平安、腾讯、华为、大疆等一大批中国最优秀的企业。

别人几百年走过的路，深圳几十年就走完了。就像一部200集的韩国电视剧被压缩在一部电影里被讲完一样，这部剧的信息量无限丰富，兼容了很多不同类型的企业，也承载了这一路上中国经济腾飞过程中的多种有生力量。

## 深圳是个复杂的动物

我在深圳的行程安排充满了强烈的冲突感。

第一站是华为。这其实是我第一次去华为，虽然这两年美国政府一波大广告已经将预期调得很高，但是亲耳听亲眼看还是不太一样。整个下午到晚上，从有强烈视觉冲击的数字展厅到华丽宛如克里姆林宫的餐厅——在这样一个环境和语境中，时间的、地域的差异消失了，只感到一切都是宏大的、未来的、科技的、世界的。

华为的冲击还没完，第二站的行程则开始转向"本土"，上午是客家商人，下午是潮汕商帮。

上午在南山区的中国储能大厦，精致美丽的客家女老板跟我们娓娓道来：怎么在 20 世纪 90 年代初嗅到商机开工厂做来料加工，三来一补，做厂房租赁，几管齐下，完成了资金原始积累；怎么在 90 年代后期和先生拎着一麻袋一麻袋的现金到村里去收购土地。说到这里，女老板露出了腼腆又骄傲的微笑，眼神有点缅怀，那是她的青葱岁月，也是懵懂的鎏金时代。再说到金融危机后，制造业出现下滑，怎么慢慢开始转型做商业地产，但还是习惯"全额付款"，全额到被银行百般劝说"只有巨额储蓄，没有贷款，并不是优秀的信用记录"。她不理解，一直到 2015 年后发现地真的贵了，才开始使用银行贷款，盖起了这百层大厦。说到疫情冲击，女老板微蹙了下眉，感叹"比2008年的冲击大多了""来借钱的电话多得不敢接""我们有资产还好，反正是开源节流"。

在她巨大的办公桌左侧的墙上，贴着一张抄写得工工整整的佛经，从雅致的顶层花园俯瞰下去，左边遥望过去是前海，另一边是北大的球场。

下午，我去市中心一个豪华酒店见一位潮汕大佬，据老深圳人说，这是个有故事的地方。

在全世界最繁华的地段之一——中国深圳福田区中心，矗立着一片巨大的、金碧辉煌的建筑群，风格充满了八九十年代中国人新富之后唯恐"锦衣夜行"的喜悦感。虽然是大理石、罗马柱这些现代建筑的外表，但一走进去，熟悉的天圆地方的中国式格局扑面而来。在巨大的中庭正中央，我稍微停了几秒，调皮了一下，叉手以巡视的眼光向上仰看去，方正的阁楼被分隔成不同区域，充满了大红灯笼般的秩序感。

最有意思的是大佬的办公室，关公神龛，袅袅香烛，道家大师半文不白的赠诗，以及墙上挂着的领导人画像，配上满堂红木、黄灿灿的坐垫，让人有时空错乱的感觉。大佬努力用普通话做接地气的表达，我们努力听清音节，理顺逻辑。双方在云里雾里中交流了一个多小时，信息增量不多，但是能感受到"超级有钱"，那些平时在媒体里听的人名、项目名称，那些骇人的数目，都在现实语境下轻轻吐出，毫不出奇。

　　离开这个深宅式的楼群，出门的刹那，繁华如织的摩登都市突然回到眼前，而 7 月深圳明晃晃的阳光突如其来，亮得让眼睛有些不适应。我有一瞬的恍惚，觉得在历史和现实、乡土和世界、秩序和破坏、传统和创新的旋涡中打了一个来回。

　　下午继续聊民间拆借的"悲喜录"，然后到一个潮汕背景的新型投资公司吃饭。

　　颇有意思的细节是，和我们聊的仍然是女性——和刻板印象中身价不菲的女企业家完全不同，伊一袭软软的黑白套装，一头及腰乌黑长发，说话柔柔的，无限温柔谦和，担心自己普通话不准，又担心对学术语言把握不准确，事先对我们给出的访谈提纲做了书面回答，她又找了认为能"懂"这种语言风格的相熟的潮汕投资人来掠阵，帮忙回答。

　　我们一路絮絮，千万，数亿，理论上应该惊心动魄的资金拆借故事被她讲述得云淡风轻，甚至有些懵懂天真的意味。懵懂天真得我不忍心继续追问细节。

　　到了晚餐时间，席间海归背景的年轻潮汕投资人则换成了我们团队常用的语言体系——风投、创投、医药行业、赛道、估值……

　　晚饭后车队送我们回酒店，团队唯一的小男生生平第一次坐上劳斯莱斯疾驰而去，我们几个女生则同乘一辆车回酒店。我靠在座椅上，默默地看着窗外。深圳夜色已浓，灯火辉煌，和稀疏的星月一起，将这个城市照射成巨大的、破碎的几何形状。这一天信息量太大，像在时间隧道里不停穿越后的失重感，心里是满的、肿胀的，却无法精确描述。

隐约间耳边响起一个懒洋洋的声音，"董小姐，我也是个复杂的动物，嘴上一句带过，心里却一直重复"。

是，深圳是个复杂的动物，她不是一个没有故事的女同学。

后面的行程开始回到我们更熟悉的"深圳场景"。

早上在柏悦酒店的餐厅和从腾讯出来创业做 AI（人工智能）教育的朋友吃饭，聊抖音的算法，产品上对"内容"和"工具"的选择，市场上舍国内取海外的迂回战术。

远眺城市天际，一场突如其来的暴雨后，天空湛蓝，云白得耀眼，往下看，马路平坦，车如流水马如龙，年轻的面容行色匆匆。

下午在前海某大行的行长办公室里，我和初中坐前排的男生见面了。

当年浓密黑发的运动健将已经露出光滑的前顶——作为一个地地道道的长沙伢子，他熟练地烧水，烫杯子，给我们砌上工夫茶，用仍略带长沙尾音的"塑普"给我们讲这 20 年深圳信贷市场的变迁故事，好的，坏的，坍塌的，重建的。从大学毕业那天开始，他就跟随这片土地一起成长，几乎经历这家银行在深圳的所有分支机构，从宝安、福田、南山到前海，从腾讯到华为，还有我们前一天刚刚访谈过的那些本地商帮，都曾经是他们的客户。彼时他年少冲动，这些企业和他一样，也经历着最青涩莽撞的成长期。

然后是和期货交易员、私募投资人见面，各种科技公司的参访，小朋友们抽空还去了华强北、城中村，我则抓紧时间在商场、夜晚烧烤摊和酒吧半公半私继续"调研"。

最后一站是万科总部，顺便听一个社区团购运营人谈他们的商业逻辑。

作为最惹眼的房地产行业的顶尖企业，又经历了明星创始人个体经历在镜光灯下被放大，万科在大众叙事中是个热闹的存在。但这几年和万科人接触下来，我倒一直觉得这个企业的人有点"沉静"（当然这不排除是我的样本偏差），管理上和文化上也更接近现代企业。

再仔细想想，大城市里，万科的房子很少处于黄金地段，都是在新区或者偏一点点的地方。换句话说，在位置为王的地产行业，万科并没有天生拿一手好牌，品牌真是靠建筑品质和物业服务一点点赢下来的。

怀着这种好奇心，我们如约到了万科的临时总部，进门后有些出人意料——和房地产企业的暴发户形象大相径庭，万科总部只有两三幢小楼，深灰和暗红的基调，极其简约，花园不大，但修剪得干净整洁。

进门后，楼里极其安静，问了一下，这样一家万亿级的企业，总部也就百来号人。整个楼的设计初看上去也没有什么出奇，但是给人感觉很温和，没有侵略性，细节上则很精致，人走进来之后有点小放松。

更值得一提的是万科的厨房。和北京比起来，深圳实在是美食天堂，何况之前我还经历了私家厨师等种种款待，胃口已经被养得很刁，但是万科的这顿午餐仍然是最让人惦记的。之前小马特地给我看过菜单，我不大懂这些，乖乖吃就行了，具体不记得吃了什么，就是觉得清淡、精致，就像整个企业总部给人的感觉一样，你感觉到"好"，但不觉得奢华或者压迫，是淡淡的、温和的、可以持续下去的那种好。我一直相信，企业在达到一定规模后，只有细节才能真正反映其核心价值观。在一个只有40岁的城市，长出的一个30岁出头的房地产巨头，竟然有这样一个温和从容的总部，让我对"快速，飞速"的深圳又有了另一个维度的认知。

再接下来和社区团购企业又聊了两小时，团队小朋友回酒店大堂，兴奋得不能自已，觉得上一周在湖畔大学聊到的数字化和社区化的理论在这样一个场景被激活，可以基于此讨论商业模式的可持续性问题。没有人再想吃饭，山西小姑娘苦着脸说，自己这样粗糙的胃，在深圳各色美食的轰炸下，已经出现不良反应。

我回到房间，也许是信息过载的缘故，脑子和心都实在有点疲劳，躺在窗口的沙发上，看着城市暮色渐起，人流渐涌，又渐渐散去。

我忽然想起少年时代经历的深圳。

因为父亲做粮油食品进出口，负责港澳的罐头冻肉，我在20世纪90年代常跟着他来深圳玩。当年常住的是湖南外经贸委的凯利宾馆，还记得左边是脂粉香浓的南国剧院，右边是当年豪华的阳光大酒店。我最喜欢吃彼时内地还甚为金贵的基围虾、荔枝和杧果，买大包花花绿绿的香港零食，印象深的有酸酸甜甜的无花果干、大片的水杧果、咸香酥脆的万里望花生，还去沙头角采购表姐和妈妈最爱的透明丝袜带回家。

那时，南山区应该还是一片荒地，腾讯还没有出生，华为大概在卖交换机，就连万科也不过刚刚迈过了股份制改造的最初阶段。那也应该是中国大规模城市化起飞的前夜，是潮汕客家这些本地商人默默完成资本原始积累的起点。我突然想起一首古老的歌谣："流水它带走光阴的故事改变了两个人，就在那多愁善感而初次流泪的青春……"

## 深圳的时、势和命

一周行程像电影胶片一样闪过，每天密集见人，看企业，想事，脑子里信息超载，关于深圳的固有印象被解剖成无数碎片化场景。而所有缺乏内在结构的信息都容易让我焦虑疲倦。我不相信这些看似迥异的人群、现象、事件、企业背后没有一根主线或者一个逻辑。

离开的前一晚，我将所有安排推掉，一个人在酒店房间里发呆。一包薯片之后，我安静下来，看着窗外鳞次栉比的大楼、闪烁不定的灯光，想着这些天见到的人和事构成的"中国深圳"，说到底，无非也就是时、势和命。

我想起访谈中客家女商人说起的经历。

• 和大多数珠三角的企业主一样，她从20世纪八九十年代做日资的塑胶零配件加工起步——我们这代人疯狂迷恋过的松下零配件好多就出自她的工厂。

- 工厂赚钱，开始扩大规模，而建厂就要买地，买地盖工厂，有了多余的工厂，就开始出租。

- 90年代中期后，外资（她的主要客户是日资）大量进入开厂，厂房租赁的需求变大。这样慢慢发现租房子比开厂子还赚钱，所以只要有钱就买地建房子，出租给工厂。

- 当时土地便宜，都是成片地买，交易方式更是原始粗暴，用麻袋装钱，直接到村里，一家家拿钱现金交易，从坂田、沙湾到龙岗、宝安，哪里有开厂租房需求，就往哪里走，这些地方就这样变成一个个"工业园"。

- 这种模式一直持续到2000年，当时到东莞塘厦买地还是采取这种简单粗暴的方式。

- 2000年是一个分野，之前土地靠买，之后开始靠拍卖，成本就上去了。

- 与此同时，她的工厂也不断扩大规模，从几十人到几百人，再扩张到2000人，各种成本也快速上升，净利润下降，自己的精力也跟不上，到2007年《劳动合同法》出台，就干脆将其关了，安心做地产。

- 作为包租婆，2008年金融危机她没有感到很大冲击，不过就是有的工厂主稍微延迟了几个月交租，或者换一茬租户而已。

- 大概在2012年之后，随着深圳、东莞"城市"概念的不

断扩张，很自然地，她也从工业地产转向商业地产，这也
是她 20 年商业生涯中使用银行贷款的开端——和之前大
多数工业园不同，我脚下的这幢大楼，就是在银行信贷支
持下建成的。

回想起来，这是一段非常"中国"、非常"深圳"的经历，
其中浮现出两条主要线索。

第一条线索就是"城市化"和"工业化"，核心则是"土地"。

这不是深圳特例，而是中国历史进程的一个巨大缩影。

中国第一代普遍意义上的新富阶层基本是中国城市化进程中
的土地升值造就的。不管是改革开放初期做小买卖赚了点钱，还
是依靠当地宗族祠堂或者政府势力，或者是那些八九十年代靠灰
色生意积累了第一桶金的人，大多是在 90 年代中后期，抓住时
机囤积了土地。

到 21 世纪头一个十年之后，制造业带动工业地产，继而商
业地产、住宅地产进入"疯涨期"，这些背景迥异、拥有丰厚土
地储备的人成为最大的受益者，跃迁成新富阶层。

深圳的特殊之处在于，由于完全从零开始，又赶上了政策和
时代的双重红利，城市化的速度史无前例，造富的速度和规模也
因此史无前例。

第二条线索则是"全球化"，核心是"产业"。

深圳这样一个都市圈的形成并非一国内力铸就，而是背靠全
球化进程的。

　　仔细想想，深圳出生的时候，正好赶上亚洲四小龙产业升级，要进行产业转移寻找代工厂的时候。地理上的天然便利条件，使得深圳（东莞）顺利承接了港台等地的产业转移，同时 1994 年之后加速的人口大迁徙，使得珠三角地区成为最大的低价年轻劳动力的流入地，迅速成为全球制造加工业链条上最重要的一环。

　　一个很容易被人忽略的细节是，除非极个别的高精尖技术，工业的技术革新大多是应用型革新，在动态的生产线和大规模产品迭代试错中会以更快的速度进行。深圳周边的"工厂圈"和巨大的市场恰恰提供了这样的机会。

　　与此同时，深圳诞生成长的 20 世纪 80 年代到 21 世纪 10 年代，是人类历史上全球化进程最快，也最开放的 30 年，而且经历了信息技术的几次突破，从互联网到移动互联网，从信息时代进入智能时代。

　　这个进程，恰好被深圳及其周边的区域承载住，也算是历史的机缘巧合。一个渔村成为全球智能制造链条上最重要的一环，而这个环也无意中成为下一代制造业升级的动力所在。

　　深圳并不只有华为，还有做无人机的大疆，造车的比亚迪，做机器人的优必选，做电子器件的立讯精密，做触控和液晶的欧菲光，以及做工业电子设备的工业富联……它们都汇聚在这数千平方公里的小片土地上。

　　这些企业不见得都能跑出来，成为下一代智能制造巨头，但是在产业集聚升级发展过程中的溢出效应，会成为这个区域未来增长的真正动力。

　　写到这里的时候，我突然明白调研过程中那种巨大的冲突感和晕眩感来自哪里：这两条线索代表的增长驱动力之间的差异。从"土地升值"到"产业升级"，这不仅仅是增长模式的差异，更是这些模式背后的人群画像、价值观乃至生活方式的差异。

　　今天的深圳仍然处在这两个板块的接口处，中间的断裂、摩擦也必然伴随这个城市继续前行。

　　深圳要持续上行，以"产业升级"为核心的第二种增长模式必须成为主流，造富的天平必须向科技创新产业倾斜。这可能不仅是深圳命题，还是未来 10 至 20 年中国的命题。作为全球制造业链条上的重要环节，深圳只是这个命题更集中的表现而已。

　　更重要的是，这些差异将渗透这个年轻城市未来发展的每一步，整个城市的基础设施建设、商业服务模式、公共管理配套，以及个体的职业选择、机构的投资赛道选择，都需要与这种转变适配。

　　想到这里，碎片化的场景渐渐被串联起来，我胸口的肿胀感也消退了些，下楼到街头溜达，虽然夜色渐浓，但暑热并没有太消散，人们三三两两穿过大楼中的空地，对面酒吧一条街已经开始喧闹。

　　看着灯光下自己被拉得长长的影子，我脑子里出现了一个奇怪的、缺乏统一结构的庞大建筑物：一侧是香火缭绕的寺庙，一侧是人流如织的商场，一侧则是机器轰鸣的工厂。构成这个奇特建筑的材料像是不同的软性物质，具有极强的可塑性。每一块都似乎有自己的生命力和延展性，不同板块交错成长—— 混乱和无序，奢华和市井，传统和现代，在短时间内都被汇聚——形成一个复杂的、野蛮的、生机勃勃的特殊有机体。

这种复杂性和特殊性大概来自一个只属于深圳的增长密码，我将它叫作"无例可循"，或者叫"命运"。

当年开特区就是一个迭代试错的过程，试错了，砍掉就是，但一个地区要是往前迈了一步，蹚了条路出来，就有了下一步迭代的可能性，将这条路再蹚得大一点，从而形成正向循环。

由于从零起步，深圳没有真正意义上的本土官僚体系，和上海的精细化管理不同，深圳一开始是缺乏管理治理经验的，在城市和企业发展上有种"负面清单"的态度。

基本的社会主义制度、党的领导这些红线不能碰，除此之外，环境相对宽容，试错成本偏低，这为起步阶段的工商业主提供了难得的生态条件。

我们不用统一种马铃薯或者玉米，而是各自选择自己擅长的品种开垦种植，不合适就被淘汰出市场。也正是在从无序到有序的演进中，"中国（电子）制造"才无意中在这片土地上长成一个链状、网状的结构。

说起来，这里面也真的有很多偶然因素。如果当时没有赶上亚洲四小龙的产业转移，如果后来没有碰上90年代末的信息技术浪潮，如果不是深圳一片荒芜，毫无前例可循，如果不是90年代党的十四大恰好和全球化的高峰期同步，甚至如果当年的地方领导者换了一批人，深圳会不会是今天这样的情形？

历史不能假设，历史即命运，是一条单行道。就像张爱玲说的："时间的无涯的荒野里，没有早一步，也没有晚一步，刚巧赶上了。"

如果城市也像一道汤，几乎所有国际大都市都是文火慢熬的老汤，只有深圳，随手抓了一把好料，猛火快烧成一个嘟嘟沸腾的火锅。从某种意义上，深圳还没有完成自己独立的城市认同，对于第一代移民来说，这仍然是一个比家乡还熟悉的异乡。要成为真正的城市，深圳还有漫长的路要走。正想着心事，远处一辆我不认识的豪华超跑飞驰而来，发动机发出骄傲而喧哗的轰鸣声，快到路口的时候，车速慢下来，转向灯开始闪烁示意要转弯。目送着车继续驶往下一站，我突然意识到：这就是历史，不断前行，深圳也一样。

# 10

## 在孤独中前行

士不可以不弘毅，任重而道远。仁以为己任，不亦重乎？死
而后已，不亦远乎？

——孔子，《论语·泰伯篇》

想起林毅夫老师，我脑子里跳出的第一个词语竟然是"孤
独"。闭上眼浮现的，是一个挺拔的高大背影，不知疲倦地走在
一条宽阔，但车流稀少的大路之上。阳光从他肩上滑落，落在地
上的影子，倔强中透着一丝寂寥。

于我们前后好几代的经济学子来说，林毅夫以及他创立的中
国经济研究中心（CCER），曾经是殿堂级的存在，当年中国经济
研究中心几大创始人——海闻、张维迎、易纲……每个人都是一出
波澜壮阔的时代大剧，宋国青、周其仁等元老教授则以其无与伦比
的犀利和深刻，多年如一日站在中国宏微观经济学的巅峰。这个机
构曾代表了传奇、热血和中国士大夫"经世济民"的终极理想。

　　林老师毋庸置疑是个中典范。从台湾的"十大杰出青年"、渡过海峡的林正义，到北大学子、芝加哥大学博士、国务院农村发展研究中心研究所副所长林毅夫，再到中国经济研究中心创始人、世界银行高级副行长兼首席经济学家、全国工商联副主席林毅夫，再到"新结构经济学"创始人和倡导者林毅夫……在"国之重器，著名经济学家"的耀眼光芒下，他与稚儿妻子一别四年，辗转万里在美国相见；他永诀家园，生不能养，死不能送，只能伏地恸哭遥祭父母；他一反"知识分子"弱不禁风的姿态，在北大校园挥拳怒打泼皮破落户……他一生的跌宕起伏，荡气回肠，真真有如这个时代"四十年来家国，三千里地山河"的风云际会。

　　有的人，注定要和时代相遇交汇，再超越时代。

　　我第一次正儿八经读林毅夫老师的书，是出国不久的一个夏天。当时因为非典，机票便宜得令人难以置信，800加币往返，中途在日本转机。旅途漫长，我将一本《中国的奇迹：发展战略与经济改革》放进了背包。那个时候林毅夫的名声已经如日中天，但是我生性懒散，除了啃必须啃的专业书外，更喜欢在网上游荡，对于大部头的文章，一直有点敬而远之。这次倒是好，机舱里被隔绝得人事两茫茫，反而可以静心读书。

　　我们这代人恰好成长在中国经济以不可思议的速度飞速发展的时代，父母念叨的贫穷和童年时代隐约的匮缺记忆很快被滚滚而来的物质湮没，"增长"对我们而言，更像是个自然的结果。作为一个金融学专业的学生，我对市场的认知是"理所当然"，很少会去思考市场背后的"制度"和"演化变迁"。但在这次 20 个小时的飞行中，我将这本不算"轻松好看"的书读完了，脑子里飞速闪过的是自己从小到大的很多事情，看过的很多农村题材小说，父母念叨过的很多历史，甚至课堂上折磨过我的各种增长理论，如哈罗德-多马模型、索罗模型，都以一种奇怪的方式涌入我的大脑。"经济增长"第一次在我的脑中有了具象的含义，我从小到大所经历的一切原来都源自一个"增长奇迹"，而这个奇迹，是要素禀赋与制度共同作用的结果。这也是我第一次意识到框架性思维的重要性。大道至简，很多事情，看似眼花缭乱、纷繁芜杂，但是一旦立足框架，就会迎刃而解。

我对写出这本书的人充满了敬意和说不出的好感。林毅夫这个名字，也从一个"与我无关的超级大牛经济学家"成为"影响我的一本书的作者"。这中间的微妙区别，大概只有当事人明白。但是我从来没有想过自己会和这么个牛人有什么交集。

世界上的事情倒是很奇妙。我于 2010 年回国，去了北大光华教书，自然与北大经济学圈子里的人熟悉了起来。最先见到的是大名鼎鼎的"中国宏观第一人"宋国青老师。初次见面在他蓝旗营的家里，大概只有三五句话的工夫，老爷子对我的特点（强项和弱点）就了解得一清二楚。聪明无双，大概就是指这样的人吧。但犀利之外，他又显得很小孩子气，嘟囔抱怨自己的牙齿不好，但是怕疼，不愿去"置之死地而后生"种牙，充分流露出对于咬不动的食物又爱又恨的无奈，逗得我哈哈大笑。见到林毅夫老师则是 2011 年的夏天了，大概是 7 月，我和徐远在校园里瞎逛，盛夏的未名湖垂柳依依，蛙声零星，远远看见几个人站在湖边，徐远突然惊呼一声"林老师",拉我跑过去,我这才知道,面前这个穿白色衬衣的高大中年男子就是传说中的林毅夫。因为有见宋国青的经验,我全无初次见"大牛"的局促拘束。那时候林老师还在世界银行高级副行长、首席经济学家任上,我记得他们聊了聊这几年在发展中国家调研的感触和经验。我家里是做外贸和海外投资的,对有些国家略知道点皮毛,也就信口开河插嘴乱说。林老师居然听得很认真,然后很认真地一一给出自己的判断,他的眼神如此专注,表达如此诚恳,我怀疑他的人生字典里从没有"敷衍"这个词语——后来证明,这种怀疑是对的。

2012 年之后,林老师回国。从那个时候开始,他开始力推"新结构经济学"。在他的办公室里,他在《繁荣的求索》和《本体与常无》两本书上用心地签好自己的名字,很郑重地递给我,嘱咐我好好读,好好思考。那时候我还忙着写象牙塔的学术论文,匆匆把《繁荣的求索》看完了,大体上明白了老师是顺着《中国的奇迹》的思路在拓展衍生,他在前些年归纳总结中国经验的基础上,结合观察到的绝大多数国家的发展路径,讨论一种经济学的新框架性思维。这个框架把经济增长的"前提"作为一个重要的变量考虑进来:一个经济体在某个发展阶段的增长不是简单的"市场化"的结果,而必须考虑这个阶段的要素禀赋结构,因此,与其相适应的产业结构和市场基础设施(如道路、交通、通信、金融、法律、市场管制等软硬基础设施)就会对经济增长起到关键作用。

当年我模模糊糊觉得这个方向是对的,但想得不是很透彻,也就放下了。2013 年，我痛下决心告别纯粹的象牙塔学问，开始大量地做企业实地调研，从山东的日照钢铁到湖南的三一重工，从上海的上实投资、张江集团到浙江的大批中小民营企业。2015 年，我开始研究中国的互联网企业，从盛大、九城、完美世界到蚂蚁金服、天神娱乐。中国的企业史就是一部改革以来的经济史，所以我被迫将中国改革这几十年的历程梳理了一遍，然后我常常到林老师那儿去聊会儿天，主要是聊自己在外面看到的很多现象，听听林老师的意见。每次他都饶有兴趣地听我说这些微观的事情。他参观过三一重工，对于三一重工从德国制造的"学生"到"主人"（2012 年，三一重工收购了曾被自己追赶多年的德国王牌混凝土机械制造商普茨迈斯特）的过程很感兴趣，一直追问在从"追赶"到"超越"的过程中，企业做对了什么。在这些细节的基础上，他又总会回到要素禀赋和产业结构，做出自己的判断。

　　我当时已经感到在互联网企业这一块，中国某些企业具有自己独特的性质和竞争力，所以问林老师对现在的互联网企业怎么看。我记得林老师沉吟了一下，非常坦诚地说，互联网这一块他研究不多，但是他想思路可能和我有某种相似。他给我仔细讲述了新结构的五类产业划分——传统型、追赶型、领先型、弯道超车型及基础研发型。今天的中国作为中等收入国家，在人力资本方面还具有较大的比较优势，所以某些新兴科技行业，比如移动通信行业，研究成本相对低，研发周期短，应用快，而中国具有 13 亿人口的应用市场，技术应用型的企业可能发生化学反应，有希望实现对发达国家的弯道超车，他以小米作为例子。

过了好几个月，一个回国讲学的朋友和我聊天，他突然问我，为什么国内生活这么方便，点餐、购物、打车，一个手机就能搞定。他是个严肃的经济学者，提出这个问题也是严肃探究的，我突然想起了林老师说的"弯道超车"的概念，然后发现从这个方向上，中国很多互联网独角兽企业，如美团、滴滴，都变得更容易理解。

2016 年好几件事情让我对林老师的理论有了新的认识。第一件事是我开始疯魔般地看蚂蚁金服这个案例，虽然至今还处在魔障中，但是发现林老师的逻辑有很强的解释力。早期的支付宝就属于"研发成本相对低，研发周期短，应用快"的产品，因为当时的中国是深度金融抑制的国家，为淘宝的担保交易提供了无限广阔的场景，所以支付宝迅速"弯道超车"。今天中国在移动支付方面，已经遥遥领先于其他国家。更有意思的是，因为巨大的应用场景支持，支付宝有了不停"迭代试错"的机会和实力，又反过来促进了研发，如今蚂蚁旗下的第四代支付宝，在技术上已经处于全球领先地位，率先实现了对印度和东南亚沿线国家的"技术输出"，在应用上"弯道超车"之后，技术上也实现了"弯道超车"。

第二件事是被炒得沸沸扬扬的林张产业政策之争。我是张维迎老师招进北大光华的，从某种意义上说，我们这代人都受过他的市场思想启蒙，对"政府的手"保持着警惕。这几年通过在现实世界里的观察，我又觉得林老师讲的很多道理都特别准确。我在上海看完了辩论的直播，其实我对两位老师的理论都比较熟悉，他们现场讲的内容倒也没有出乎意料，但给了我一次重新审视中国经济发展路径的机会。在要不要产业政策上，林张看似持截然相反的态度：张老师认为政府无法制定有效的产业政策，所以不应该要产业政策，林老师强调政府应该通过制定与现阶段要素禀赋相适应的产业政策，实现更好地挖掘增长潜力的产业结构。一个花甲、一个半百的两位先生在台上唇枪舌剑，加上黄益平老师风度翩翩的主持，特别有北大思辨的精神气质。但是后来我仔细琢磨，他俩的讨论其实没有在一个频道上。

张老师强调的是一个理想状态：市场不存在太多扭曲，市场价格是最好的信号，任何人为的干涉都会破坏这个信号机制。他的思路更像哈耶克，是要求"回到斯密"，回到最基本的理性。林老师强调的是一个动态的过程：发展是路径相依的，对于很多发展中国家来说，其要素禀赋有其适配的产业结构，由于外部性的存在，企业的行为不是社会最优的，政府在市场基础设施改进方面应该发挥积极作用。他的思路，更接近凯恩斯，强调波动的存在，因而强调调控的必要。

哈耶克和凯恩斯之争，也是闹腾了近80年的话题了。经济学讲究一个"一般均衡"，哈耶克要求让市场去寻找均衡，政府的上帝之手需要控制到最小，而凯恩斯则认为，市场存在不完美（比如动物精神），谁也不知道均衡在哪里，所以市场会有巨大波动，政府需要一定调控。我们如果再往历史的细节里面挖掘，就会发现，其实哈耶克和凯恩斯理论都有很强的时代特征和地域性。哈耶克是奥地利学派的鼻祖，这一派针锋相对的是当时正在盛行的苏联计划经济模式。1917 年之后，苏联模式在学术圈一直拥趸不少（著名的萨缪尔森就不止一次公开赞美苏联模式是最好的经济模式）。哈耶克的《通往奴役之路》是在这么一个靶子下写出来的，"市场价格是最好的信号"是针对苏联政府从头到脚的"上帝之手"而言的。而凯恩斯是英国财政大臣，他的《就业、利息和货币通论》的出发点和思考路径都是在已经完成思想启蒙和工业革命的英国的框架下进行的，第一次世界大战前后发生在英美的巨大经济波动引起了他的警觉。让一个被绑缚得死死的人解开枷锁，对一个精壮的年轻人谈运动规则——这是这两本巨著的时代大背景。尽管两本书都具有跨时代的一般性，但是写作从来不是完全客观的描述，学术观点更是一种主观意识下的客观表达而已。所以在我的脑子里（也许是我对理论的理解肤浅吧），我从来没有觉得哈耶克和凯恩斯不相容，他们在我脑中不过是均衡的不同维度，均衡本来就是复杂的，就像人性从来无法用黑白是非简单区分。

同样的逻辑，张老师针对的是中国仍然存在的各种市场扭曲，要求从根本上改变这些扭曲，达到一个理想状态（市场干预少，摩擦少，市场机制运行良好）。林老师针对的是中国所处的历史阶段，"发展中"和"转型中"，认为从传统农业经济到高收入现代工业化经济的发展不是跳跃式的，而是分布在一个连续频谱之上，对应着与这个阶段相适应的禀赋结构，要求掌握大量资源的政府"有为"，去改善市场基础设施，帮助市场发育。张老师希望政府放弃权力和资源，林老师则承认政府拥有权力和资源的现实，希望政府合理使用权力，配置资源。

家人在吃饭的时候，谈起对林张理论的想法，家人中正好有人经历了从体制内到体制外的转变，对于产业政策这一块特别敏感。她的阐述完全印证了我的想法，张老师和林老师讲的是中国现状的不同维度。一方面，盲目的产业政策害了不少行业，一个典型是动漫行业，当年国家要求支持动漫行业，然后各级政府就开始大撒币，她所在的产业园里一夜之间多了无数动漫公司，大多是来混政府补贴、搞寻租的，然后几年过去灰飞烟灭，动漫行业一直暮气沉沉。反观网游行业，是当年不够受重视，限制、管控和"支持"都比较少的行业，大体上类似负面清单式管理，这个行业反而得到了蓬勃发展。

但是另一方面，从传统演化和现实发展的情况来看，中国政府历来是强政府。从一个巨大的计划经济转型，经过了几十年的高速增长，尤其是近 20 年的土地财政之后，体制内沉淀的巨大资源和体制的巨大惯性，都是现实的约束条件，这不是一句"改革"就可以改变的。她告诉我，在现实条件下，很多企业，尤其是中小企业的生存和发展，在土地、政策、资金甚至人才储备等很多微观层面，都需要当地政府的支持和配合。很多企业不是不需要产业政策，而是需要"懂企业"的政策。但在现实中小企业和政府之间是割裂的，存在巨大的信息不对称——中国的"熟人经济"在很大程度上，是信息不对称导致的结果。因此，解决政企之间信息不对称，让双方的信息可以反馈，将政府的巨大存量资源匹配到企业，通过企业的成长实现政府资源的流动性，这种

"匹配"的本身就会创造价值，是用市场的方法解决政府与企业之间的博弈。这不是一拥而上的智库专家能完成的，而是需要一些来自企业，扎根企业，熟悉政府，超越政府的专业队伍去推动和完成。相比"改革"的呼唤，这种"行动"应该算是寻找现实约束中的次优选择吧。

坦白说，只要是社会科学的理论，就难免被标签化。张老师容易被贴上"反政府"的标签，而林老师的理论则更容易被滥用，因而容易被批评为"为政府背书"。在市场被当作信仰的环境里，林老师被骂的风险更高一些。但市场却从来都不是免费的，作为"迄今人类历史发现的最有效的资源配置机制，市场不是免费的，而且很昂贵，建立和维护都需要耗费很多资源"。而林老师理解了这种约束，并力图在这个约束下，找出跨越约束的现实方案。

在我眼里，张老师是我们这个时代市场的思想启蒙者，具有殉道者一般的理想主义光芒，而林老师则是这个时代市场理想的践行者，在现实约束中，积跬步以至千里。他为这个理想，所付出的，不仅仅是几十年如一日的苦行僧一般的自律、严谨、勤奋，还需要承担不被时代理解的风险。

几年下来，我看到林老师修得极短极平的寸头多了些灰白色的痕迹，眼角也多了些皱纹，但仍然温和、谦逊、自制。我看到的他从来没有过度的情绪，永远温言细语，即使感到不悦，也只是将微笑稍微敛起。但是不知道为什么，在他高大挺拔的背影中，我却总是读出很深的，属于古典时代士大夫的痛苦。

卷二
不要温和地
走进那个良夜

大约五年前，也就是 2016 年 12 月 11 日，北大光华按照惯例举办了新年论坛。我主持了其中"中产崛起和中国未来"的分论坛。作为主持人，要做一个开场的主题演讲。那是我回国的第六年，是移动互联网渗透和改变整个社会的第五年，"平台"开始频繁地出现在每个普通人的生活中。那一年，"大众创业，万众创新"已经开始显露颓势。那一年，几大一线城市的房价被严格调控，而二、三线城市房价迎来一波暴涨。那年年末，特朗普横空出世，战胜希拉里，成为美国第 45 任总统。在那一年的尾声，作为这个国家正在快速上升通道上的中产一员，我感觉澎湃而焦虑，写下了"我们拥有一切，我们一无所有"这样的句子。

　　在接下来的几年里，我们过得日渐魔幻。

　　无穷无尽的"移动互联网创业"、流量、生态、物种……各种新鲜的、不新鲜的名词扑面而来。令人眼花缭乱的财富故事不断上演，共享单车、新四大发明、O2O、众筹、P2P、鸡娃、海淀家长……我们几乎相信"时代抛弃你时，连一声再见都不说"了。

　　但是，历史和往常一样，潮水退去，裸露出的是黑色的沙砾。

　　五年之后，世界已变。2020 年的一场疫情给人类社会按下了暂停键，被视为真理的全球化在一夜之间变得有些陌生，被空心化的美国中产在"弗洛伊德"等议题上倾泻出郁积已久的愤怒。数字化和货币宽松的力量将分化的冰山托举出水面。人类命运的钟摆开始往回摆动。

我们这边高速疾驰的列车也慢了下来。许多在令人目眩的速度掩盖下的沙尘开始飞扬：此起彼伏的地方债危机；科技金融热潮下蚂蚁金服的高光和折戟；数字平台光芒下生活的"外卖骑手"被困住系统里；中美之间的竞争对峙不再是新闻；"七普"数据清晰显示中国年轻人"不愿生育"的现实和正在疾驰而来的老龄化；阿里和美团的天价罚单；内卷，躺平；教培行业"团灭"；滴滴的数据安全审查……

2021年夏季，北京的暴雨格外多，一场接一场。古老的城市不停被肆虐的雨水冲刷，露出斑驳的灰色面目。站在夜雨里，我蓦然惊醒，原来历史的转折早已在多年前揭开帷幕。我想起了《星际穿越》中英国老戏骨迈克尔·凯恩扮演的布伦特博士反复吟诵的一句诗——Do not go gentle into that good night（不要温和地走进那个良夜）。

# 11

## 我们拥有一切，我们一无所有：
## 一个中产阶级的梦想与焦虑

为了给"中产崛起和中国未来"主题论坛做一个题解，我查了很多资料，写了很多关于中产阶级和中国经济增长的宏大命题。然而当我在浴室镜子前，看着自己疲惫又期待的脸，想着自己拼命奔跑又不断困惑的生活，突然改变了主意，决定和大家讲一个小故事—— 一个标准中产阶级的梦想与焦虑。

在《双城记》中，狄更斯说："这是最好的时代，也是最坏的时代；是智慧的时代，也是愚蠢的时代；是信仰的时代，也是怀疑的时代……我们的前途拥有一切，我们的前途一无所有。"

这是我对我们所处这个时代的最真实的感受。

2010 年，我从加拿大的麦吉尔大学博士毕业，幸运地拿到了光华金融系的教职，开始了自己作为一名普通的"中国中产阶级"的生活。

我记得那年 9 月，我换 iPhone 4，但网络并不是很流畅，看视频很卡。我每个月电话费很多，短信费占了大半。那个时候我用飞信和 Skype 看新浪网页。因为研究压力大，交通太堵，我的活动范围从来不超过"宇宙中心"五道口，绝大多数时间我坐在计算机之前，编程，写论文，看片，打游戏。

2011 年，据说为了解决北京市的交通拥堵问题，要控制车辆，开始摇号买车。我居然幸运地第一次抽签就中了。当时的感觉就像中了六合彩。后来我们知道，尽管摇号又限号，但是北京的拥堵问题似乎一直没有解决。我虽然有了车，但是很少用，幸好光华的车库很大，还不用交停车费，我的车总是停在车库里。我的一个同事，和我同年开始摇号，直到 2020 年离开北京回美国，还没有摇到号。

转眼到了 2012 年，我突然发现支付宝可以用来交水电费和形形色色的生活费用了，长期忘记交水电费的我终于不再担心逾期了，感觉生活方便了不少。2012 年下半年，我换了一部 iPhone5，装了一个叫微信的 App，发了一张自己在理发店剪头发的照片，只有一个人点赞，是我的亲姐姐。

时间飞快，2013 年，北京开始了一波房价暴涨，新开的楼盘开始被疯抢。我一边在课堂上和学生讨论为什么"限购"会导致"均衡价格"上涨，一边到处托熟人摇号购房。幸好光华同事神通广大，帮我搞到了一个 127 平方米商品房的指标。听抽签结果那天，我和另一个年轻女教授挤在数千攒动的人头中，等着"宣判"结果，人群一阵阵喧哗，或悲伤或狂喜。我第一次发现，买房子和买白菜其实完全是一样的感觉。

那一年，也是我在北京的第四个冬天，雾霾严重，特别难熬，空气里充满刺鼻的焦油味，我开始频繁流泪，头痛。第二年春天，我体检查出了慢性鼻炎和慢性咽喉炎，医生问我："来北京多久了？""快四年了。""哦，那正常。"医生平静得连眼睛都没眨一下。

进入 2014 年，我发现周围所有的人，包括我的爸爸妈妈都装了微信。已经多年没有联系过的小学、初中同学全部冒了出来。我突然发现自己的生活已经从 PC（个人计算机）端转向了移动端，除了最早的淘宝、携程外，滴滴、易到、大众点评、美团、到家美食会……除了写论文以外，我的所有社交和娱乐几乎全部在移动互联网上。我的 3G 流量变得非常惊人。

然后我进入各式各样的"微信群"，见到了形形色色的人。比如年轻时候我读过王怜花的《古今兵器谱》，被作者迷得神魂颠倒，然后我们在微信群里碰见了；比如我喜欢的年轻写手六神磊磊，在微信里我们也碰见了。还有很多很多你以为隔得很遥远的人和事，发现其实只隔着一两个微信群的距离。

世界变得很辽阔，但是世界也变得很狭小。

2015 年，在做研究写论文之余，我写了很多专栏文章，然后抱着好玩的心态，上线了一个名叫"香帅的金融江湖"的公众号，说是要做"有温度、有情怀"的金融学和经济学专栏。这个号很快有了不少读者。到 2016 年 2 月，开始有投资人找上门来，要求投资。到这个时候，我忽然隐隐有种感觉，某些事情在变化。这个时代的游戏规则在发生变化。虽然我写了很多企业案例，也不止一次在课堂上跟学生说，"移动互联网时代，我们的商业逻辑在改变"，但是，只有当这个逻辑开始真正出现在自己身上时，你才会感觉那么真切、那么深切。

我的生活变得很辛苦，但是也很有趣，一个散漫的死硬派女文青，一个做严肃学术的呆博士，被这个时代推着，走向一条充满鸡血的道路。但是我的生活也面临很多烦恼。我头痛的毛病越来越严重，吹空调也痛，晒太阳也痛，一点点雾霾就会让我心慌气闷，嗓子又痛又痒，我终于下决心要去看病了。

考虑到北大拥有最好的医疗资源（北医一院到北医六院都隶属北大），我满以为自己可以顺利看上病，事实证明我还是太天真了。首先是挂不上号，有天早上我8点钟到医院，发现队伍已经有200多人，只好悻悻打道回府。好在我是北大人，通过学校神通广大的领导和老师，我挂上了号，开始了漫长的检查之路。头痛成因很复杂，可能是耳鼻喉科，可能是眼科，可能是神经科，可能是内科，你需要一个个排查，每个检查都需要早上6点多起来，8点之前赶到医院，经过冗长复杂的程序，然后在诊室门口排队……绝大部分时候，排一个上午队就能和医生说上两三分钟，检查两分钟。然后我想花钱去找特需门诊吧，多花两三倍的价钱，是否能享受好点儿的待遇？很不幸，也没有解决太多问题，特需门诊也是人满为患，而且各种仪器检测是不存在特需的。和游戏里漫长的打怪之路一样，你仍然需要无穷无尽的耐力、体力和等待。检查了两个月，筋疲力尽的我没有找到任何答案，我终于决定放弃，但是剧烈的头疼仍然以每周一次的频率侵袭我的生活，我的鼻炎和咽喉炎也已经在灰蒙蒙的北京天空下从轻度变成重度。

这就是我的生活，一个普通北大海归六年的中产之路。我所经历的，是每个人都可能经历的——普通的生活，衣食住行，工作，房贷，生病求医，还有机遇和挑战。我受过良好的教育，我在中国最大的城市拥有房子、车子，我拥有一份不错的职业，还能在自己热爱和擅长的领域追求梦想……我似乎拥有一切，可是为什么我却常常感到惶恐和疲惫？我需要拼命奔跑，害怕被时代遗忘落下，即使筋疲力尽。但夜深人静的时候，为什么我常常会感到一无所有？

2015 年，超过 80% 的中国家庭拥有自己的住房，31% 的家庭拥有私家汽车，这一年高考升学率达到 74.3%，超过 1 亿的中国人出境旅游，消费超过 1.5 万亿人民币。日本电饭锅和马桶盖、韩国化妆品、新西兰奶粉……像潮水一样涌入中国的寻常百姓家。

2016 年，房地产价格一飞冲天，人民币不断贬值，中产们急忙要做海外资产配置。无数的医闹事件、伤医事件，适龄人口的不孕不育率急速上升，城市年轻人的生育意愿在不断下降——房贷的压力、职场的压力、环境的压力、父母开始老去的压力接踵而来。

活着挺美好，可是活着也真不容易。我们的焦虑与梦想一样多。

毋庸置疑，我们赶上了最好的时代。技术改变了我们的生活模式和商业逻辑。在这个网状结构、相互联系的时代，任何个人、企业都拥有强大的触达他人的能力，这为所有人的职业和生活打开了一扇充满想象力的窗。

但我们也遭遇了最困惑的时代。高速增长后留下遍地狼藉。财富的累积造就了一个庞大却脆弱的中国"中产阶级"。健康和教育折射出这个时代最深的焦虑。收获与失去，在焦虑中前行——这是正在崛起的中产阶级的画像。如何才能消解当前社会的焦躁不安，让中产阶级从容地拥有健康的生活和富足的精神？

很多年前，郑智化在一首叫《中产阶级》的歌里唱道："我的包袱很重，我的肩膀很痛，我扛着面子流浪在人群之中。我的眼光很高，我的力量很小，我在没有人看见的时候偷偷跌倒。"

把这首歌送给你们，现在的、未来的、正在焦虑的、也正在前行的中国中产阶级。

2017 年，我怀孕了，同年在得到 App 上线了《香帅的北大金融学课》。2018 年初，我迎来了这一生最昂贵的奢侈品——儿子。2018 年底，为期一年的线上课程结业，我收获了近 20 万的订阅，过亿次的课程播放。这一年底，我离开了北大，决定要在学术研究、大众传播和商业实践中"定义自己的路"，做这个时代最独一无二的学者。2019 年，我成立了自己的研究团队，用大数据分析结合田野调研的方法做中国经济研究，在城市、平台、资产几大模块上开发"与时俱进"的知识产品。同年底，我在得到 App 推出了《香帅中国财富报告》，订阅破 10 万。我承诺，会将这个产品做 20 年，与时代同生长。

我虽步入中年，但仍感到少年意气。我知道自己幸运，所以时时感到谦卑。对于这个时代，我匍匐在地试图寻找答案，但具体的答案并没有出现，只是感到"生物演进"一样的力量排山倒海而来，纠结，期待，而恐惧。

朋友问："你怕吗？"

"不怕，甚至有点小激动，毕竟只有一辈子，亲历历史而已。"

# 12

## 南海鳄神和左冷禅争夺武林盟主，你选谁

这是一篇写于 2016 年美国大选刚结束的小文章。当时美国大选牵扯了千万中国人的心。

虽然都有预期，特朗普的当选会意味着一个"新时期"的开启，但是回头看，当年的预期还是太谨慎了，这何尝是一个"新时期"，而是一个"新时代"。今日之历史潮水，早在大西洋另一侧的蝴蝶翅膀上颤动。

2016 年底最热闹的事情莫过于美国大选，但我深知，跨界是个非常危险的事情，稍微不慎重就会被啪啪打脸。所以作为一个只有小学选班长失败这么一次民主经验的吃瓜群众，我对美国选举政治基本上就是看看朋友圈里在美国生活的女友人们的评论，她们是真正在美国生活的人。不在那片土地上生长，不在血水里、碱水里滚过，很难知道"平常人"生活的滋味。何况其中一个女友人杨洲博士是扎扎实实做美国医疗政策的人，和"奸诈"的华盛顿老白男颇有些接触，总比我从媒体里得到的各种花边新闻

靠谱。

杨洲在大选前一天给出了谨慎的最终判断——特朗普有合理机会赢得大选，特朗普会拿下北卡罗来纳、佛罗里达等摇摆州，只要在威斯康星和宾夕法尼亚获取任一个州，特朗普就会获胜，而且共和党将赢得参众两院的多数席位。我理解杨洲说话的套路——作为一个名校毕业的女博士和女教授，尽管有点另类，但是仍然在大众理解的"精英"话语体系内，她不愿意和现有的话语体系发生过度激烈的碰撞，当观点和"主流"有冲突的时候，会选择保守而模糊的表达方式。所以，这个判断给我的强烈感受是，特朗普的支持率是远远被低估的，因为他过度无知粗鄙的形象，使得打算投他的人甚至感到羞于启齿。

实际上，在和很多于美国生活的高知女性私下交流的时候，很多资深的民主党员也极度疲倦于现在美国社会的政治正确。近几十年，随着越来越多少数族裔的涌入，美国社会种群的分裂已经有了端倪。"9·11"事件之后，政治正确成为弥补这种创伤的标签，政治人物也越来越专业化和脸谱化。奥巴马以"改变"的口号上台，结果并没有带来改变，反而走得更远：保护同性恋合法权益走向男女同厕，Marry Christmas（圣诞快乐）变成 Happy Holiday（节日快乐），种族教育平权变成对优等生的歧视，最令人诟病的 ObamaCare（奥巴马医改）将中产阶级推向更不堪重负的境地。如果不是亲耳听到，我绝不会想到大家会用"民不聊生"这样的词语形容过去 8 年美国中产的境遇。

我所认识的人群中，几乎没有人喜欢特朗普，更准确地说，对他充满鄙视和厌恶，在投票的一刻，甚至是悲壮和痛苦的。但是没有办法，对华盛顿表演型人格的否定，对整个"专业化"政治团体的否定战胜了对特朗普人品、能力的否定。

XW 同学说，"美国人民在确定性的恶和恶的不确定性之间，选择了后者"。社交媒体上有张图，画的是美国从 20 世纪 50 年代以来总统竞选人的净支持率。 支持率最高的是艾森豪威尔和杰克逊，而最左边垫底的两个人，一个是希拉里，一个是特朗普，都是反对的人超过赞成的人。这大概算是对这句话的注解。

这次大选，很多并不"下层"的美国选民被迫在南海鳄神之"恶"和左冷禅之"恶"中间做选择——非主流无厘头的恶和老谋深算的恶。

我不知道这个世界是否已经准备好开启"特朗普总统时代"。从金融市场的反应看，靴子落地，导致资产价格波动的不确定性暂时消失，美股平开，然后上涨。以后怎么样？伟大的凯恩斯早就说过，"In the long run, we are all dead"（长期看，我们都死了）。未来的不确定性等未来再说吧。

但是美国社会的伤痛和撕裂似乎并没有那么轻易被抚平。斯坦福、哈佛、北卡罗来纳、杜克都在为失望或绝望的学生、教授提供心理救助。特朗普的粗鲁和媒体的妖魔化，像一道利刃，将被包裹住的，但一直存在的种群裂痕血淋淋地撕开，撒上盐，放在了太阳底下。铁锈州（俄亥俄、宾夕法尼亚、密歇根）那些热爱枪械、极端个人自由主义和政治保守主义的老白男和沿海各州活跃在时尚娱乐界、媒体界的"多元面孔"之间那条沉默的界限，在经济下行停滞的时候，用特朗普这样一个极端化的符号呈现了出来。

我的一个朋友年幼的女儿在回家的路上告诉妈妈，说班里的同学大多对大选结果感到失望，一个甚至说"真不敢相信北卡罗来纳背叛了我们"。一个黑人小女孩问自己的父亲："爸爸，如果特朗普当选，我们是不是要回非洲？"几个月后，特朗普要面临的，是一个空前复杂的美国，一个被互联网和信息技术解构得体无完肤的美国。在这次大选中异军突起的阿桑奇（维基解密创始人）和金·多特康姆（邮件门的胖子黑客）们，更像西部时代的牛仔，拒绝大众规则，奉行孤胆英雄主义。而芸芸众生，永远是这些罗宾汉最忠实的观众和拥趸。在某种意义上，在互联网世界中，我们回到了拓荒年代，莽撞又粗野，规则却还在酝酿之中。"主流"社会看起来有些脆弱和无措。一个长久以来的语言体系被一个"入侵者"打乱了。太阳肯定还会升起，但是方向并不明朗。至于习惯了标签化、文献化的精英们，我不知道为什么想起了六神磊磊在《你的名字，国的品味》中写过的一句话："他们在两个割裂的时代里挣扎着，既想要新时代洋气的表，又难以忘记旧时代战斗的魂。"

# 13
## 关于"城里人"和"乡下人"的记忆

2016 年底，我家的钟点工阿姨告诉我，她要搬家了。她在海淀清河住了好些年，离我也就几分钟路程。最近海淀这边人口疏散，她只能搬到天通苑，现在来我家打扫卫生路上要花费两个多小时。她辛苦，我自然也得提高点待遇，看起来双方都受损了。刚一寻思，这边电话又响了，是学生打来的，说因为北京各区限制人口，今年"留京名额"特别紧张，一个可以解决北京户口的工作简直成了博士生们的梦。如果没有户口，面对结婚、买房、生孩子、孩子上学，还有很多与户口挂钩的事儿，他们只能漂在这个大都市里，被视作"异乡人"。

放下电话，在北京海淀的一幢高楼里，我从紧闭的窗户里看着雾霾笼罩的天空，突然想起了小时候那些关于"城市人"和"乡下人"的记忆。

作为在一个中型城市长沙长大的孩子，我对童年物资匮乏的记忆主要停留在蛋筒冰激凌要考试成绩好才能吃个尽兴，买了张曼玉的不干胶就没钱买王祖贤的大头贴，电子游戏厅里的游戏币不够花……我周围同学、朋友的烦恼大多和我一样，是日益增长的精神生活需求与有限的零花钱之间的不调合。

我家有农村亲戚，我隐约知道"农村人"很穷，和我们"城里人"是不同的。我舅舅家为了生个儿子，一直在超生，被罚款，更穷了，躲到长沙偷偷地生，妈妈总是到韭菜园的一个小医院去探望，回家就叹气。我妈妈有个最好的朋友，我们从小和她很亲。她的先生是个特别好的人，脾气好，又能干，常买零食给我们吃。但是他有很多农村亲戚，常常到他们家来，又吃又住还得带点钱走。她有时候会生气，便会跟我妈抱怨一番。

很难说这些事情给我留下了什么深刻印象，但是关于"城乡"差别的概念确实刻在了脑海里。 在学校里和小伙伴吵架的时候，尽管不带恶意，但也会顺口骂人"乡里别"（这是长沙土话，大意就是乡巴佬的意思）。在我漫长的青少年岁月里，农村人是山的那边、海的那边的人，和我们不太一样，中间隔着一个叫"城镇户口"的东西，因为这个东西，我们似乎拥有某些说不清楚的权利和优越感。我没有想过为什么，也没有人告诉过我为什么，在很长一段时间里，我将这一切视为平常的理所当然。

出国读博士的时候，我开始接触一些农村出来的男生，他们的人生轨迹大同小异：因为某些自己也不知道的原因，特别会读书，是村里、镇上中小学永远的第一名，到县城里念高中，然后以县状元、地区状元，甚至省状元的成绩考上清华、北大、复旦、交大等名校，然后出国，硕士或者博士毕业后都找到了一份很不错的工作，走上人生赢家的道路。当喝酒聚会的时候，我们也会聊聊遥远的童年往事，然后我发现，关于年代我们有着完全不一样的记忆。大部分农村出来的人表示童年不可能整年吃白面或者米饭，主要以玉米面和红薯为粮食；有的人只在过年吃苹果；有的人家甚至到 2000 年才用上自来水，他们大学假期回家还陪着妈妈用辘轳打水……有次回国，我和一个已经是国企高管的兄弟吃饭，窗外有个满脸风尘的农民工在搬砖，一身杰尼亚西装的他沉默了半天，指着窗外说："我坐在这里是因为一点点偶然和侥幸，稍不留神，我就是他。"

我隐隐约约感受到，这些从农村走出的人，内心总有一块地方，挣扎在"旧时代的魂与新时代的表"之间。我也模模糊糊想起自己童年的那些往事，忍不住问自己，何为城？何为乡？"城里人"和"乡下人"是自然形成的社会群体，还是制度划分的社会阶层？"户口"的属性究竟是什么？它所衍生的特权究竟来自哪里？

《中华人民共和国宪法》（1954 年）规定，公民有"迁徙"的自由。之后两年间，中国发生了 7700 万的人口大迁徙，包括大量农民工进城。然而逆转从 1955 年开始出现，阻止人口流动的政策陆续出台，1957 年修宪，"迁徙自由"从宪法中消失，1958 年的《中华人民共和国户口登记条例》正式将"城乡户籍分割"制度化，城镇户口的特权地位实际上被确立，城乡二元结构形成，以广袤的农村反哺城市，尤其是国家重工业的发展，成为中国独特的风景。从此，一张薄薄的纸，不小心画出了几亿人口和他们后代一生的轨迹。直到 1978 年，中国的城镇化率仅为 17.9%，80% 以上的中国人属于"农业户口"，被束缚在几亩薄田之上。这一年，人均收入为 343 元人民币，2 亿人口处于饥饿状态，实际失业率在 19% 左右。

从 1978 年开始的中国经济发展的历程其实可以用"农民"这条线索串起来：农村家庭联产承包责任制将大量的农村青壮年劳动力从土地上解放出来，在不允许人口迁徙流动的情况下，"离土不离乡，就地工业化"的乡镇企业兴起；邓小平南方谈话后，政策开始鼓励"农村剩余劳动力逐步向非农业产业转移……有序流动"，从此掀开了浩荡的农民工进城潮，民营企业崛起为中国经济的重要支柱力量；在中国住房商品化和加入 WTO（世贸组织）之后，数以亿计的农民离开土地，散落在长江三角洲和珠江三角洲的工厂里，散落在全国每一个城市的角落里，我们所熟悉的"摩登中国，中国制造"——大到鳞次栉比的高楼大厦，星罗棋布的公路、铁路，豪华宽敞的机场、火车站，还有那些维系着网络世界运行的、埋在地下的电缆，小到手上的计算机和手机，电吹风，台灯，电池，还有我们身上舒雅的内衣、博柏利外套、MCM 的书包——是数亿曾被牢牢绑缚在土地上的农民，在一点点流动迁徙的自由下，为挣得温饱所迸发出的惊人忍耐力和创造力的奇迹。

2015 年，中国 GDP 总量全球第二，人均收入超过 30000 元。这一年，中国城镇化率达到 56%，中国拥有"城镇户口"的人口接近 8 亿。仔细想一下，中国前面 30 多年的改革，并不是神奇的传说。中国增长的历史也是城镇化的历史，是释放人力资本的历史，是大量劳动力从低收入的第一产业（农业）转移到较高收入的第二产业（制造业）的过程。

如果我们愿意将眼光稍微偏离当下，从过去的窗口看去，会发现历史从来都惊人相似。人类在 15000 年前有了"乡村"的概念，到公元前 3000 年左右，随着一些村庄人口的集聚，产生了简单的商业，逐渐有了"城市"雏形。随着经济的发展、人口的增长，社会分工出现，复杂的交换和商业开始需要"秩序，规则"维持，王权统治从此"筑城以卫君，造郭以居人"，城乡分野，由此而始。公元前 700 年到公元 200 年，从地中海沿岸的城邦林立到春秋战国的城市群，东西方文明不约而同地发生了规模化的城市兴起，迸发出相似的璀璨。

更有意思的数据来自中国历朝历代的城市化率：战国 15.9%，西汉 17.5%，唐朝天宝年间 20.8%，到南宋时期达到历史顶峰 22%，明清以后一路滑落，到 1893 年中国城市化率为 7.7%，仅为战国时期的一半。城市化率的变化曲线恰好和中国经济文化的发展速度一致。这不是巧合，只有经济高速发展，才会产生大规模人口集聚，形成各种各样的物质、文化、教育、医疗要求，从而产生更细的社会分工，加速城市和商业文明的演化。人口集聚的前提是人口的自由迁徙流动。从元朝开始，人口自由迁徙流动的权利逐渐被剥夺，到清朝更是"编审人丁之制"，社会人口的流动性急速下降，直到大清灭亡。

回头看 1949 年以来中华人民共和国在城市化和经济发展上

走过的路，是不是十分熟悉？

　　没有人的流动迁徙，就不可能实现人力资本的最优配置；没有人的集聚，就不可能有专业化、细分化的城市文明，就没有我们所熟悉的一切文学、艺术、建筑、医学、科学的繁荣和发展。城市文明是人类文明的摇篮，而人的自由是城市文明的基石。因为"人类文明演化的一条轨迹，就是人离开土地，汇聚成城"。①

---

① 本文是为徐远的《人·地·城》所写的书评。文末"人类文明演化的一条轨迹，就是人离开土地，汇聚成城"出自该书。

# 14

## 中国省际债务危机实录 [1]

2016年3月以来，山东企业频频遭遇债务危机，引发了新一轮对地方债务的关注和担忧。在山东债务危机中，"互保、联保"所形成的担保圈是最令人担心的风险源头所在——大批企业甚至地方政府通过盘根错节的银企关系，被套在一张复杂的信用网络之内。一旦扳机扣下，会不会引起多米诺骨牌那样的崩塌？会不会导致局部经济危机？会不会有连锁的破产、失业，乃至引起最揪心的群体性事件？很多人都在紧张等待答案。

山东正在经历的担保圈危机，曾以不同的方式、规模在不同的政商环境中于浙江上演过。对于一直是寂寞山谷野百合般的浙江民营企业来说，互保曾是很多中小企业赖以生存发展的"生命

---

① 本文由香帅、陆佳仪（北京大学经济学博士，上海证券交易所研究员，1990年出生于浙江省余姚市，攻读博士学位期间主要研究企业关联网络对金融冲击与金融风险传播的影响，现就职于上海证券交易所，主要从事宏观金融、资本市场相关政策及交易所行业研究工作）合著。

线"，也曾被誉为解决中小企业融资难问题的"金融创新"。经济上行期，金融机构为降低违约风险，大力推广中小企业的互保和联保，大量中小企业获得贷款的同时，盘互交错织出了一张复杂的信用担保网络。但是一旦外部负面冲击发生，这种网络立马成了"连坐"的机制设计。经济下行期，只要互保圈内的任何企业进入困难模式，出现违约，就会将生存压力转移到其他企业肩上，导致更多企业违约。

坚持还是放弃？这是企业家们必须直面的问题。随着互保圈中违约企业数目的增加，坚持下去的企业面临更高的代价——它们不仅要承担违约互保企业的连带责任，支付日益高昂的利息费用，顶住金融机构不时抽贷、压贷，躲过转贷、断贷时民间资本的高利贷陷阱，还要提防新的互保企业违约打破平衡。最后，在理性的博弈之下，集体的策略性违约成为企业家们的无奈之选，担保圈在金融机构和互保企业的博弈中，以火烧连营的方式崩塌，留下一地灰烬。

我和陆佳仪从 2015 年开始对浙江的债务危机进行调研。在大量的实地采访、巨量的数据挖掘和模型构造中，我们力图还原这场危机背后的经济原因：宏观环境的骤冷骤热和银行-企业之间的博弈才是这场浙江互保债务危机的源头，更重要的是，互保也是中小民营企业在融资无门时不得已的选择，而对于银行来说，互保也是在"稳健经营"和"解决中小企业融资难问题"任务之间的权衡决策。在理性的世界里，似乎没有人应该被责备。那么谁应该被责备？

　　这不是一个能轻易回答的问题。坦白说，我们也没有答案。

　　那么山东呢？十年前，山东曾发出豪言，要用"大象"的体量将浙江不上档次的"小狗经济模式"甩在身后。刚卸任的山东省领导也曾言笑晏晏，对本省的金融安全信心十足——话语还是热的，现实的冷已如冰雹般砸疼了这个全国 GDP 大省的脸。

　　我和陆佳仪博士一起撰写了三篇"中国省际债务危机实录系列"。第一篇讲述的是浙江——在担保圈崩塌下企业、银行的博弈，企业的选择。第二篇重点探讨山东债务危机的成因。第三篇剖析山东"大象经济"与浙江"小狗经济"债务危机的异同。

　　今日的果皆来自昨日的因。

　　从昨天一点点看过来，能否对明天有一点点启示呢？

## 担保圈崩塌下的企业抉择：
## 中国省际债务危机实录之一①

> 　　你说不要荒废了自己，最后一次回头的瞬间，可惜被风沙迷了眼。
>
> 　　　　　　　　　　　　　　　——枯木逢春，《那年》

　　2017 年，山东大小企业都被一个"债"字的阴影笼罩住。

---

① 特别鸣谢鲁红斌工程师对本文的技术支持。本文引用的理论模型和浙江债务数据都出自学术论文《互保信贷网络的形成与崩溃：理论与实证研究》（作者：陆佳仪，唐涯，徐建国）。

从聊城高利贷到齐星集团资金链断裂，再到魏桥创业集团遭遇做空和债券抛售，山东庞大的灰色债务网络被撕开了口子。

实际上，从 2014 年开始，山东的企业债风险已经初步显现。当年山东省不良贷款余额新增 300 多亿元，较年初增长 54%，其增量全国第一。2016 年是中国宏观经济的"小阳春"，全国平均的不良贷款余额和不良贷款率"双降"，但是山东却反向行之，出现"双升"的趋势。

在不断发酵的山东债务危机中，互保是一个关键词。"聊城案"的主人公苏银霞的企业山东源大工贸有限公司，正是聊城复杂互保网络的一个缩影。①

互保不仅是山东中小企业融资的常见手段，大型上市企业的巨额融资也和它休戚相关：据报道，齐星集团一级担保圈就在百亿元以上；二级担保圈在几百亿元级别，其中泰山钢铁、宏诚集团、伟业集团等大型企业也被卷入担保圈风险。

一时间，"互保"成为"套贷"一样的贬义词。大家都选择性遗忘了，就在不远的 2008—2009 年，互保、联保曾作为一项"有效解决中小企业融资难问题"的"金融创新"，被政府支持、专家肯定，被舆论赞颂，为各大银行所推广。

---

① 自 2013 年起，在钢价下跌、银行收贷的大背景下，苏银霞为了扩大生产继续增加贷款，通过源大工贸以及女儿名下的投资公司与包括柳林轴承、新宇制钢、山东赛雅在内的多家企业结成互保关系向金融机构贷款。根据法院公开的判决书信息，源大工贸的主要互保企业——冠县柳林轴承和新宇制钢的担保关系十分复杂：其中新宇制钢至少与 8 家企业存在担保关系，柳林轴承也与 6 家企业存在担保关系。

2009 年 6 月，国家开发银行浙江分行中小企业"抱团增信"模式曾在各大商业银行得到推广。2009 年人行济南分行的工作报告明确提到，推广陵县（现为德州市陵城区）"中小企业信用联盟"①的经验，鼓励金融机构提供抵押担保方式的创新。然而 2012 年之后，中国经济持续下行，很多当年"虚胖"的企业利润大幅下挫，各地互保圈内的企业开始违约，互保也自然成了火烧连营的祸根。

前后不过几年，金融创新成了金融诈骗，小甜甜成了牛夫人。世事苍茫，殊不可料。

### 互保贷款：企业只是想活下去

作为一个曾被誉为解决中小企业融资难问题的金融创新，互保一旦受到外部负面冲击，在经济上行期形成的复杂网络立马成了"连坐"的机制设计，将网络中的企业快速卷入违约的泥淖。一时间，互保又成了众矢之的，被斥为企业债危机的始作俑者。

然而，现实的真相永远比纸面故事复杂太多。

其实在很长一段时间，互保曾是中国民营中小企业赖以维系支撑的救命稻草。小企业在发展初期，由于资本金积累有限，大都有很强的外部融资需求。但商业银行出于自身经营绩效和风险控制的考虑，在贷款时会对中小民营企业的抵押品和外部担保提出很高的要求，比如对抵押品价值进行大幅折价，而中小企业本

---

① 即由农信社牵头，全县信用等级高、经营管理好的中小企业自愿组成融资担保互助联合体。

就底子薄，这些要求让它们在资金上更加捉襟见肘，很多情况下外部担保几乎是唯一的选项。出于自身利益考虑，企业为其他企业担保时也要求对方为自己担保，互保就此形成。在经济上行、市场流动性充足的环境下，银行为扩大业务，默许甚至鼓励更多的中小企业以互保、联保的方式融资。2009—2011 年，中国经济保持 9.5%~10.5% 的高速增长，而 2009 年的新增人民币贷款同比增速达到 95.6% 的历史高点。在这一背景下，互保这根针顺着银行贷款的线，织出了错综复杂、牵一发而动全身的复杂企业信用网络。

当经济景气时，互保圈内一团和气，银行欢天喜地。一旦经济下行，其中一家企业因资金链断裂率先破产或违约，与其互保的企业将面临多重压力。一方面，参与企业的贷款因互保企业违约被征信系统归入关注类，银行闻风而动，笑脸立马转黑，随时准备抽贷、压贷。另一方面，面对银行在转贷时提出的更高增信要求，企业要想继续获得银行贷款，只能引入更多的企业互保，背上更加沉重的包袱，在互保圈内越陷越深。这种负向反馈机制会被低迷的经济增长加速，经济越下行，银行抽贷、压贷的动机就越强烈，引发企业策略性违约的恶性循环。

2017 年春，山东的互保圈危机并非特例，浙江省曾经历过这样的煎熬。

作为民营经济活跃、经济增速高、资产质量好、不良贷款少的银行必争之地，浙江省从 2012 年开始，却成了企业债务违约的重灾区。以 2011—2012 年为拐点，浙江省银行业不良贷款率从 0.92% 猛升至 1.60%，逆转了浙江长期低于全国平均不良率水平的形势。公开数据显示，2012—2014 年三年间，浙江省银行业年净增不良资产翻了一番，2015 年达到 1600 亿元的"历史高位"。

这场从温州开始蔓延到浙江全省的债务危机引起了市场的高度关注，一时浙江"老板跑路"的新闻不绝于耳，很多人甚至幸灾乐祸地预言，浙江"蚂蚁型"的民营经济模式将完蛋，山东"大象型"模式才是未来。

在这一轮的浙江债务危机中，互保是最大的特征。许多风险企业都被织进了一张盘根错节的互保网络。据人行杭州支行不完全统计，2012 年浙江全省全年共监测到出险企业 612 家，涉及银行贷款 325.4 亿元。其中因为担保出险的企业 162 家，涉及银行贷款 67.25 亿元，占比为 20.68%。随着经济增速的进一步下滑，浙江的"担保链风险"日益发酵，到 2014 年彻底爆发：这一年共监测到出险企业 2147 家，同比增加 1505 家；涉及银行贷款 1319.35 亿元，同比增长 2.7 倍。其中因互保、联保而导致出险的企业 739 家，占比 24.4%，而这些被"监测"到的出险企业，其实还只是浙江担保圈危机的冰山一角而已。从这层意义上讲，浙江的债务危机，其实就是一场互保链危机。

### 互保危机下的企业抉择：坚持者困境

对于深陷互保圈危机的企业而言，坚持下去并非易事。就像升级打怪一样，它们不仅要承担违约互保企业的连带责任，承担日益高昂的利息费用，顶住金融机构不时抽贷、压贷，躲过转贷、断贷时民间资本的高利贷陷阱，还要提防新的互保企业违约打破平衡。

我们从 2015 年开始调查研究 2012—2016 年浙江民营企业资金链、担保链的"双链"危机，在走访和各种其他渠道了解到，有许多身处互保网的企业家在资金链、担保链风险暴露的初期，有着相似的"坚持"——他们把企业看作自己的"家"，即使是在互保企业频频违约，银行见情况不妙抽贷、压贷频发，商品市场低迷，以及订单流失等诸多窘迫之境下，仍然想尽办法拼尽全力承担债务，用尽关系、看尽脸色来周转资金，只为让企业能够熬过去。

有人问："为什么要死扛？"听到的最令人酸楚的回答是："我看着企业一天天长大，就像自己的孩子一样，我没法就这样看着孩子死去。"这可能是很多民营企业家在担保圈危机初期最理所当然的选择。

然而对于绝大多数坚持者而言，他们选择了一条过五关斩六将却不一定能看到曙光的艰难之路。浙江有一家曾经销售近 10 亿元的 LED（发光二极管）生产企业，2015 年为了能够熬过去，在被担保企业无力偿还债务的情况下主动承担了担保责任，承接了它在某国有大银行 9000 万元的债务，在资金紧张时，老板拿出了准备为女儿在上海购房的资金给各家银行付息。但恰恰是这家国有大银行，在 2017 年初行长调整以后，因为这个企业的少许瑕疵，开了抽贷的第一枪，打开了其他银行抽贷之门，继而造成了部分供应商断供，影响了 3000 万元订单的交付，造成了资金链紧张。一时间危机四伏，企业内人心惶惶。让这位 60 岁的老板更伤心的是，一位相处 20 多年的老朋友为了 50 多万元的货款跟他打官司，生性耿直的他气得差点缓不过劲来，丧失了坚持的信心。

但是转念一想，怪谁呢？企业家？银行？朋友？在理性层面，好像大家都是理性抉择，可是个体的理性终于集合成了社会的悲剧。

要坚持下去，第一关就要面对银行。而此时的银企关系，博弈已经成为主轴。陷入担保圈、互保网的企业，已经在信用上有了污点，这意味着坚持者不仅要继续承担自己的债务和更高的利息，还需要承担违约的互保企业的债务和欠息。但即便企业把这些债务都硬扛下来，也并非高枕无忧，银行在转贷时还会设置重重关卡。

银行的第一重关卡是在转贷时增加贷款条件。较常见的有涨息，要求企业家的配偶甚至不从事企业经营的子女签字并将其列为责任主体，或者要求增加第三方担保企业，或将个人、家人名下房屋资产作为新增抵押品，隐性地将"有限责任"无缝切换为"无限责任"。一位年过花甲的电器生产企业老总说，在转贷合同签字的前夜，他夫人死活不愿意签字，两人大吵了一架，一夜无眠，然而第二天她还是红肿着眼睛在贷款合同上签字了。而另一位女企业家，因为转贷抵押了她成年女儿名下的房产，在很长的时间里，母女之间都有一层抹不去的隔阂。

银行的第二重关卡便是压贷。即使企业愿意承担更高的续贷要求，银行对它们也并不放心，在一次次的转贷中不断压缩贷款规模。我们在走访一家于 2012 年后陷入资金链困境的化纤企业时，财务主管伤心地说："当初企业效益好时（2010 年企业利润上亿元），各家银行争抢着给我们放款。小银行请客吃饭，上门推销贷款，只要有企业签字担保就放贷，哪怕是关联企业也没问题。如今我们稍有困难了，它们一家家地往回抽。碍于面子和老交情不能一次性抽完的，这个月抽 80 万元，下个月抽 100 万元。今天这家银行抽，明天那家银行抽，企业的现金流根本没法跟上抽贷节奏。"

除此之外，有些基层行长甚至许诺会给困难企业继续放款，然而在企业借民间资金甚至高利贷过桥后，却以上级行不同意为由不再续贷，最终导致企业主被高利贷逼债。一些地方为解决困难企业转贷建立了政府主导的转贷基金，为企业提供过桥资金支持，但运行一段时间出现代偿风险后导致保证金减少、诉讼增多，也开始不被部分银行接受。

即便过了银行这关，企业资金也还是有缺口。在低迷的经济形势和高昂的财务成本下，这一缺口还在不断扩大。要不要继续坚持？怎么坚持？这时留给企业家的选择已不多，选择继续坚持的企业家很多走向了难度升级的第二关——非正规的金融机构和民间资本。

一种选择是向小贷公司借款，但小贷公司能提供的资金量非常有限，利息也更高，此外还需要企业提供一定的资产作为抵押品，然而在经历了银行的第一轮清洗后，企业（主）所能提供的抵押品已经非常少。

　　另一种选择是民间借贷，比较常见的是向亲朋好友借款，但出于人情的帮助其规模数量有限，另外也会碰到与银行抽贷相似的情况。在浙江宁波有一位非常有名望的企业家，他起步时，也靠亲朋好友借款扩大业务，后来企业效益日趋好转，尽管不缺资金，但父老乡亲都央求着把征地拆迁补偿款存在他那儿，碍于面子他也接受了，大家就东家西家凑个数，然后欢欢喜喜地拿着一分二的人情月利（年息14.4%），但在2014年其企业风险初现时，昨天还称兄道弟的朋友邻里纷纷抽资，抽得不及时的人到他父母家门口骂他祖宗十八代，或到市政府门口举牌上访，甚至到法院起诉他欠债不还，非法集资。

　　当这些路都走不通，而债务高到不得不拆东墙补西墙的时候，高利贷似乎是坚持者们的最终归宿了。高利贷在寻常百姓眼里是碰不得的东西。一是利息极高，在正规金融相对不发达的地区更是如此。公开报道中，熟悉山东聊城地下金融情况的人说，"年息超过100%，这种情况并不罕见。借高利贷，关键看你急不急用钱。一般情况下，月息二分或者三分也是正常情况"。

　　二是因为涉黑。中国裁判文书网显示，近三年来全国由于高利贷引发的各类刑事案件，涉及罪名达十多个，非法拘禁罪频现。当年温州频现的"老板跑路"现象，跑的大多不是欠下银行贷款的人，而是欠下民间高利贷的人。说起来，企业家们并非不知与虎谋皮之险，只是此时的坚持者已经无路可走。

　　然而，这并不是故事的尾声。

费尽心力苦苦支撑的民营企业家们在使用了十八般武艺，闯过一重重的融资关卡后，发现还是摆脱不了互保圈带给他们的桎梏，迎接他们的并不是一片繁花，而是一地鸡毛。下行的经济大环境中，企业经营难有起色，互保企业陆续违约，被银行起诉，上黑名单，财产冻结，被讨债公司追债，各种无法避免的遭遇接踵而来，最终还是逃脱不了违约的结局。于是出现了人间百态：看着儿子跟着上黑名单而悔不当初的父亲，因巨额债务失和的夫妻，还有因母亲受辱进而拔刀行凶的儿子……

### 互保危机下的企业抉择：策略性违约

站在苦苦支撑的坚持者对立面的，是一个很让人鄙视的词语——违约。

中国历史上缺乏法治基础和传统，人们对于白纸黑字的破产、违约有着天然的恐惧厌恶。加上人们长期以来形成的对行政力量的依赖，破产潮和失业动荡紧密相连，地方政府也会尽量避免破产这样的事件。

然而，破产、倒闭、违约真的是最坏的结果吗？如果当初没有坚持，结局又将会怎样？一个"违约者"向我们讲述了他的故事。

浙江企业家 A 曾经营效益可观的电器制造企业。从 20 世纪 90 年代中期成立，至 2014 年已发展成为由 5 家企业组成的企业集团，其主营产品的国际市场占有率曾达到 50% 以上，年销售额近 10 亿元。然而，自 2008 年起与另一家当地房地产企业互保向银行借款投资房地产项目失败开始，A 就被卷入了无休止的噩梦：互保企业违约倒闭，2013 年 A 独自面临总计约 6.8 亿元本金的银行债务，还有 3 亿元的担保债务。在短暂的挣扎后，他选择了放弃，也就是违约。

这个决定并不如听上去那么容易。放弃意味着企业将失去积累了十多年的品牌商誉、优质的客户渠道、优秀的专业人才与可靠的供应商。原先被银行和官员奉为座上宾的他，也必须接受从成功企业家摇身一变成为人人喊打的老赖的心理落差。

然而在商场中摸爬滚打二十余年的他并没有简单地躺平放弃。一方面，他运用手段快速转移了大部分非抵押资产和销售渠道，另立新企开张经营，恢复现金流转。另一方面，他积极主动地维系了各方关系：与工人重新签订劳动合同，积极维系各家供应商和客户关系；主动与各家银行进行谈判，在对银行策略性违约的情况下维护了与各家银行行长、信贷员的个人关系，尽力将损失降到最低。访谈中，他告诉我们，即便在企业最困难的时候，也没有一个工人主动请辞，倒是很多银行行长对他在违约情况下还敢主动谈判的胆识另眼相看。企业家的人格魅力，往往会在霜雪季节里更为突出。

2016 年，A 的新企业的主营业务逐渐回归正轨。在经济回暖、整体行情向好的情况下，企业的现金流开始充裕。资金充裕后，他又反过来参与竞拍债权或与各家资产管理公司、银行谈判，把自己的不良资产债权买回来，一笔一笔把不良记录消除掉。瘦身以后，企业保住了主要的生产用地、厂房，剥离了非核心资产和担保，贷款总量仅为原先的 1/4，维系了原先 80% 的业务。回顾这一经历，他感慨万千地说："一旦被织到深不可测的担保网里，靠自己坚持挣扎几下是逃脱不了的，只有放弃，才能重生。如果要面子，到头来，面子、里子俱失；不要面子要里子，到后来，面子、里子可能都有。"

### 违约还是坚持？这是个问题

违约和坚持，孰是孰非，我们也没有一致的终极答案。

A 的故事其实触及一个敏感问题：对于互保圈危机中的企业而言，到底违约好还是不违约好？是趁早违约好，还是以时间换空间好？浙江经验告诉我们，理性博弈之下，集体的策略性违约也可能是企业家们的另一种涅槃。

人类一切行为决策的背后其实都是收益-成本的估算。

在天平的一端是坚持不违约的收益：清白的商誉，良好的银企关系，企业的无形资产，避免一系列法律纠纷以及账号冻结、资产被拍卖等种种不堪。另一端则是坚持不违约的成本：承担违约互保企业的债务，应对银行随时可能的抽贷、压贷、断贷，还要提防新的互保企业违约带来的风险。

一个简单的逻辑是，当成本大于收益时，违约是企业的理性选择。A 在互保风险暴露的初期快刀斩乱麻，一个重要原因便是他根据自己所在的互保网络结构，对选择坚持的高昂成本已经有了预判。

我们不妨用一个简单的模型来模拟这次危机中各方的选择

模式。

第一个要解释的问题是，互保网络中的集体违约是可预期的吗？

假设在一个系统中有 n 家企业，初期所有企业贷款额度相同，每家企业都为其他企业债务承担共同责任。这个设定和当时浙江的互保网络非常相似，n 家企业组成一个两两互保的网络结构。那么，当其中一家企业发生违约时，其余 n-1 家企业按照合约都需要承担一定本息，此时摆在这些企业面前的选择是：（1）承担互保的债务；（2）违约。

如果其中一家企业认为，结合自身的经营和资产债务情况，承担互保的债务加上自己本身债务所带来的压力要大于违约可能面临的惩罚，便会选择违约。一旦发生这种情况，剩下的 n-2 家企业就需要重新开始思考"我要不要跟着违约"这一问题。这个时候它们所面对的互保债务已经从（1/n-1）上升到（2/n-2）。很显然，这种情况下企业违约的概率会上升。

以此类推，只要系统中有新的企业违约，选择不违约的企业就要重新开始决策，而重新决策极有可能会带来新的违约事件，甚至走向集体性违约的结局。与此同时，银行也在重新估算互保圈崩塌的走向，为了自保，提前抽贷、压贷都是理性的选择，这又进一步加速了互保圈企业的集体违约。

另一个相关问题是，假设都是理性预期，当初这样复杂的互保网络结构是如何形成的呢？

答案是宏观经济环境。在模型中我们发现，在不同的经济情况下，互保网络的规模对金融机构贷款偿付率的影响截然相反：在企业的成长性较好的情况下，互保网络铺得越开，有越多的企业加入，银行的期望偿付率就越高。此时企业间的共同责任更多起到分散风险的作用，银行自然有动机将更多的企业纳入互保网络。反之，在企业前景较差的情况下，由于违约的惩罚往往会低于不违约的连带责任负担，所以规模越大、企业数越多的互保网络越容易出现多米诺效应和集体违约情况。

这是模型，更是 2008 年以后发生在浙江的现实。回溯不远的当年，"四万亿"大潮之下，企业飞速扩张，银行殷勤借贷，政府添柴，"砖家"们则开始为互保这个"解决中小企业融资难问题"的金融创新背书。所有人在阳光下的彩色泡沫里晕眩不已，联手编织了一张自以为固若金汤的信用网络。潮水退去，当违约的火苗燃起后，这张网成了火烧连营的根源。互保企业之间的博弈，企业和银行之间的博弈，在理性选择之后最终走向集体违约的均衡。

但破产违约并不是世界末日，只是在收益-成本分析下的理性选择。这条规律，浙江的民营企业家们也正在学习。

2012—2013 年浙江双链危机刚刚爆发时，选择坚持的企业家并不少。到 2014 年，不少企业已经坚持不住了，纷纷选择策略性违约和"逃废债"。根据法院公开判决书统计，该年浙江省银行诉企业的金融案件数较 2013 年也大大增加，涉案金额从 105.8 亿元上升至 415.6 亿元。此后逐年快速递增。不仅如此，每年的银行金融案件平均金额与最高涉案金额也不断攀升。这说明在此轮危机中坚持更久的企业面临更高的债务负担；这些企业在更大的压力下才选择了放弃。浙江省内由银行诉企业的金融借款合同纠纷的一审案件中，2013年涉案企业仅970家，涉案银行543家，到2016年这两个数字分别上升到6421家和1642家。涉案担保企业数目更从3779家飙升到27031家。违约已经成为集体行为，担保圈已经在事实上崩塌成废墟。

更有意思的是，这种集体策略性违约行为在地区之间也存在学习和传染效应。2014—2015年，最早爆发问题的温州地区债务危机最为严重，而宁波、绍兴、金华等市银行诉企业的案件数量和涉案金额都相对温和。2015—2016年，宁波、绍兴地区等民营企业集群地区的债务危机开始加速蔓延。2016年，金华地区迎来债务危机的大规模爆发，成为全省企业金融案件重灾区。

追根溯源，浙江的债务危机与其说是互保网络之罪，不如说是浙江经济在2010—2012年前后大起大落的结果。在经济快速增长时，在银行的推动下，民营企业间两两互保变得更加容易，甚至出现大量关联企业互保，增加了互保网络的复杂程度。一旦面临宏观经济系统性冲击，复杂的互保网络会引发大规模的策略性违约，酿成债务危机。不管是企业家A还是B，他们不过是这个时代铺下的一张大网中的一个小人物罢了，就像无数身处其中的民营企业家一样。即使他们在收网前拼尽全力挣扎，也无法换得一个体面的结局，于是越来越多的人放弃挣扎，选择做一条漏网之鱼。

但是"危机"并不意味着末日。有人曾说，破产是这个星球上最好的制度。死而后生，从来都是经济体新陈代谢的一个过程。在某种意义上，浙江互保圈危机的爆发，更像是企业对宏观经济冲击的正常反应，是一次大洗牌。其结果是将经营不善的产业淘汰，将回报率较低的资产剥离。企业本身的竞争力并没有被摧毁。

实际上，通过债务危机的出清和洗牌，浙江民营经济反而加速了新旧动能转换和产业升级。

一方面，即使在债务危机最为严重的 2015—2016 年，全省经济增长势头仍然强劲，自 2016 年起工业增速也触底反弹，逐步回稳。另一方面，浙江省第三产业发展迅速，产业升级加快，融资结构不断优化。① 以阿里系互联网巨头企业为核心，浙江的软件业、互联网平台、大数据、云服务……已经开始展现更大的想象空间。制造业的升级转型和对接资本市场也以令人惊异的速度进行：2015 年和 2016 年，浙江分别有 31 家企业和 28 家企业在境内首发上市，占全国 IPO 的 12% 左右，新型制造业仍然是浙江上市企业的中流砥柱。

幸运的是，在经历了破产、违约风潮之后，看似孱弱实则

---

① 2016 年，全省第三产业增加值 24001 亿元，增长 9.4%，对 GDP 的增长贡献率达到 62.9%。其中信息经济核心产业增加值 3911 亿元，增长 15.9%，占全省 GDP 的 8.4%。根据 2016 年创业企业榜单，94.5% 的 TOP200 独角兽企业集中在北、上、广、浙、苏五大区域。其中，北京独占鳌头，接近 45%；上海 22%；广东 14%；浙江 9%；江苏 4.5%。在 2013 年中国民营企业服务业 100 强榜单中，山东省仅占 6 席，其中 4 家属于 "批发零售业"，而浙江省占了 22 席，江苏省 17 席，且均为 "软件和信息技术服务业" 上榜。2016 年，只有批发业企业新华锦集团作为山东省仅存的硕果留在榜单之中。

坚韧的浙江民营经济并没有倒下，反而以去芜存菁的方式获得重生。

对于我们这个热爱储蓄的民族来说，也许是时候正视债务违约了。违约从来就是债务关系的一部分，它保证了债务市场的正常运行。就像动物界的死亡一样，只有新陈代谢才能够维持生态的延续。①

## 山东债务背后的政、银、企关系：
## 中国省际债务危机实录之二

*人们，我是爱你们的！你们可要警惕啊！*

*——伏契克*

### 大象的危机时

2017 年 3 月初，一家著名的美国沽空机构艾默生公布了最新报告，瞬时激起千层浪。报告指证，曾经打破国家电力垄断、创造低成本发电"神话"的山东魏桥创业集团旗下的（铝业板块）中国宏桥存在严重的财务数据造假问题：在高达 27.7% 的 2010 年年利润率背后，其真实发电成本被报低了近 40%；此外，中国宏桥在 2010—2015 年扩张近 7 倍的资产大量来自举债，2015 年债务总量高达 539 亿元，负债率从 2010 年的 55% 上升

---

① 关于债务违约的必要性，请参考《香帅金融学讲义》。

至 2015 年的 149%。

报告发布当日，中国宏桥股价立即暴跌 8%，随后两度停牌；魏桥创业集团旗下的另一家香港上市公司魏桥纺织（纺织业板块）受此牵连一同停牌；标准普尔也因此将宏桥债券的评级下调至 B+，"魏桥系"信用债遭遇大量抛售。面对艾默生的重磅出击，魏桥创业集团紧急上书中国有色金属工业协会，疾呼此次"境外做空势力的绞杀"是与美铝、力拓海外投资利益冲突下的一场险恶"阴谋"，向政府求援帮助企业及时完成年报审计工作，否则山东滨州铝业、纺织两大产业集群，2000 多亿元的企业银行贷款，当地 30 多万人的直接就业危矣。

一波未平，一波又起。滨州市另一家电解铝龙头企业齐星集团，紧接着被爆出资金链断裂，身负上百亿元债务并已全面停产。其中除了在 36 家金融机构总计约 71.57 亿元信贷敞口外，还有 40 亿元左右的民间借款。随后，这些大型企业盘根错节、体量巨大的互保网络也逐渐浮出水面，一时间滨州境内企业山雨欲来，人人自危。

但处于水深火热中的不仅是滨州的铝业巨头们，隔壁东营市有色金属龙头企业山东天信集团也在经历破产重组的煎熬。作为东营市近年来第二家因转型失败倒下的中国 500 强企业，天信集团及其关联公司已有 7 家进入破产重组程序，其中债务最高的山东天圆铜业负债 104.52 亿元，负债率高达 180.77%。

如果用一个字来概括此轮山东企业债务危机的主要特征，"大"字恐怕最为贴切，涉险企业规模大、债务数额大、风险事件影响大。然而"大"恰巧也是山东经济一度引以为傲的重要标志。作为全国 GDP 总量第三的经济大省，山东省历来以国有资本主导的"大象经济"闻名。在 2010 年各省公布的百强企业中，山东省的榜单最为亮眼：前百强企业以 24385.6 亿元的营业收入总额，高于当年排在第二位的浙江省约 2800 亿元，遥遥领先于其他省。此外，山东省有 6 家企业营收超过千亿元，末位入围的企业营收超百亿元，这两项指标也位列全国第一。与"大象体量"相适应的，是山东百强企业 70% 的国有经济占比，遥遥领先于其他省份 20%~60% 的水平。与之形成更鲜明对比的是当年企业营收总额排名第二的浙江省，仅有 23 家国有企业入围百强，其余 77 家均为民营企业。

从 21 世纪初开始，山东与浙江两省，经济发展模式各有千秋，经济表现又互不相让。以山东为代表的"大象经济"与浙江省中小型民营企业主导的"小狗经济"，这两大区域发展模式之间的角力也从未停止。从 2012 年起，随着经济下行，担保圈危机在浙江境内快速蔓延，掀起了长达五年多的民营企业破产倒闭潮，违约事件频发，浙江金融机构不良贷款率迅速升高，远超全国平均水平，"小狗经济"被打上了一个大大的问号。与鸡飞狗跳的浙江相比，同期"风雨不动安如山"的山东巨象因企业债务安全而广受赞誉。尽管也时有不和谐的音符出现，但山东地方政府总能适时地出手转嫁风险，化危机于无形，避免违约事件的发生和风险的扩散。比如 2012 年的山东海龙，一家总资产53亿元的国资上市公司，连续亏损两年①，已经濒临破产，在严重资不抵债的情况下，还面临4亿元短期融资券到期兑付的危机。然而在兑付前的一个月，交通银行和兴业银行分别为其提供4000万元的综合授信和4亿元的贷款，正好弥补了融资券的资金缺口，及时避免了违约的发生。有分析指出，两家银行之所以敢冒险为山东海龙提供巨额贷款，潍坊市政府与当地银行的协调功不可没，山东海龙的政府背景和隐性担保则是根本原因。种种现象似乎使人们有理由相信：小狗要完蛋了，但政府圈养的大象是不会轻易倒下的。

出来混，总是要还的。当进度条拉到2015年，经济下行局面继续，两三年前尚能靠政府力量粉饰太平的巨象已经开始踉跄，不仅山东各级政府的债务增速在全国领先，大型企业债务风险也开始在全省境内逐渐扩散。2015年底山东省金融机构不良贷款余额较年初增加223.9亿元，不良贷款率上升0.21个百分点。关注类贷款持续攀升，较年初增长82.9%。大企业担保圈、大宗原料贸易融资等风险逐渐显现。在出险大企业数据库中，5000万元以上的大额不良贷款达402笔，涉及258家出险大企业。从区域来看，前文提到的滨州只是重灾区之一：日照（钢铁）贸易融

---

① 山东海龙的前三大股东分别是潍坊市投资公司（国资）、潍坊康源投资有限公司和潍坊广澜投资有限公司。但康源投资和广澜投资为一致行动人，合并持有公司18.97%的股权，超过第一大股东潍坊市投资公司16.24%的股权比例。山东海龙2012年4月发布的年报显示，2011年末公司总资产为58.95亿元，总负债为67亿元，股东权益为-8.55亿元；2011年总收入38.13亿元，净亏损10.13亿元，经营净现金流量-5.2亿元。2010—2011年连续两年净利润为负。

资风险、临沂高污染企业风险、淄博大客户风险、东营轮胎行业风险和滨州担保圈被并列作为当年银监系统的重点监测排查对象。

毫无疑问，山东的大象们正在承受因债务"超重"引发的并发症。而在日益严重的病情面前，保守的政府疗法已经渐渐失效。然而冰冻三尺，非一日之寒，大象们为什么普遍"超重"？这可能和成长中长期依靠政府注射"激素"密切相关。

### 魏桥"孤网"：滨州铝业背后的政府力量

即使在充满传奇色彩的中国民营企业中，山东魏桥创业集团也算一个有故事的男同学：它在山东省一众大型国企群雄逐鹿的格局中杀出一条血路，在山东百强榜单首位上连霸三年。它以一套"自备电厂、自建电网、余电直销、孤网运行"的低成本发电模式，支撑了整个滨州市铝业集群，在不到十年的时间里，成为中国的铝业霸主（之前是俄铝和力拓）。

但是这一切在 2017 年遭遇了灵魂拷问。3 月，艾默生在关于魏桥的报告中连发三问：一问魏桥自发电的真实成本是否虚报；二问其与电解铝原材料供应商之间低于成本价格的关联交易是否存在；三问其巨额债务问题如何化解。这三问犹如三枚出膛的炮弹，发发直击要害，打得魏桥一时乱了阵脚，只能以境外势力的阴谋论反击，以滨州大局为筹码向政府求援，避实就虚的态度显得底气不足。

魏桥铝业板块的崛起是闪电速度。以纺织品起家的魏桥创业集团直到 2006 年才开始大规模进军电解铝行业，之后不到 5 年的时间，快速收购和自建近百万吨的铝产能设施，然后以旗下铝业板块中国宏桥的名义在香港挂牌上市。2015 年底，集团铝产能达到 600 万吨，超越俄铝和力拓，成为全球最大的铝生产商，也在山东百强企业榜单上连续霸占榜首之位——在一个标准的国企主导的省份，一个民营企业要当上龙头，可谓奇迹。

在这个奇迹背后，是一个"自备电厂、自建电网、余电直销、孤网运行"的模式。由于国家电网上网电价高，山东企业自建电厂的现象非常普遍。

2012 年，山东自建电厂的企业有 170 多家，装机容量超千万千瓦，但是自建外网的仅魏桥一家。更牛的是，2013—2016 年，魏桥自备电厂的发电成本呈逐年降低的趋势，每年第一季度售给中国宏桥的电价分别为每千瓦时 0.29 元、0.21 元、0.18 元、0.17 元，最低的比国家电网电价还低 1/3。

这样低的电价是滨州铝业逆袭河南铝业的最大武器。2010 年之前河南的电解铝企业长期享受优惠电价，然而自 2010 年 5 月起，一项用于抑制高耗能行业扩张的政策颁布实施，河南电解铝企业用电成本陡升。到 2012 年已经变成行业全面亏损、多家关停的局面。而同期魏桥创业集团的自发电低电价将滨州铝业推上了历史舞台。

但"魏桥模式"是独特且不可复制的，地方政府在其中扮演了重要角色。自 1995 年颁布《电力法》之初便规定，"一个供电营业区内只设立一个供电营业机构"，企业不能孤网运行。魏桥创业集团"自建电网、向外售电"与国家电网的利益相悖，双方曾发生过多次激烈的冲突。2009 年魏桥创业集团准备将自发电输向惠民县，结果引发冲突，在惠民县李庄发生了近 1000 人的冲突。后来魏桥创业集团能够获得与国家电网平起平坐的地位，是山东省政府保驾护航的结果。换句话说，魏桥创业集团的"低成本"不是一个可复制、可持续的模式，这也是艾默生在做空报告中重点质疑的部分。

山东省政府对魏桥创业集团乃至整个滨州电解铝产业的全力支持在省内并非特例。隔壁的东营市是山东电力市场竞争最激烈的地区：2010 年共有 25 家电厂供电，其中自备电厂与"孤网"的装机总量占到 45%。2010—2011 年，著名的造纸企业华泰集团建立了华泰热电和华泰清河两张孤网，装机总量为35.4万千瓦，年均发电量达到 111212.31 万千瓦时。[①] 除华泰集团外，东营市大型企业如正和石化、金岭化工，以及已经破产的天信集团也都自备电厂。

正是由于山东对企业自备电厂、自建"孤网"的支持，2009—2012 年，高耗能重工业在其他省份一蹶不振、萎靡不前，却在山东迎来了黄金扩张时期。其中，以东营较为集中的石油加工业及以滨州为代表的有色金属两个产业发展势头最为强劲，成为这一时期扩张最快的板块。从 2011—2012 年山东规模以上工业企业的统计情况来看，石油加工业与有色金属冶炼业作为山东

---

① 直至 2012 年由山东东营供电公司与华泰集团谈判正式签订协议后，华泰集团才将所属自备机组整体并网。

## 2011—2012年山东省八大产业全体工业规模以上企业重要统计指标

单位：万元

| | | 编织业 | 石油加工 | 化学制品 | 化学纤维 | 橡胶制品 | 黑色金属 | 有色金属 | 金属制品 |
|---|---|---|---|---|---|---|---|---|---|
| 企业数量 | 2011 | 2884 | 244 | 3195 | 596 | 520 | 3168 | 347 | 337 |
| | 2012 | 2914 | 269 | 3367 | 642 | 541 | 3367 | 377 | 399 |
| | 增幅 | 1.04% | 10.25% | 5.38% | 7.72% | 4.04% | 6.28% | 8.65% | 18.40% |
| 平均资产 | 2011 | 103455.6 | 902431.3 | 174055.8 | 251272.7 | 274193.1 | 98217.3 | 862762.8 | 545146.5 |
| | 2012 | 125510.4 | 1061848.3 | 212977.6 | 278676.6 | 321410.6 | 102365.1 | 953101.9 | 602838.6 |
| | 增幅 | 21.32% | 17.67% | 22.36% | 10.91% | 17.22% | 4.22% | 10.47% | 10.58% |
| 平均负债 | 2011 | 50420.1 | 613115.3 | 94598.3 | 104030.8 | 158338.6 | 47382.4 | 581966.9 | 288117.3 |
| | 2012 | 62716.3 | 751465.4 | 118950.9 | 115159.2 | 183770.2 | 49675.2 | 663237.7 | 299824.1 |
| | 增幅 | 24.39% | 22.57% | 25.74% | 10.70% | 16.06% | 4.84% | 13.96% | 4.06% |
| 平均负债率 | 2011 | 48.74% | 67.94% | 54.35% | 41.40% | 57.75% | 48.24% | 67.45% | 52.85% |
| | 2012 | 49.97% | 70.77% | 55.85% | 41.32% | 57.18% | 48.53% | 69.59% | 49.74% |
| 平均利润 | 2011 | 15002.0 | 61595.0 | 24009.7 | 42024.8 | 32022.5 | 15421.3 | 40007.2 | 70392.5 |
| | 2012 | 17131.3 | 53372.1 | 25637.5 | 45803.8 | 38956.4 | 15333.5 | 35088.5 | 66225.7 |
| | 增幅 | 14.19% | -13.35% | 6.78% | 8.99% | 21.65% | -0.57% | -12.29% | -5.92% |
| 平均资产利润率 | 2011 | 14.50% | 6.83% | 13.79% | 16.72% | 11.68% | 15.70% | 4.64% | 12.91% |
| | 2012 | 13.65% | 5.03% | 12.04% | 16.44% | 12.12% | 14.98% | 3.68% | 10.99% |
| 平均产值 | 2011 | 231204.1 | 2228563.8 | 315861.5 | 367009.6 | 488729.0 | 168551.4 | 1275952.0 | 1026171.1 |
| | 2012 | 263747.6 | 2294205.4 | 369864.4 | 412711.9 | 580812.3 | 184145.0 | 1323427.2 | 1141209.2 |
| | 增幅 | 14.08% | 2.95% | 17.10% | 12.45% | 18.84% | 9.25% | 3.72% | 11.21% |

省企业平均资产、平均负债及平均负债率最高的两大产业，在这一时期不仅在企业数量上增长最快，平均负债率上升也最为明显。然而与它们庞大的体量形成鲜明对比的是，同期这两大产业的平均利润增速和资产利润率在主要产业中均垫底。这显然与当地政府对此类高耗能企业支持有关。

然而事后证明，当年发展过热的产业都成为 2013 年后"产能过剩"的重灾区，山东也成为除部分能源大省之外亟待"去产能"的重点省份之一。以电解铝为例，此轮债务危机席卷以电解铝为代表的有色金属产业绝非偶然，2010—2015 年，山东电解铝年产量从 248 万吨升至 711 万吨，5 年间翻了近三倍。据高盛测算，中国 2016 年约有 50% 的铝产能处于亏损状态，相当于全球总供应的 25% 左右。

### 国家战略与金融政策："黄三角"的是与非

同处鲁北黄河三角洲地区的滨州与东营，既是友邻，也是此轮债务危机中处在风口浪尖的"难兄难弟"。然而大型民营企业债务危机高发于此，是不幸的巧合，还是另有原因？这恐怕要从 2009 年那个改变"黄三角"地区命运的国家战略，以及此后该地区金融政策倾斜说起。

2009 年开始，山东省政府主导推行"黄蓝战略"。"蓝"是指"山东半岛蓝色经济区"，"黄"是"黄河三角洲高效生态经济区"，是山东省政府在 2009 年之后重点打造的经济特区，地理上包含了此轮债务危机的主角——东营和滨州。2009 年 11 月 23 日，

　　黄河三角洲地区的发展上升为国家战略，这是山东省首个纳入国家战略的区域发展规划。一时间，滨州和东营欢欣鼓舞，彼时两市社会各界的激动之情不亚于 2016 年雄安新区人民的激动之情。

　　自 2010 年起，"黄三角经济区"战略全面发力，山东省金融资源大幅向"黄蓝"地区倾斜，五成以上新增贷款投向黄河三角洲高效生态经济区、县域和战略新兴产业。当年山东省四大国有银行的年度报告中，都明确提到对国家战略的金融支持以及对"黄三角"地区的信贷倾斜：中国工商银行"全年向黄三角、半岛蓝色经济区新增贷款 281.43 亿元，占全行贷款增量的 52%"；中国农业银行则表示要"认真抓好总行和山东省政府《支持黄河三角洲高效生态经济区发展战略合作协议》的落实，全年共向黄河三角洲区域新增贷款 10.54 亿元，居全省同业首位"；中国银行等其他银行也纷纷站好队形，表明立场，紧跟国家战略的步伐。

　　2011—2012 年，金融机构对"黄蓝战略"的支持力度进一步增加：2011 年，"黄蓝"战略发展区信贷投放快速增长，新增贷款占比达 60.9%。当年山东省金融运行报告这样写道，"山东半岛蓝色经济区和黄河三角洲高效生态经济区建设全面展开……加快重大基础设施建设，培育新兴战略产业集群，推进产业结构升级，打造特色园区……已成为山东省经济增长的重要引擎"。2012 年，"黄蓝"两区的金融支持力度持续增强，其中"黄区"生产总值增幅高于全省 2 个百分点，新增贷款占全省的比例达到 15.3%；安排"两区"政府专项资金 28 亿元，合作

2009—2013 年山东省各地级市金融机构贷款增长情况（%）

| | 2009 | | 2010 | | 2011 | | 2012 | | 2013 | |
|---|---|---|---|---|---|---|---|---|---|---|
| | 贷款增幅 | 短期增幅 | 贷款增幅 | 短期增幅 | 贷款增幅 | 短期增幅 | 贷款增幅 | 短期增幅 | 贷款增幅 | 短期增幅 |
| 济南 | 27.94 | -3.3 | 13.5 | 10.1 | 14 | 22 | 7.8 | 19.1 | 6.6 | 6.01 |
| 青岛 | 30 | 10.04 | 20.81 | 19.42 | 17.75 | 24.52 | 15.18 | 22.38 | 11.42 | 9.85 |
| 淄博 | 31.38 | 17.80 | 20.66 | 21.02 | 10.39 | 22.32 | 12.22 | 21.96 | 9.76 | 9.62 |
| 枣庄 | 42.37 | 29.05 | 24.34 | 20.7 | 11.69 | 12.95 | 12.46 | 17.68 | 5.83 | 6.45 |
| 东营 | 30.49 | 31.65 | 27.32 | 26.9 | 21.03 | 24.53 | 25.5 | 38.8 | 19.7 | 13.6 |
| 烟台 | 37.01 | 21.16 | 18.25 | 23.95 | 16.13 | 24.3 | 15.93 | 15.32 | 10.75 | 12.57 |
| 潍坊 | 37.06 | 31.02 | 23.93 | 25.41 | 16.71 | 22.74 | 17.67 | 21.87 | 13.07 | 16.49 |
| 济宁 | 31.99 | 17.56 | 19.72 | 21.07 | 18.81 | 26.71 | 20.66 | 28.04 | 14.59 | 12.14 |
| 泰安 | 27.62 | 15.08 | 18.64 | 14.59 | 14.93 | 17.57 | 17.57 | 17.46 | 15.02 | 6.41 |
| 威海 | 28.38 | 13.4 | 16.89 | 10.6 | 9.23 | 13.51 | 9.29 | 18.09 | 13.40 | 26.54 |
| 日照 | 44.51 | 27.36 | 15.7 | 22 | 15.06 | 24.41 | 17.75 | 22.05 | 13.75 | 17.37 |
| 莱芜 | 27.25 | 58.59 | 10 | -2.48 | 8.35 | 25.72 | 6.76 | 15.20 | 6.48 | 3.88 |
| 临沂 | 23.92 | 17.13 | 19.69 | 17.18 | 17.80 | 17.65 | 17.26 | 16.62 | 17.72 | 15.02 |
| 德州 | 25.40 | 17.35 | 18.26 | 15.17 | 10.42 | 8.18 | 11.58 | 15.6 | 16.17 | 9.47 |
| 聊城 | 28.57 | 25.19 | 21.04 | 16.24 | 15.45 | 15.28 | 16.08 | 23.62 | 11.11 | 12.43 |
| 滨州 | 32.88 | 32.39 | 20.11 | 22.48 | 17.6 | 42.11 | 18.99 | 26.17 | 12.53 | 11.19 |
| 菏泽 | 36.74 | 39.86 | 21.24 | 15.11 | 9.17 | 2.99 | 21.12 | 17.36 | 15.58 | 15.94 |

贷款 12.1 亿元，扶持 294 个重点项目，产业投资基金规模达 350 亿元。

在产业政策倾斜和高强度的金融扶持之下，滨州市的企业，无论是在银行贷款、上市审批，还是在新项目的投资扩张上都变得无比顺利。2009—2012 年的山东省分市地贷款增速排名，尤其是短期贷款排名中，滨州市年年居于高位。2009 年、2010 年短期贷款增速分别为 32.39% 和 22.84%，滨州市位列第三；2011 年更是以 42.11% 远高于第二名的增速勇夺第一。与滨州市相似，隔壁的东营市在这四年间短期贷款增速也保持在全省前四的高位。[①]

滨州市政府与当地金融监管机构将这一战略视为千载难逢的发展机遇，开始对重点行业和项目大开融资方便之门。2010 年，人行济南分行和滨州市政府相继举办了金融座谈和融资洽谈会。国开行山东省分行等 9 家金融机构全力支持，签订了《银团贷款支持滨州黄河三角洲高效生态经济区发展战略合作协议》，6 家企业与相关金融机构签订项目贷款协议 46.7 亿元；44 家省内外银行机构与滨州市 432 家企业签订贷款意向金额 1107.18 亿元。其中受益最大的当属大型支柱企业。2011 年，当地政府帮助西王集团发行了 15 亿元中期票据，帮助京博石化发行短期融资券 10 亿元。2011 年，在当地政府的大力支持下，滨州市新增 3 家上市企业，其中包括西王集团旗下的西王

---

① 数据引自北京大学光华管理学院金融学教授刘俏为英国《金融时报》中文网撰写的《让市场为中国地方债定价》一文。

食品。

在各种政策绿灯和巨量金融资源的支持下，一家家资产与债务同样庞大的大型企业、上市企业巨头被迅速催大，并获得了大量资金。2010—2013 年，在山东省百强企业榜中，东营和滨州的大型企业地位迅速攀升。其中排名最高的当属魏桥创业集团，从 2010 年的全省排名第四，到 2014 年排名跃升至第一，并在此后连续三年稳居山东省百强企业榜首。当地政府重点扶持的京博控股和西王集团也从 2010 年的全省 42 名和 45 名，上升至 2013 年的 35 名和 41 名。

| 山东省百强企业数目 | | | | | | |
|---|---|---|---|---|---|---|
| 城市 | 2010 年 | 2013 年 | 2016 年 | 城市 | 2010 年 | 2013 年 | 2016 年 |
| 东营 | 15 | 19 | 21 | 日照 | 3 | 3 | 4 |
| 滨州 | 6 | 9 | 8 | 聊城 | 2 | 3 | 4 |
| 济南 | 17 | 16 | 16 | 威海 | 1 | 2 | 3 |
| 青岛 | 19 | 16 | 11 | 临沂 | 5 | 6 | 3 |
| 潍坊 | 11 | 8 | 6 | 菏泽 | 1 | 2 | 3 |
| 烟台 | 5 | 5 | 5 | 莱芜 | 1 | 1 | 2 |
| 济宁 | 5 | 5 | 4 | | | | |

然而，这些重点企业、重点项目的投资结果却并不乐观。早在 2013 年，邹平县长星集团在风电项目上的巨额项目失败，揭开了企业债务危机的序幕。

2009 年，长星集团开始大规模举债进军风电行业，5 年累计投资达 55 亿元。其巨额投资资金均靠融资获得，2013 年破产时其身价 57.1 亿元的掌门人朱玉国爆出身背 60 余亿元巨额贷款无法偿还。事实上，这个投资项目在实施之初就备受质疑：一个总资产仅 10 亿元的企业，从传统纸业转型风电，计划总投资 500 亿元，在全球范围内建设 100 个风力发电场，如果不是金融机构的强力支持，按照常理怎么都不靠谱。

长星集团的倒下让一张债务庞大的互保网络浮出水面：2014 年邹平县起码有 3 家企业因长星集团事件直接卷入互保危机。调查发现，这个圈子的互保贷款数额在几十亿元，共涉及十六七家企业。长星集团出险之后，当地银行对放贷更加审慎，整个滨州少放贷了三四十亿元，当地企业的日子变得艰难起来。

此轮危机中，齐星集团的故事也类似，在信贷扩张期间，集团通过与大型企业互保获得贷款后，因进行多元化投资失利酿成风险。据报道，齐星集团对外投资的企业多达 28 个，其中持股比例在 50% 以下的有 12 家，涵盖创投、安装工程、印刷、化工、铁路运营、租赁、热电、陶瓷、城市供热等行业，许多投资最后都成了齐星集团的债务包袱。齐星集团所在的邹平县，作为工业大县，排在 2013 年全国百强县第 17 位，拥有众多明星企业，占滨州市约 1/3 的经济体量。它既是此轮"黄蓝"战略中金融方面的最大受益者，也是"战略"的激素效应退却后严重副作用的发生地。

### 政府金融支持实体：解读山东"政银"关系

当地政府的产业政策支持、国家战略的保驾护航对当地企业发展而言，无疑是效用强大的兴奋剂。然而让我们感到困惑的是，为何在"蓝黄"战略的推进过程中，逐利的金融机构会对山东地方政府如此言听计从，指哪儿打哪儿？

　　要回答这个问题，我们需要更深入地了解山东的"政银"关系。在回到对山东企业债务危机的讨论之前，我们先来看一下山东地方债发行中的异象。2014 年，广东、山东、北京、上海等十个省区市被纳入地方政府债券自发自还试点范围。与以往地方债发行不同的是，此次财政部要求试点地区按照规定开展债券信用评级，并自行组织债券利息支付与本金偿还。此举的初衷是明确地方政府的责权，消除以往中央"代发代还"模式中举债和用债主体模糊的弊端，取消财政部对地方债务的隐性担保，进而推动形成有条件、有控制的地方政府举债融资模式。

　　理论上，这是推动地方债走向市场化的一桩好事，但在山东省却出现了十分魔幻的一幕。2014 年 7 月 11 日，山东省政府债券的招投标顺利结束，五年期、七年期、十年期债券利率招标确定的利率水平分别为 3.75%、3.88% 和 3.93%，低于同期限国债整整 20 个基点，这意味着山东省地方政府的信用要高于中央政府。做一个直观的比较：此前中央代发代还、信用托底的地方债利率在一般情况下会高于国债约 30 个基点。2014 年在首个试点省份广东省出现地方债利率与国债持平的情况，已经让投资者大跌眼镜。到了山东省，利率竟然比同期限国债低了 20 个基点，投资者感叹"没有最低，只有更低"。

| 省份 | 招投标日期 | 发行规模（亿元） | 期限（年） | 票面利率（%） | 当日国债利率（%） | 相对国债浮动百分点 | 债券定价基准（%） | 相对基准浮动百分点 |
|------|-----------|------|------|------|------|------|------|------|
| | | 2014 年十大地方债试点发行省区市发行情况 | | | | | | |
| 广东 | 2014 年 6 月 23 日 | 59.2 | 5 | 3.84 | 3.8517 | −0.0117 | 3.84 | 0 |
| | | 44.4 | 7 | 3.97 | 3.9586 | 0.0114 | 3.97 | 0 |
| | | 44.4 | 10 | 4.05 | 4.0515 | −0.0015 | 4.05 | 0 |
| 山东 | 2014 年 7 月 11 日 | 54.8 | 5 | 3.75 | 3.9578 | −0.2078 | 3.95 | −0.20 |
| | | 41.1 | 7 | 3.88 | 4.0811 | −0.2011 | 4.08 | −0.20 |
| | | 41.1 | 10 | 3.93 | 4.1198 | −0.1898 | 4.13 | −0.20 |
| 江苏 | 2014 年 7 月 24 日 | 69.6 | 5 | 4.06 | 4.0347 | 0.0253 | 4.06 | 0 |
| | | 52.2 | 7 | 4.21 | 4.2055 | 0.0045 | 4.21 | 0 |
| | | 52.2 | 10 | 4.29 | 4.2967 | −0.0067 | 4.29 | 0 |
| 江西 | 2014 年 8 月 5 日 | 57.2 | 5 | 4.01 | 3.9759 | 0.0341 | 4.01 | 0 |
| | | 42.9 | 7 | 4.18 | 4.1693 | 0.0107 | 4.18 | 0 |
| | | 42.9 | 10 | 4.27 | 4.2576 | 0.0124 | 4.27 | 0 |
| 宁夏 | 2014 年 8 月 11 日 | 22 | 5 | 3.98 | 3.9809 | −0.0009 | 3.98 | 0 |
| | | 16.5 | 7 | 4.17 | 4.1893 | −0.0193 | 4.17 | 0 |
| | | 16.5 | 10 | 4.26 | 4.2815 | −0.0215 | 4.26 | 0 |
| 青岛 | 2014 年 8 月 18 日 | 10 | 5 | 3.96 | 3.9465 | 0.0135 | 3.96 | 0 |
| | | 7.5 | 7 | 4.18 | 4.1632 | 0.0168 | 4.18 | 0 |
| | | 7.5 | 10 | 4.25 | 4.2153 | 0.0347 | 4.25 | 0 |
| 浙江 | 2014 年 8 月 19 日 | 54.8 | 5 | 3.96 | 3.9939 | −0.0339 | 3.96 | 0 |
| | | 41.1 | 7 | 4.17 | 4.1821 | −0.0121 | 4.17 | 0 |
| | | 41.1 | 10 | 4.23 | 4.2422 | −0.0122 | 4.23 | 0 |
| 北京 | 2014 年 8 月 21 日 | 42 | 5 | 4 | 4.0059 | −0.0059 | 3.97 | 0.03 |
| | | 31.5 | 7 | 4.18 | 4.1822 | −0.0022 | 4.16 | 0.02 |
| | | 31.5 | 10 | 4.24 | 4.2512 | −0.0112 | 4.22 | 0.02 |
| 上海 | 2014 年 9 月 11 日 | 50.4 | 5 | 4.01 | 4.0399 | −0.0299 | 3.99 | 0.02 |
| | | 37.8 | 7 | 4.22 | 4.2173 | 0.0027 | 4.20 | 0.02 |
| | | 37.8 | 10 | 4.33 | 4.2937 | 0.0363 | 4.28 | 0.05 |

| 2014 年十大地方债试点发行省区市发行情况 | | | | | | | | |
|---|---|---|---|---|---|---|---|---|
| 省份 | 招投标<br>日期 | 发行<br>规模<br>（亿元） | 期限<br>（年） | 票面<br>利率<br>（%） | 当日<br>国债利率<br>（%） | 相对<br>国债浮动<br>百分点 | 债券<br>定价<br>基准<br>（%） | 相对基<br>准浮动<br>百分点 |
| 深圳 | 2014 年<br>10 月 23 日 | 16.8 | 5 | 3.63 | 3.5662 | 0.0638 | 3.60 | 0.03 |
| | | 12.6 | 7 | 3.79 | 3.7824 | 0.0076 | 3.76 | 0.03 |
| | | 12.6 | 10 | 3.81 | 3.8108 | −0.0008 | 3.78 | 0.03 |

　　根据信用债定价原理，利率要体现信用溢价及流动性。因此在地方政府信用水平低于国家信用，地方债流动性差于国债的情况下，在各试点地区中政府逾期债务率最高的山东省，其地方债利率远低于广东省和国债，这可谓魔幻。一种可能的解释是，山东地方债发行过程中存在较大的非市场因素。

　　非市场化定价不是纸面名词，实际上这种定价会直接影响债券在二级市场的流动性。这样的超低定价，意味着承销的金融机构需要面对更大的持有压力。地方债相对于国债而言，存在投资者范围窄、变现渠道少、期限结构不够丰富等劣势。2016 年上半年，地方债现券成交金额约为 5500 亿元，然而换手率只有 8%。二级市场流动性不足，一级市场供应却持续不断，系统风险全部压在承销银行身上。事实上，2015—2016 年，随着地方债的快速扩容，越来越多参与地方债承销的银行感受到了巨大的财务压力，其中势单力薄的中小银行更是叫苦不迭。截至 2016 年 8 月，参与各个地方债承销团的银行将 9 万亿元的地方债尽收囊中，其中只有很少一部分进入市场流通。有参与承销的银行工作人员表示："现在地方债由于非市场化定价，承销机构一旦拿在手里就只能持有到期，以避免浮亏。这样下去越积越多，债券收益率调整的压力也越来越大。"[1]

然而据了解，山东省政府债券招投标过程中有承销商直接给出了低于前 5 个工作日国债利率均值 15%（约 60 个基点）的报价，而其他地区承销商的最低报价一般比标位下限高出 40 个基点以上。是什么原因让参与山东地方债承销的银行宁愿冒着巨大的风险，也要以如此低的价格参与投标呢？

一种可能性是承销银行在其他方面和地方政府有合作关系，这些合作机会可以提高银行收入，弥补银行因承销地方债造成的损失。例如，由于地方政府拥有财政存款及其他直接影响作为承销商的商业银行经营活动的重要资源，可以和商业银行形成"交换"。据报道，在广东省试点发行时，就有某承销银行交易员表示，部分金融机构通过买债表示对地方政府的支持，以换取财政存款。也有消息说山东省将向中标的八家银行配置同等规模的财政存款。这一做法在此后的地方债发行中被推广，甚至出现地方政府允许商业银行以地方债作为质押，来获取财政存款的情况。

然而即使有关财政存款的结论成立，也有人认为这仍然不能弥补承销地方债带来的损失，政府的力量和影响力还体现在其他

---

[1]　引自《地方债受困流动性》，作者：魏枫凌，《证券市场周刊》，2016（33）。

方面。2013 年 8 月 7 日，山东省政府正式发布《关于加快全省金融改革发展的若干意见》，提出山东金改"22 条"，希望借此机会大力振兴山东金融业，并通过金融改革加大对制造业、服务业等产业的支持力度。为此，山东省积极引进金融人才，一年之内山东就引入了 30 名金融干部挂职，有 13 个地级市迎来"一行三会"的官员挂职副市长。另外，山东省高层还与工、农、中、建、国开行等大型银行的主要负责人密集会见。在政府的高度重视和密切互动之下，银行通过与政府打好交道，可以获得更多支持，有助于它们拓展在山东的业务机会，降低业务成本，这些都使得山东省政府在债券发行过程中更加主动。

在国家战略和当地产业政策支持的大背景下，银行从其他业务和政银关系角度考虑业务开展，并不是非理性选择。但是，贷款业务中过强的非市场化色彩，也为之后的企业债务危机埋下了隐患。

从魏桥的"孤网"发电到"黄蓝"战略下的金融倾斜，山东巨象成长的每一步都踩在了政府厚实的肩膀之上。时至今日，面对齐星集团的困境，永远站在第一线的政府仍在重复往日的老路，不遗余力地托底，以求力挽狂澜：不仅全力帮助西王集团对齐星集团进行重组，还为西王集团提供变更土地性质、调整规划、担保增信等一系列帮助。在政府的全力支持下，短期风波平复了，但巨象经济的负担却没有丝毫减轻。有朝一日，当巨象们成为政府的不可承受之重时，又该走向何方呢？

# 浙江小狗 vs 山东大象：
# 中国省际债务危机实录之三 [①]

> 忧喜是一件两面的衫，你穿着一面，藏了一面。
>
> ——张雨生，《忧喜是一件双面衫》

2017 年 3 月，以"债务安全"著称的山东省陷入企业债务危机的泥潭，著名大型企业魏桥创业集团、齐星集团双双沦陷。大批企业和地方政府通过盘根错节的银企关系和互保、联保的担保圈，被套在一张复杂的信用网络中。历史有张相似的脸——山东正在经历的担保圈危机，不久前曾在不同的背景，以不同的方式、规模、风险企业主体在浙江轰轰烈烈上演过。

初看上去，山东和浙江的债务危机颇为类似：两地的出险企业都涉入了一张极为错综复杂的担保网络，牵一发而动全身，网络中的其他企业处在随时卷入"火烧连营"式债务崩盘的巨大风险中。但是，以国有大象经济著称的山东和以民营小狗经济著称的浙江背景迥异，债务危机形成与触发的原因、蔓延的方式、受灾的企业与地区类似吗？本节将从背景与起因、危机发展的过程、遭遇危机的企业特征、地域分布以及所在产业等多个维度切入，对山东和浙江两省的债务危机进行分析。

---

① 特别鸣谢鲁红斌工程师对本文的技术支持。本文引用的理论模型和浙江债务数据都出自学术论文《互保信贷网络的形成与崩溃：理论与实证研究》（作者：陆佳仪，唐涯，徐建国）。

### 缘起篇："情迷房地产"的浙江 vs "产能过剩"的山东

很多人说 2011 年秋天温州担保圈危机是浙江省债务危机的起点，这并不准确。事实上，浙江民营制造业企业的寒冬早已随着 2008 年全球金融海啸的冲击悄然降临。但为什么大规模的浙江省企业担保圈债务危机在 4 年之后才迟迟爆发？其中国家的经济刺激政策起到了关键作用——它既延迟了这场危机爆发的时间，也让危机以更为剧烈而持久的形式呈现在我们面前。

2008 年下半年，在全球金融危机冲击下，中国沿海地区中小企业停工潮、用工荒和融资难问题相继发生。其中，制造业大省浙江在危机中遭遇的挑战尤为严峻：2008 年全省生产总值增幅较 2007 年回落 4.6 个百分点，降幅比全国高出整整 1.1 个百分点，而民营经济发达的温州、绍兴、台州、宁波等地区更是受到重创，经济增幅回落远高于全省平均水平。

一时间，浙江传统制造业的中小民营企业的历史光环悄然消失，取而代之的是对失去发展优势的集体性恐慌：欧美出口市场大幅萎缩①，国内消费需求低迷，商品价格下跌，而原材料与劳动力价格齐飞，企业生存出现问题。再加上紧缩货币政策下银行偏好政府项目，对中小企业惜贷现象严重，大量中小企业的资金链承受着前所未有的重压。2008 年，浙江省民营企业亏损面达

---

① 浙江作为出口大省，对美国、欧盟出口比重较大，2008 年浙江全省对美国出口 265.4 亿美元，增幅同比下降 4.6 个百分点，占全部出口的比重为 17.2%；对欧盟出口 426.5 亿美元，增幅同比回落 9.1 个百分点，占全部出口的比重为 27.4%。

到 16.5%，同比上升 10.6 个百分点；民营企业亏损额 299.9 亿元，同比增长 175.8%。此外，出现了大量企业突然倒闭、企业主隐匿等异常情况。

为了扭转短期内经济下滑的不利局面，国家于 2009 年出台了颇具争议性的四万亿投资计划。此后，各地方政府积极响应中央号召进行大规模基础设施建设投资：2009 年浙江全省全社会投资达到 10742 亿元，同比增长 19.1%，创 5 年来增速新高。

除了运用积极的财政政策以外，中央政府还多管齐下。一方面，金融机构监管层采取了极为宽松的货币政策。不仅在 2008 年 9 至 12 月连续 5 次大幅降息[①]、2 次降准，降低投资项目的融资成本，还取消了对商业银行的信贷限制，2009—2010 年全国各省金融机构新增信贷规模不断刷新历史纪录。[②] 尤其是对于中小企业融资，监管机构还明确提出了"两个不低于"[③] 的监管要求。另一方面，为拉动需求端，政府在刺激房地产政策上下足了功夫：仅 2008 年一年政府出台的关于住房优惠政策的文件就有 4 份，包括下调各项税率，免除个人转让出售的土地增值税，以及降低购买首付比和个贷利率等。

经济刺激政策的成效在浙江尤为显著，其中房地产市场价格对此轮政策调整最为敏感。自 2009 年第二季度起，全省经济预期迅速回暖并不断向好，经济增速触底反弹，尤其是浙江省房地

---

① 　一年期贷款基准利率从 7.2% 下降至 5.31%。
② 　以浙江省为例，2009 年全省新增本外币贷款 9597 亿元，是 2008 年同期增量的 2 倍多；本外币贷款余额同比增长 32.4%，高于 2008 年同期 13.7 个百分点。
③ 　对于小企业信贷投放，增速不低于全部贷款增速，增量不低于上一年。

产市场异常活跃。2009 年第二季度后商品房销售面积和销售额出现井喷式增长。此外，2009—2010 年，浙江省的四大主要城市——杭州、宁波、温州和金华的房价增速在全国领先，其中温州和金华的房价表现尤为突出，连续多个季度新房销售价格增速跻身全国前五，最高点时季度指数均突破 120。回头看，这四大城市恰好是浙江债务危机中受灾最为严重的地区，其中温州和金华在债务总量上位列第一、第二，远远高于其他地区。

| 2009—2010 年浙江省四大城市新建房屋销售价格指数在全国 70 大中城市的排名 | | | | |
|---|---|---|---|---|
| | 金华 | 温州 | 宁波 | 杭州 |
| 2009 年第一季度 | 3 | 18 | 16 | 43 |
| 2009 年第二季度 | 15 | 29 | 5 | 49 |
| 2009 年第三季度 | 2 | 16 | 1 | 23 |
| 2009 年第四季度 | 2 | 6 | 4 | 9 |
| 2010 年第一季度 | 5 | 4 | 17 | 10 |
| 2010 年第二季度 | 3 | 4 | 21 | 6 |
| 2010 年第三季度 | 5 | 4 | 28 | 16 |
| 2010 年第四季度 | 7 | 40 | 44 | 61 |

| 2013 年两省工业规模以上企业负债情况统计 | | | | | |
|---|---|---|---|---|---|
| | 企业数 | 资产 > 200 亿元企业数目 | 资产 > 200 亿元企业的平均资产负债率 | 资产 > 500 亿元企业数目 | 资产 > 500 亿元企业的平均资产负债率 |
| 山东 | 38273 | 545 | 59.8% | 199 | 61.1% |
| 浙江 | 36574 | 349 | 55.8% | 98 | 54.7% |

当时，房地产市场的急转而上对于惨淡经营的传统制造业而言，无异于久旱逢甘霖，大量制造业企业前赴后继、义无反顾地投入到这场泥沙俱下的暴雨之中。

以最先爆发债务危机的温州为例，从 2009 年第四季度起，温州新房销售价格指数在 70 大中城市中连续四季度处于全国前六，2010 年前两个季度，季度指数超过 120。在一路高歌向前的房价走势下，房地产业对于微利的制造业企业而言近乎暴利。以浙江几大主导行业的平均利润率为例，2009 年纺织业为 4%，通用设备制造业为 4.83%，电气机械及器材制造业为 5.83%，但当年房地产企业的利润率却高达 15.77%。

在行业间利润差距悬殊的背景下，大量的制造业企业对房地产投资趋之若鹜。在"2010 年温州市百强企业"榜单中，与房地产相关的企业占据半壁江山：除了 2 家房地产公司和 6 家建筑公司外，包括报喜鸟、奥康等知名企业在内的 40 多家制造企业都涉足房地产开发。其中，企业组团成立房地产开发公司的现象较为普遍。例如，温州置信集团，背后联合了 250 多个企业，这250 多个股东背后还涉及上千人的投资。一时之间，整个温州企业圈如同一个巨大的房地产开发圈。然而温州并非特例，彼时整个浙江省制造业都蔓延着一股对房地产投资的狂热。2009年浙江百强民企榜单上，房屋建筑及房地产行业达到 27 家（在2002 年仅为 4 家），其中 10 家企业的销售总额达 1463 亿元，同比增长 66%；如果算上与房地产投资相关的企业更是多达 70余家。

不仅涉房企业数量众多，浙江企业投资房地产的模式也相当大手笔。

一是定位高大上，投资金额大。比如中国 500 强企业慈溪市进出口有限公司，就在 2010 年以 31.3 亿元的总成交价拿下了两块慈溪市地王，创下历史纪录。二是跨境投资十分常见。当时投资迪拜的行情看好，大量浙商便斥巨资在迪拜开发房地产。浙江宁波某乡镇的一家主营钢结构外包业务的安装公司，尽管净资产只有几千万元，也雄心勃勃地计划投资 4 亿美元自主建设名为"迪拜凤城"的海外中国商品全球展贸中心，宣称要"建设 8 大主题馆，引进 4000 至 6000 家中国品牌企业、20 万种商品，打造迪拜中国商品综合市场与交易平台"。

在如此大规模、大手笔的房地产投资背后，有两个金融现象。

首先，金融机构的保证贷款占比不断升高。强劲的融资需求之下，以保证方式向银行贷款成为制造业企业融资的重要途径。以温州为例，2009 年初，企业纯保证贷款（无抵押品，仅靠第三方担保增信获得的贷款）余额为 590 亿元，约占所有企业贷款余额的 34%；2009 年末，该余额快速上升到 840 亿元，占企业贷款比例为 37.6%，其中增量占比达到 47.1%。到了危机爆发的 2011 年末，这一数字已经上升到 1245 亿元，占企业贷款比例达到 38.9%。其次，与保证贷款快速上升相匹配的，则是企业担保关系日趋复杂、担保金额日益增长、担保链条不断拉长的局面。其中，企业因牵涉共同投资而互相担保、行业内较大规模企业为扩大融资而形成互保、联保，多个集团公司间担保且夹带子公司互保的情况屡见不鲜。

随着 2011 年秋天房地产市场开始下行，这些企业很快陷入债务深渊，同时牵出了一张盘根错节的担保网络。从 2012—2017 年温州法院审理的企业银行债务违约案件来看，牵涉担保关系的涉案企业共有 6038 家，极为惊人的是其中有 3200 余家企业（约占 52%）通过担保关系被织入了一张巨大的连通的担保圈，这一规模和比例要高于浙江其他地区。所以，更密集而复杂的担保网络结构可能是政策变化后在温州率先出现债务危机的原因之一。

回头看，2010—2011 年中央政府"十二道金牌"的"限房令"及随后的房地产市场下行是温州地区债务危机的导火索。2009 年 12 月，正当全国上下都如火如荼地投资房地产、资产价格一路高歌向前之际，中央打出了给房市降温的第一针。2009 年 12 月 7 日，中央召开经济工作会议，首次提出要求 2010 年增加普通商品住房供给。一周后，国务院随即提出了四项措施遏制部分城市房价过快上涨。到 2010 年，政府又相继出台提高存款准备金率、提高首付款比例、"新国十条"、限制购房以及央行连续加息等一系列措施来抑制房地产过热。

中央房地产调控政策影响到浙江省已经较为滞后：到 2010 年 10 月，温州市政府才迫于中央调控压力颁布文件，明确指出要"确保完成 2010 年度住房供地 100 公顷的计划目标"，并集中在最后两个月大量增加土地供应。仅靠增加土地供给并未对温州楼市价格和企业房地产投资决策产生实质性影响，温州地产仍然持续高温。直到 2011 年"9·29"楼市二次调控后，限购范围不断扩大，温州市颁布了新一轮的严厉调控政策：限贷令、限购令、预售资金监管等，打出了调控组合拳，给被"炒"得如火如荼的楼市开了高压水龙头，温州二手房市场在此后出现持续 40 个月的大幅降价，房价从每平方米四五万元的高位跌落，到 2013 年末已被"腰斩"，跌至 2 万元左右。

剧烈的楼市震荡首先波及那些深陷房地产业的企业主。土地价格下跌导致银行贷款抵押品严重缩水，而大量楼盘因住房预售受阻无法回款，导致许多在建工程因尾款不足、资金链断裂而停工烂尾。2011 年秋，中国人民银行行长周小川接获温州的求援报告——温州境内部分中小制造业企业因为投资房地产失败资金链断裂，已经引发局部性的借贷危机，有几十家企业主欠债"跑路"。随着风险在担保圈内传播，事态仍在不断扩大。整个温州的企业圈里弥漫着世纪末的恐慌情绪。

此后温州的危机之火在浙江迅速燎原，相似的故事在浙江省全境陆续上演。自 2012 年起，浙江省从民营经济活跃、经济增速高、资产质量好、不良贷款少的银行必争之地，变成不良贷款率年年攀升，且远高于全国平均水平的重灾区。以 2011—2012 年为拐点，浙江省银行业不良贷款率从 0.92% 猛升至 1.60%，逆转了浙江长期低于全国平均不良贷款率水平的形势。根据 2012—2014 年的公开数据，浙江省银行业年净增不良资产三年间翻了一番，在 2014 年达到 1518.5 亿元。

### 山东国有保护伞下的"过剩产能"

2012 年是浙江省长达 5 年多的资金链、担保链"双链"危机的开端，债务风险从温州房地产崩盘开始快速燎原整个浙江。与浙江相比，山东省的债务寒冬来得更晚一些。2012 年当浙江在金融风暴中飘摇时，山东依然是一个风调雨顺、信贷扩张的好年。该年全省本外币贷款增量超过 5000 亿元，余额同比增长 14.3%，而短期贷款增量更是达到 9 年以来的最高，增速超过全部贷款 7.8 个百分点。彼时的山东仿佛是一座世外桃源，隔绝了央行加息、房地产限购、部分商品价格大跌等不利因素，还在欢喜话丰年。

2014 年对山东而言是一道分水岭，水面上的平静终于被水面下炸开的一枚惊雷搅动了。当年山东省金融机构的不良贷款开始大幅反弹，年末不良贷款余额和不良贷款率分别较年初增长了 53.4% 和 0.5 个百分点，不良率达到 1.86%，增速反超浙江省，跃居全国第一。此外，金融机构关注类贷款也增长较快，大企业担保圈和贸易融资等金融风险开始浮现。然而令人疑惑的是，2013—2014 年山东省地方政府并未有较大幅度的产业政策变化，2013 年山东省金融改革之后金融机构还进一步加强了对制造业企业的支持力度。

| 2011—2016 年山东省金融机构不良贷款余额与不良贷款率 | | |
|---|---|---|
| | 不良贷款余额（亿元） | 新增不良贷款（亿元） | 不良贷款率 |
| 2011 | 684.39 | -151.93 | 1.82% |

（续表）

| 2011—2016 年山东省金融机构不良贷款余额与不良贷款率 | | |
|---|---|---|
| | 不良贷款余额（亿元） | 新增不良贷款（亿元） | 不良贷款率 |
| 2012 | 691.51 | 7.12 | 1.61% |
| 2013 | 648.06 | −43.45 | 1.35% |
| 2014 | 996 | 347.94 | 1.86% |
| 2015 | 1220 | 224 | 2.06% |
| 2016 | 1397.1 | 177.1 | 2.14% |

齐鲁大地上究竟发生了什么？

早在 2013—2014 年，在山东省滨州、济宁和淄博等地区就已经发生几例由企业资金链断裂引发的局部性的担保圈债务危机。然而，其中除了以邹平县长星集团为核心的担保圈债务危机外，其他担保圈所涉债务规模相对较小，并未产生严重影响。位于滨州市的传统造纸企业长星集团是一家总资产仅为 10 亿元的中小型企业。然而在 2009 年，随着"黄河三角洲高效生态经济区"的春风吹进了邹平，在"生态经济区，清洁能源"的战略号召下，企业家大举进军风电行业。当地金融机构在政府战略引导下也对其大开方便之门，为其大规模进军风电行业添了一把火。然而，这些"重点企业""重点项目"的投资结果却并不乐观。早在 2013 年，邹平县长星集团在风电项目上的巨额项目失败就拉开了企业债务危机的序幕，当地企业的日子变得艰难起来。

| 2014 年山东省担保圈危机案例 | | | | |
|---|---|---|---|---|
| 时间 | 地区 | 主要企业 | 所在行业 | 直接债务规模（元） |
| 2014 年 2 月 | 滨州市 | 长星集团 | 风电 | 60 多亿 |
| 2014 年 3 月 | 济宁市 | 瑞中医药 | 医药 | 1.7 亿 |
| 2014 年 10 月 | 淄博市 | 长城电缆 | 电缆 | 近 1 亿 |

但令人玩味的是，在长星事件发生后，地方政府及时介入干预，滨州市并没有经历如同浙江温州一般的大规模债务危机。据滨州市金融相关部门人士称，长星事件后，滨州市政府迅速拨付5 亿元帮助企业周转，接着让集团进入破产重组程序，清产核资后，还帮助企业寻找新的重组方，阻止了事态恶化。在济宁市瑞中医药事件中，政府也迅速做出反应，组织银行、供货商等相关方签署公约，司法部门介入采取必要的司法强制措施，保证资金链稳定，控制了局面。政府对银行的影响力较大，改变了它们的贷款决策。有意思的是，政府采取的帮扶措施在不同省份之间似乎差异极大。在走访浙江部分困难企业时，企业主纷纷反映在政府有关部门为缓和企业债务危机召开银企协调会后，银行并没有"听话"，抽贷、压贷现象不仅没有停止，反而更加严重了。而在山东，情况似乎有所不同。

政府及时出手对于当时的邹平无疑是一大幸事，它有效阻止了事态扩大，避免了 2011 年温州债务危机的重演。在长星集团破产后，有报道指出，邹平县民营企业极为担心个别互保较多的企业破产后引发大规模担保圈危机，部分当地企业甚至开始倡议成立共同维护区域正常信贷秩序的联盟，由几十家企业联手与银行平等对话，以确保贷款按时发放，甚至不排除银行抽贷后联盟内所有企业集体违约的极端做法。

时间线拉长，尽管邹平县的问题暂时被稳住，但无法掩盖这些企业破产背后的真实原因。很多人事后回忆，彼时邹平主导产业产能过剩已经是显见的事实。他们认为，尽管中小企业主"跟风上"是主要原因，但政府、银行的"助涨"因素也难辞其咎。2015—2016 年，山东债务危机仍然持续扩散。不良率上升至 2.06% 和 2.14%，然后在温水煮青蛙的慢性折磨中，终于迎来 2017 年 2—3 月的大爆发。这一回无论是滨州，还是邹平，都未能逃过此劫。

为何多方如此努力，躲过了初一，却还是躲不过十五呢？对山东债务危机原因的解释，相关报道评论强调最多的是山东债务危机是"增长调速换挡期、结构调整阵痛期、刺激政策消化期""三期叠加"的一个必然结果。

2009—2011 年，山东省收入占比最高的几大支柱产业，其行业平均利润率也经历了在短时间内快速上升后又下降的情况。在利润快速上升这一点上，它与同期浙江省主要城市房地产价格的变化有相似之处。正是部分行业利润的快速上升为信贷扩张期的金融机构提供了放贷的出口，使互保被有融资需求的企业更好地利用，同时也有效帮助银行分散风险，提升了预期偿付率。行情向好也是两省互保网络形成的共同基础。2010 年，山东利润率水平最高的非金属矿物制品业利润率上升最快，平均增长了

2.03%。此外，有色金属冶炼业、金属制品业、专用设备制造业和纺织业的利润率增长都超过 1%。这些行业的迅速崛起为金融机构的信贷扩张提供了出口。例如，滨州的魏桥创业集团、齐星集团以及东营的天信集团等有色金属冶炼巨头，都在该时期获得了大量的银行贷款。2012 年，整个有色金属行业的负债率升至70%，更归功于行情的利好。

随着 2011 年以后部分行业产能过剩问题暴露，部分工业产品价格持续下跌，原先风光一时的山东重工业板块开始走上长达 5 年的下坡路，主要行业利润率从高位跌落，优势不再。但与浙江房价的骤降不同，山东企业利润率的下降是一种长期而缓慢的侵蚀。从 2011 年末开始山东省政府号召淘汰落后产能，部分企业承压，但并未对大多数企业造成实质性打击。2011 年末省政府要求从严控制高耗能企业进入，同时严控产能过剩行业用电，并对许多企业的自备电厂进行整顿治理。2011 年，山东省共有 17 家热电厂作为落后产能被淘汰。2012 年 7 月，滨州政府将原属魏桥创业集团旗下的滨州工业园热电厂关停，而此前魏桥低成本自发电模式一直是魏桥铝业板块的核心竞争力。此外，自 2012 年起，山东省计划淘汰落后产能的名单变长，全省淘汰落后产能计划和企业名单中共有 182 家企业，大量"计划淘汰"的企业集中在水泥、造纸和印染这三大行业。这一数字在 2013—2015 年逐年下降，淘汰力度逐渐减弱。这些政策虽然严厉，但仍然停留在对点而非对面的影响上，且并未触及核心行业和企业。另外，因为保增长的需要，各地政府在落实的过程中力度逐渐降低，例如，魏桥被关停的自备电厂在短暂整顿后于2013年升级重开。因此山东的多数企业在利润下降的初期并未出现像浙江房地产崩盘下房屋销售停滞，后期工程款项无法到位，资金链迅速断裂造成的不良反应。

相较之下，在浙江发生的担保圈债务危机，更多的是国家宏观政策调整之下，大量民营企业通过互保融资并投资房地产逐利引发的后遗症。当国家房地产政策快速收紧、房地产价格快速下跌后，银行刚性兑付引发了担保圈内企业集体性违约。由于中小规模民营企业没有政府隐性担保，在卷入担保圈危机后策略性违约就成为最优选择。因此浙江省债务危机表现出了覆盖面广、涉险企业多、蔓延迅速、影响持久的特点。而山东债务危机则与地方政府政策导向以及国有企业密切相关。"四万亿计划"期间由于大量基建项目上马而大热的重工业在热度退去之后，面临长期的商品价格和营业利润下跌的局面。然而，一方面由于过剩产业的萎缩相比于房地产价格下跌而言是一个较为温和缓慢的过程，另一方面由于政府对国企和大型企业的隐性担保与金融扶持为产能过剩企业不断续命，山东债务危机的爆发在初期并不如浙江那样剧烈。

如果说浙江的债务危机是一起急性事故带来的一系列连锁反应，那么山东的债务危机更像是慢性疾病对身体机能的长期耗损。这背后山东主要产业"产能过剩"无疑是这场慢性病的根源。

### 企业对比篇：浙江小狗 vs 山东大象

首先来看一看浙江与山东两省企业债务危机各自在地域分布上有什么特点。

在浙江省，2010 年房价最高、上涨幅度最快的温州与金华两市是债务危机最为严重的地区，杭州与宁波则位列第三、第四。如果我们仔细统计自 2012 年至今浙江省各区县一级法院判决的、由银行诉讼企业债务违约金融合同纠纷案件的情况，不难发现温州、金华、杭州、宁波以及绍兴等市近 20 年来经济发展较快、财富积累程度较高、产业集群较为发达的地区是此轮危机的重灾区。似乎是历史越辉煌，过去发展越好，在这轮危机之中就跌得越惨。这是受了财富的"诅咒"吗？

| 浙江省债务危机重灾区县金融违约案件情况统计 | | | | | |
|---|---|---|---|---|---|
| 排名 | 区县 | 城市 | 涉案金额 | 涉案企业数 | 主要产业集群 |
| 1 | 鹿城区 | 温州 | 207 亿元 | 1409 | 鹿城服装 |
| 2 | 义乌市 | 金华 | 150 亿元 | 827 | 义乌小商品 |
| 3 | 越城区 | 绍兴 | 123 亿元 | 1021 | 绍兴纺织化纤 |
| 4 | 萧山区 | 杭州 | 105 亿元 | 646 | 萧山纺织化纤、机械、汽配 |
| 5 | 乐清市 | 温州 | 98 亿元 | 568 | 乐清工业电器 |
| 6 | 柯桥区 | 绍兴 | 89 亿元 | 605 | 绍兴纺织化纤 |
| 7 | 下城区 | 杭州 | 89 亿元 | 487 | — |
| 8 | 慈溪市 | 宁波 | 85 亿元 | 1047 | 慈溪家电 |

（续表）

| 浙江省债务危机重灾区县金融违约案件情况统计 | | | | |
|---|---|---|---|---|
| 9 | 永康市 | 金华 | 80 亿元 | 464 | 永康五金 |
| 10 | 余姚市 | 宁波 | 79 亿元 | 484 | 余姚家电、塑料加工 |
| 11 | 瑞安市 | 温州 | 74 亿元 | 605 | 瑞安汽摩配件 |

　　从根本上来看，浙江的这场债务危机其实是用一种直白又惨烈的方式，反映了许多浙江"块状经济"中制造业企业在转型中的尴尬处境。此轮危机最早爆发且债务规模最大的温州，以及以义乌小商品市场闻名的金华，都是浙江省在近20年的历史中最先富起来的地区，也是最早面临企业转型升级困难、后劲不足的地区。"温州模式"萌发于20世纪90年代初，自然条件较差（人均耕地不到全省平均水平的一半）、经济基础薄弱（国有工业所占比例极低）、人民生活水平不高的温州市，率先引领了个体私营经济发展的浪潮，发展出了以专业市场为依托的群体性规模经济，这种"块状经济"模式也成为后来者争相模仿的范本。例如，乐清的低压电器，温州市区的皮鞋、服装、眼镜、打火机，瑞安的汽摩配件，苍南的印刷业等。到了21世纪初，温州已经成为浙江省最为富有的地区之一。

　　然而在"先富起来"之后，温州实体经济也面临转型的巨大压力，尤其是2006年后人力成本的快速上升进一步挤压了传统制造业的利润空间。它们拥有了财富，却逐渐失去了市场。积累的财富如何投资才能获得更多的回报，是温州老板们最为关心的问题。他们敏锐地瞄准了城市化大潮中的房地产，从 1999 年起温州企业家的资本便开始流入长三角地区的房地产市场。2001 年一列火车载着 134 名温州投资者来到上海并创造了过亿元的成交额纪录，之后大名鼎鼎的"温州炒房团"应运而生，开始活跃于全国各地。在 2008—2011 年先后经历了金融危机的打击和四万亿与货币宽松政策刺激之后，这种"先富者"的彷徨与狂热，让浙江许多成功的企业家感同身受，在日益虚弱的主业面前，房地产成为他们迎来"第二春"的最大希望。

在某种意义上，浙江债务危机是中小企业集中的"先富地区"的连环劫。和浙江不同，山东省债务危机的地域分布则带有更为明显的政治战略色彩。

虽然此次危机集中爆发的滨州与东营地区在近 20 年经济发展中也有各自的亮点，例如，东营市是一个老牌资源型城市，以胜利油田为依托，是全国石油冶炼企业最为集中的城市，2009 年该地区人均生产总值 10.24 万元，为山东最高。滨州市则是山东民营经济发展的大本营之一，培育出了以魏桥创业集团为代表的众多知名企业。但这些因素并不能成为这两个地区获得大量贷款的充分条件。例如，东营市的支柱产业石油加工业在金融危机前后问题突出：2008 年整个石化产业严重亏损；即使在 2009 年行情有所反弹，资源枯竭的态势也未发生根本变化。滨州市与其他地级市相比，在经济增长和财富积累方面均未表现出明显的优势。2009 年，滨州市的工业增加值为 695.27 亿元，在山东 17

市中位列第 13 名，工业增速位列第 15 名，人均地区生产总值约为 3.668 万元，居山东省第 8 名。总体上而言，这两大地区在 2009—2012 年短期贷款迅速增长，更多得益于 2009 年后"黄三角"战略下的政策倾斜。

自 2010 年起，"黄三角经济区"战略全面发力，山东省五成以上新增贷款投向黄河三角洲高效生态经济区、县域和战略新兴产业。在当年山东省四大国有银行的年度报告中，都明确提到对战略政策的金融支持以及对"黄三角"地区的信贷倾斜。政策倾斜的结果是在 2009—2012 年滨州与东营的短期贷款增速大大提升。2009—2012 年山东省短期贷款排名中，滨州与东营市年年居于高位。2009 年、2010 年短期贷款增速分别为 32.39% 和 22.84%，滨州市位列第三，2011 年更是以 42.11% 远高于第二名的增速勇夺第一。与滨州市相似，隔壁的东营市在这四年间短期贷款增速也保持在全省前四的高位。

在省政府和"黄三角"当地政府以及金融机构的大力支持下，一家家资产与债务同样庞大的大型企业、上市企业在战略的光环中被迅速培养起来，掌握了大量的资金。例如，滨州市的铝业集群在魏桥创业集团的辐射下以惊人的速度生长起来，这为此后的"产能过剩"埋下了隐患。另外，大型企业在信贷扩张期通过与其他大型企业互保获得贷款，往往会采取多元化的投资策略，例如，齐星集团对外投资的企业多达 28 个，其中持股比例在 50% 以下的有 12 家，这些项目一旦失利，债务风险就会牵一发而动全身。

　　除了地域分布上的不同外，两省债务危机中的出险企业也大相径庭。浙江省债务危机涉及面很广，但出险企业多以轻工业集群中的中小企业为主，每一家出险企业的债务规模都相对较小，而担保网络结构复杂，大型企业与上市公司并未受到太多牵连。2012—2016年，浙江省银行诉企业的金融借款合同纠纷案件共计31000余起，但涉案金额仅为2200亿元左右，平均每笔案件金额约为700万元。而受灾最为严重的温州市，6年内对银行违约的涉案企业高达3700余家，然而案件总额也仅为600多亿元。大案最多的宁波市，在近3000家被告企业中，涉案金额上亿元的企业共有52家，其中40家（除了慈溪进出口和康鑫化纤）企业涉案金额均在4亿元以下。

　　涉案企业虽小，但企业间的担保网络却一点儿也不简单。以宁波下辖的慈溪市为例，通过梳理慈溪市人民法院2012年至今的金融案件信息，我们发现共有银行诉企业并且存在第三方企业提供保证的案件1300余起，涉及担保与被担保企业共1538家，担保关系1700余条。其中最大的闭合子担保圈共涉及企业816家，担保关系1140条。如此庞大的网络体系，总涉案金额却仅为62亿元，平均每笔案件的涉案金额不足500万元。更为有趣的是，涉案企业行业构成也反映了慈溪市当地主要产业集群分布的特点。受灾最为严重的电子电器行业涉及企业328家，化纤纺织服饰企业197家，五金轴承企业136家，汽车及其配件企业109家，金属材料企业90家，不同行业的企业之间均有担保关系存在，这反映了慈溪市当地产业集群内部低端制造业的中小企业"抱团"的特点。

在大量中小制造业企业出险的背后，反映的是在信贷扩张时期大量制造业企业抱团增信贷款，以求在房地产大热的潮流中分得一杯羹。当时，中小制造业企业贷款，合多方之力投资房地产的常见模式有三个。其一，规模较大、业绩表现较好、贷款渠道通畅的优质企业，可以与房地产开发商直接合作，为其提供担保，或者与之互保向银行贷款，共同投资房地产项目。其二，规模中等的企业，可以由两家以上的企业互保或联保，共同筹集资金开发房地产项目或设立房产子公司。例如，浙江省宁波市曾出现 15 家企业共同为一个大楼建设项目承担连带清偿责任的情况，其实质为 15 家企业间通过联保贷款投资建楼。其三，规模较小，可得贷款资源有限的企业和企业家，也可以使用企业间互保贷款作为投资资金，或多人集资作为房地产公司的隐形股东，参与其他企业牵头的房地产投资项目。在慈溪市的担保圈中，涉案房地产开发企业至少有 23 家，多为制造业企业提供贷款担保或与其互保。

不同于浙江省危机高发于中小企业，山东省的债务危机集中于大型重工业企业，其中不乏上市企业。2015 年，当年山东省金融机构不良贷款余额较年初增加 223.9 亿元，不良贷款率上升0.21 个百分点。关注类贷款也持续攀升，较年初增长 82.9%。其中主要是大企业担保圈、贸易融资等因素引发的债务风险。在监管层建立的出险大企业数据库中，2015 年共监测到 5000 万元以上的大额不良贷款 402 笔，涉及 258 家出险大企业。从区域来看，滨州市只是重灾区之一：日照（钢铁）贸易融资风险、临沂高污染企业风险、淄博大客户风险、东营轮胎行业风险和滨州担保圈风险被并列作为当年银监系统的重点监测排查对象。

2017 年初，大型企业债务风险继续发酵，不少大型企业已濒临破产，而每一家出险企业的债务规模动辄超过百亿元。例如，曾经的中国 500 强企业山东天信集团及其关联公司也被爆出已有 7 家进入破产重组程序；其中债务最多的山东天圆铜业总负债达 104.52 亿元，负债率 180.77%。邹平县齐星集团信贷敞口总计约 71.6 亿元，还有 40 亿元左右民间借款，共计 110 多亿元。而西王集团对齐星集团提供担保高达 29.073 亿元。此外，遭遇做空的"魏桥系"及旗下两大产业集群更是直接涉及国内银行贷款 2000 多亿元。

浙江省与山东省在债务危机主体上的区别既是由两省的经济结构决定的，也是由两省企业的成长轨迹与市场竞争力决定的。从经济模式看，浙江以发达的中小民营经济为主，称为"小狗经济"；而山东省国有企业、大型民营企业获得的资源较为集中，企业间发展不平衡，称为"大象经济"。从政企关系看，山东省大型企业与当地政府引导、政策扶持以及政银企三者之间的紧密联系息息相关。政府力量的参与也为山东的大型企业（包括它们的上市行为）提供了更方便的间接融资渠道，进一步提升了这部分大型企业的杠杆水平。例如，在黄三角战略落地之后，2011 年滨州市政府帮助西王集团成功发行了 15 亿元中期票据，京博石化也成功发行短期融资券 10 亿元。此外，在地方政府的大力支持下，当年滨州市新增 3 家上市企业，其中也包括西王集团旗下的西王食品。与山东相比，浙江省上市公司的融资行为受政府的影响相对较小，受市场驱动影响更大。

从 2013 年山东、浙江两省工业规模以上企业的负债情况，我们看到，当年山东资产总额高于 500 亿元的企业共有 199 家，数量为浙江省的两倍。但与浙江规模越大的企业平均负债率相对越低的情况不同，山东大型企业规模越大，平均资产负债率越高。可见在银行机构开闸放水、信贷扩张的过程中，山东省的金融资源集中投放在了数量有限的大型企业中，在迅速催胖的同时也提高了杠杆率，留下了更为集中的债务风险隐患。由此可见，不同的企业发展模式和政企关系，正是两省债务危机爆发不同原因和表现的根源。

### 回到根源：债务危机背后的产业政策之殇

尽管浙江与山东的债务危机在成因和表现中存在许多差异，但也有一个共同点：它们都与国家政策影响下部分行业的骤冷骤热息息相关。

往大里说，宏观经济政策的快速变化带来了部分行业利润骤升骤降，是两省发生企业担保圈债务危机的根源。在浙江债务危机中，房地产调控政策的松紧以及其影响下房地产与土地等资产价格的涨跌，是浙江省民营企业互保网络形成、扩大与崩溃最直接的导火索。在房地产行情一路高升时快速编织起来的民营企业大规模互保网络，也在房价下跌时遭遇了惨重的滑铁卢。类似的，山东省债务危机的根源要追溯到四万亿投资计划实施期间，由大量基建项目带动的部分高耗能产业的行情利好，金属、非金属矿物等基建材料行业在这一背景下大热，各企业蜂拥而上扩大投资。此后行业热度退去，产品价格持续下跌，这些产业又受到"去产能"政策影响，从金融机构的宠儿变成弃儿。两省债务危机表现主要的不同之处，在于行业利润降幅的大小对危机爆发模式的影响，或疾或徐。

往小里说，在信贷扩张时期，具有倾向性的产业政策对该产业的贷款行为起到了推波助澜的作用。在政策退出后，迅速下降的利润加上复杂的网络结构，会加速该产业的崩溃，进而使之成为债务危机的重灾区，这在浙江和山东都是如此。例如，在浙江省宁波市，家用电器行业作为慈溪与余姚两市的支柱产业，成为此轮债务危机的重灾区，许多龙头企业接连出险。这并非偶然，而是与 2007 年底开始国家推出"家电下乡"补贴政策直接相关。在这一政策下，农村消费者购买相关家电产品享受 13%的财政补贴，这对以内销为主的慈溪小家电产业集群是重大利好。在这一政策激励下，原本已经日渐衰落的家电行业迎来了短暂的夕阳之光，许多企业如同打了激素，纷纷扩大产能，并通过互保、联保等手段加大杠杆、扩大融资规模。然而到 2013 年初，该政策突然全面退出，原先受惠于它的企业也遭遇了灭顶之灾。从2013 年起，当地大量家电企业身陷"债务危机"。首先是包括宁波好当家和紫藤电器在内的 4 家慈溪市电器生产企业组成的互保、联保体债务风险暴露，进而冲击了慈溪电器联保圈，造成多家小家电企业的资产被查封，生产经营停顿。2014 年，宁波宝洁电器有限公司等三家当地著名小家电企业宣布破产重组。至 2016 年，当地有近 1/3 的小家电企业受到资金链、担保链风险影响。

在山东省，电解铝等高耗能行业也面临相似的处境。2009—2011 年，山东省政府对企业自发电模式极为支持。尤其是魏桥创业集团的"魏桥模式"逆《电力法》不能孤网运行的规定发展，并因此与国家电网爆发激烈的冲突，山东省政府出面为其保驾护航，使魏桥创业集团获得与国家电网平起平坐的地位，增强了铝业的核心竞争力。然而在 2012 年，省政府开始对高耗能企业进行限制，压缩企业用能用电，并对企业的自备电厂进行治理整顿。2011 年末，山东省共有 17 家热电厂作为落后产能被"淘汰"。2012 年 7 月，原属滨州市魏桥创业集团旗下的滨州工业园热电厂作为"落后产能"也被关停。这对利润率不断走低的高耗能产业而言无疑是雪上加霜，也加速了该行业企业债务风险的爆发。

此外，具有惩罚性的产业政策也将加速一个产业中企业债务风险的爆发和危机的蔓延。例如，在浙江和山东债务危机都受灾严重的传统行业——纺织业，都面临在政策上受"排挤"的窘迫处境。2012 年，浙江省经信委对用能超标企业采取惩罚性电价加价措施。公示的 7 家企业中，有 5 家是纺织企业。其中，最高的一家被处以高达 83 万元的罚款。在山东，纺织业企业也在山东省计划淘汰落后产能的名单中长期占据较大比重。令人深思的是，当时部分业内人士还表示对部分过剩行业采用惩罚性电价

"是一种市场手段……意味着政府利用价格杠杆加快淘汰落后产能，促进产业结构调整。差别电价和惩罚性电价、水价等差别价格政策会逐渐开展"。

### 不算结语

浙江和山东，一南一北两个经济强省，先后从互保圈崩塌开始发生企业债务危机。看上去债务危机表象类似，但是仔细观察，无论是危机成因，地域分布，企业和行业特征，还是危机后恢复情况，都大相径庭。

从债务危机爆发的起因和方式来看，浙江省危机在 2011 年末房地产崩盘，真实利率快速上升后，违约风险迅速顺着担保网络在全省蔓延，迅速而剧烈，至今已持续 5 年多。这与中小企业间担保网络的复杂结构息息相关。对处于担保网络中的民营企业而言，一旦与其存在担保关系的企业风险暴露，银行对该企业的违约预期上升后采取的抽贷、压贷策略，将增加企业的资金周转压力和融资成本。此时对无形资产较少的中小企业而言，违约并逃废债的策略造成的损失最小。这加速了中小企业逃废债的行为，进一步引发该担保圈内的其他企业违约。而山东债务危机是产能过剩后利润逐渐走低的结果，因此暴露得较晚，2014 年开始显露；同时由于政府强势托底，山东省债务危机初期发展势态较浙江而言更为缓和，直至 2017 年初才开始集中爆发。

从债务危机的主体规模、地域和行业分布特征来看，浙江省民营经济主导下债务危机集中高发于中小制造业企业产业集群发达的先富地区，块状经济集群中的不同规模水平的企业都通过互保、联保参与房地产投资（或其他与土地相关的投资）之中，债务风险的覆盖面较广，担保网络复杂，但债务体量并不大。而山东省债务危机集中于国家战略与政府政策倾斜的地区和产业，政府主导下的信贷扩张往往以大型企业作为债务的集中投放点，导致大型企业的杠杆率不断上升，出险企业及其所在的担保圈债务体量庞大。从行业分布来看，产业政策补贴越大的行业在政策退出之后都受到了更为严重的冲击，成为债务危机的重灾区。

从债务危机发展至今的结果来看，浙江的债务危机更多的是对货币政策以及房地产调控下房价变化的一次性反应、一次洗牌，但由于民营经济的市场活力并未受到抑制，因此未伤及根基，反而加速了新旧动能的转换。在复杂的担保网络产生的多米诺效应下，大量主营业务仍能维持正常经营的中小企业在风险扩散的过程中选择以逃废债的形式进行违约。而对于上市企业而言，如果企业竞争能力较强且所涉担保债务不高的情况下，对银行违约显然得不偿失。在上市企业主业强势、融资能力较强的情况下，通过与银行谈判，以时间换空间等方式反而对企业更有利。因此在浙江，竞争力较低、违约成本较低的小企业相比于大企业有更强的违约动机，退出的也多为中小型企业。

相比之下，山东省在危机中所面临的，是支柱产业的产能过剩、利润长期下行的基本面，以及背负巨额债务的大型企业和体量巨大的互保圈，其背后是山东省亟待改变的经济模式与产业结构。2013 年中国民营企业 500 强中，山东省有 54 个，江苏、浙江分别有 91 个、139 个。其中，从事工业六大高耗能行业的民营企业，山东省高达 21 个。此外，山东省民营企业中服务业龙头企业少、服务业占比少、产业结构不优的局面长期存在。2013 年中国民营企业服务业 100 强榜单中，山东省有 6 个，而浙江省达到 22 个，江苏省达到 17 个。山东省上榜民营企业所属行业 4 个均为批发零售业，而浙江、广东、江苏民营企业均有软件和信息技术服务业上榜。

如今的浙江小狗已经从泥泞中爬起，"病树前头万木春"，制造业实力逐渐恢复，新经济已然起航。以阿里巴巴、蚂蚁金服代表的互联网巨头企业为核心，浙江的软件业、互联网平台、大数据、云服务……已经开始展现无限的想象空间。制造业的升级转型和对接资本市场也正以令人惊异的速度进行：2015 年和 2016 年，浙江分别共有 31 家企业和 28 家企业在境内首发上市，占全国 IPO 的 13% 左右，新型制造业仍然是浙江上市企业的中流砥柱。而山东的大象经济在这一轮互联网经济的大潮中已经被北上广深、珠三角和长三角地区甩在了身后，它未来的出路在哪里？去产能之后又该走向何方？望着山东巨象蹒跚的背影，我们在默默守望着、期待着。

# 15

## 支付宝：中国互联网生态的演化与嬗变

2016 年 4 月 26 日，中国的蚂蚁金服宣布完成 45 亿美元的
B 轮融资，成为全球互联网行业迄今为止数额最大的单笔融资。
即使在善于讲故事的资本市场上，也很少有人看得懂这家奇怪的
中国企业。

从支付宝、余额宝，到蚂蚁花呗、运费险，再到蚂蚁云、芝
麻信用，它包括了第三方支付、小微贷款、财富管理、保险、个
人征信，以及金融云计算等几乎所有金融的业务范畴。

不同的是，它的金融业务呈现出"微小"和"巨大"两个极
端特征。以传统行业标准来看，蚂蚁每一笔业务的数额都"微"
不足道，如几毛钱的支付、几元钱的消费保险、几百元的贷款。
然而，蚂蚁又有难以想象之"巨"——截至 2016 年 4 月，它覆
盖超过 4.5 亿个人用户，2015 年全年支付交易金额 54 万亿元；
它在一小时之内能完成 1.82 亿笔支付交易，秒级支付能力为中
国所有银行全年交易笔数总和的 3 倍；它旗下产品以万亿元余额

稳坐中国最大货币基金的位子。

华尔街用了形形色色的参照企业来理解这个庞然大物：支付宝对标第三方支付企业 PayPal（贝宝）；蚂蚁花呗对标信用卡公司 Visa（维萨）、Master（万事达）；阿里小贷对标富国银行；余额宝等理财产品对标主攻个人金融服务的 Charles Schwarb（嘉信理财）和 P2P 企业 Lending Club（借贷俱乐部）；保险业务对标 AIG（美国国际集团）；芝麻信用则对标 FICO（费埃哲）……

所有类比都似乎颇有几分道理，却又不尽然相似。对于习惯了专业化分工和市场细分的金融业来说，最令人费解的是，这个被称为蚂蚁金服的企业的边界究竟在哪里？而看上去如此纷繁芜杂又庞大的金融业务体系，是怎样在阿里系这样毫无金融基因的企业内部演化的？怎么会出现在深度金融抑制的中国？更令人好奇的是，在这个快速生长的奇怪企业背后，金融的逻辑是否在迭代和改变？

至今我还没有找到这些问题的答案，也许，现在这个阶段，任何答案都太早。[①] 但毋庸置疑，几乎覆盖了全部中国城市人口的支付宝是一切梦想和困惑的源头。这个已经在我们生活中扮演重要的，但不知道如何定义角色的产品到底源自什么场景呢？

---

① 本文写于 2016 年。

## 缘起：信用担保

尽管被对标为更厉害的 PayPal，但是支付宝却并非源自第三方支付的想法，而是源自一个极为朴素、极为现实的目标 —— 如何让刚出生的淘宝网更有黏着度，换句话说，怎么让习惯了实际线下交易的人们相信网上交易不是骗局。这是 2003 年 5 月上线的淘宝网最迫切的需求。当时淘宝遭遇的最大困扰并不是 eBay（亿贝），而是中国几乎为零的电子商务基础设施：这一年，中国成年人信用卡持有率不到 3%，占支出比例不到 1%，互联网的普及率为 4.6%（同期美国这三个数字分别是 80%、25%、71%），结算支付更是几大行各自为政。① 在一个既缺乏诚信制度和支付手段，又缺乏互联网基础的大背景下，中国电子商务面临的最大问题是安全和信用：因为不能见面银货两讫，早期的淘宝买卖基本上是同城和小额，线上沟通，线下完成交易，属于极度低效的伪电商。

在这样的环境中，信任问题不解决，电商只能是海市蜃楼。淘宝的早期团队绞尽脑汁要解决客户敢付、能付、好付的支付问题。在纠结中团队（据说是马云）发现，这个痛点和早期国际贸易中不在交货现场的困境颇为类似，在贸易中常见的 escrow（担保交易）因此进入视野。在其第三方资金托管模式的启发下，2003 年 10 月，一个叫"安全交易"的功能在淘宝上线：淘宝作

① 　数据来自中国互联网络信息中心（CNNIC)的《中国互联网络发展状况统计报告》。

为第三方为买卖双方提供担保。买家将货款打给淘宝，收款后淘宝通知卖家发货，买家确认收货后，由淘宝将货款结算给卖家。[①]这个模式开始是卖家选项，然后大家发现，凡是开通这个选项的卖家，交易量马上突飞猛进。一年以后，几乎所有的卖家都选择了这个功能，到后来干脆所有的交易都必须走担保交易。这个功能在 2004 年升级迭代，成为后来名声大噪的支付宝。

在遥远的 2004 年，没有人想到，这个被称为支付宝的功能会演化出一套独特的金融生态系统，但对于阿里团队来说，这个功能对于电商的刺激是显而易见的，他们开始改进这个产品，使得它能更贴心地服务交易双方，其中规则的完善是最重要的一步，比如付款之后卖家的发货时间，物流的追踪，买家的收货确认，以及最终的清算。每一步看着都很微小，但对于网上交易来说，非常关键 ——担保解决了交易的诚信问题，支付流程规则提高了交易的效率，降低了交易的资金和时间成本。

## 变身：第三方支付

回头看，这两点确实是中国电商的死穴，而支付宝在无意中

---

① 19 世纪以来，为了解决国际贸易中的信任问题，信用证、汇票、escrow 交易等结算方法被逐渐设计和运用，来促进交易完成。其中信用证使用最为广泛，它一般由银行出面担保，保证卖方只要履行合约就能收到货款，而买方在收到货物之前不需要付款，使得买卖双方在交易中处于同等地位。Escrow 的具体含义是，债务人（或者出让人）将书面文件、契约、钱款、证券或者其他财产交给独立的第三方保管，当约定的条件成就时，由第三人将这些书面文件、契约、钱款、证券或者其他财产交给债权人（或者受让人）。

打通了其任督二脉，成为阿里系崛起的最大推手。到 2004 年末，阿里团队已经隐隐意识到淘宝的巨大成功得益于支付宝对小微商家和个人的信用赋能，如果将同样的逻辑外推到信用基础薄弱的整个电子商务体系，支付宝就有机会做一个独立的产品，成为中国小微电子商务的金融平台。

在这个思路下，2004 年 12 月，支付宝从淘宝拆分出来，作为一个独立第三方支付平台由浙江支付宝网络科技有限公司运营。"第三方支付"的内在逻辑并不复杂，它实际上是一个虚拟的电子货币交易平台，通过对应的银行实现账户资金的转移支付。以支付宝为例，它的用户资金存放在商业银行，银行进行托管，在整个清算系统中，商业银行为支付宝提供基础服务，而支付宝则是搭载在商业银行上的支付应用。

看上去，这个功能并不独特，所有银行都可以做，银联更可以做。为什么单单是支付宝（财付通）这样的互联网产品占据了这个市场？

要回答这个问题，得穿越到被称为电子支付元年的 2005 年：随着互联网普及率的提高，这一年的中国电子商务已经开始显示快速增长的势头，民间对互联网电子支付的需求已经非常旺盛，但是在实际中碰到很多瓶颈。首先是资质问题，对居庙堂之高的四大行来说，网银、电子支付这些概念当时还极为陌生，门槛也比较高，除了像淘宝、当当、亿贝等少数大电商，绝大部分网商是十分微小的店铺甚至个人，不具备成为银行（企业）客户的资质，因此也就不具备 B2C（商对客）支付介入的能力。其次是成本问题，商户对接的消费者是随机的，可能使用任何一家银行，但由于历史原因，几大行之间的业务范畴相对泾渭分明，互不相通，而小微电商们无力承担一家家银行接入的成本（更不要说很难成为银行的客户）。[①] 但是从传统金融机构（银行和银联）的角度来看，当时电子支付市场实在过于琐碎微小，整个电商市场不过百亿元，大部分都是几元、几十元的零碎业务，收益-成本太低，因而也缺乏进入的动力。

同一时间，央行发布的《电子支付指引办法》表明了监管层的态度：对于新生的互联网事物给予相对自由宽松的环境，在风险自理可控的情况下逐步发展。这也为"独立第三方支付平台"的发展留下了很大空间。

支付宝没有浪费这个历史窗口期。2005 年，它推出全额赔付制度，开始有意识地强化自己的金融基因。随即，在巩固淘宝系业务板块外，它迅速切入网游、网络订票等外部市场，为数码通信、游戏点卡类企业，九城、南航等企业提供电商支付服务。截至 2006 年底，使用支付宝的非淘系商家达到 30 万家。至此，支付宝独立第三方支付平台的身份为市场所认可。

2007—2008 年是个非常有趣的时间段。中国电子商务业务量猛增，阿里内部开始分化出淘宝和天猫（原名淘宝商城），并以此为起点，迅速从电商平台向电商生态系统演化。几乎在同一时间，苹果手机带来了移动的概念，支付宝开始爬出电商的襁褓，

---

① 央行实现网银互通是在 2010 年左右，差不多留下了 5 年多的空窗期。

布局移动端，并将触角伸向包括生活服务在内的所有支付场景。到 2008 年，支付宝全方位覆盖了水、电、煤、通信等公共事业缴费市场，注册用户数达到 1 亿，超越淘宝网的 8000 万用户。

　　由于涉及的行业越来越多，体量越来越大，支付宝公司发现以信用担保为核心的业务架构开始受到巨大冲击。不同行业的业务流程和支付环节差异很大，很难提供一个标准的支付产品。更重要的是，行业、企业之间信用等级和金融需求也大相径庭：对于一些不缺乏"信用"的企业来说，支付体验与结算效率最重要，"协议付款，默认代扣"等支付创新模式开始出现。但是，对于很多小微商家来说，除了信用担保与支付，短期融资压力才是最大的痛点，提供资金周转的卖家金融也浮出水面。

　　到这个时候，支付宝的逻辑已经从电商的"信用担保＋支付服务"转向互联网小微企业的"金融服务"。它犹如一棵树的生长，在基础支付功能的树干上，形形色色的金融需求和供给像散开的枝叶蔓延伸展。

## 从卖家金融到平台

　　对于未来的蚂蚁金服来说，2008 年这次逻辑的转变是至关重要的：围绕着"互联网小微企业"＋"金融服务"这两个关键词，支付宝重塑了整个业务体系，开始摸索和这个系统相适应的整体技术架构。中国传统金融机构的服务强调严谨稳定，而支付宝面对的是一个快速迭代的非稳态系统，它提供的金融解决方案，除了要安全可靠以外，还必须有一个弹性的底层架构，适应互联网小微企业创新多变的基因。换句话说，基于互联网的小微企业急需金融基础设施，而根植于电商场景的支付宝恰好充当了这个基础设施提供商的角色。更重要的是，这次的基础设施建设，一开始就定位在移动端。

仔细琢磨，支付宝嬗变在 2008 年这个时间点并不偶然。这一年，中国网民数量达到 2.98 亿，首次超过美国的 2.25 亿，成为全球最大的互联网社会。更有趣的是，得益于中国移动和中国联通的强势垄断地位，进入 3G 时代后，中国在移动端的增长远远超过 PC 端的增长。2008 年，中国手机网民达到 1.18 亿，占网民总数的 39.6%，远超美国 22.6% 的手机网民占比。这一年，刚满一岁的苹果手机带来了智能手机狂潮，华为、小米、OPPO……中国的互联网几乎没有经过 PC 时代就直接迈进移动互联网时代。2016 年，中国的手机网民达到 6.95 亿，占全球移动互联网人口的 1/3，成为全球最大、最活跃的移动互联网应用市场之一。[1]

与 PC 时代相比，移动时代的最大特征是商业、消费、社交等人类行为的边界被打破，场景成为流量的基础。支付则是几乎所有服务场景必备的入口——支付宝如鱼得水，从线上交易支付渠道的角色，很快演变成各种应用场景的吸纳者。2009 年 10 月，

---

[1]　自 2008 年以来，中国互联网行业快速进入移动时代，以自己的方式告别了完全模仿的门户时代（新浪、搜狐、网易）。从电商出发的阿里系、从社交出发的腾讯成为最大赢家，开始以更具有本土特色的方式经营中国移动互联网行业。

支付宝钱包客户端 iOS 版本上线，仅仅一年之后，支付宝用户突破 5.5 亿，服务的非淘系商家超过 48 万。随着用户数目的激增和沉淀资金规模的急速扩张，支付宝和银行谈判的筹码多了，2010 年，它推出无须开通网银的快捷支付，极大提高了网上支付的成功率和流畅度。同年，经过与雅虎的股权纷争之后，支付宝顺利转为全内资公司，与腾讯旗下的财付通和另外 25 家公司获得央行发放的第三方支付牌照。[①]

　　2010 年以后的支付宝，已经从网上支付平台转型为一个拥有数亿个人账户和几百万小微商家的庞大社群。这个社群的纽带是各种商业和服务场景。紧接着，2011 年，发生了一件对中国互联网企业影响深远的事情——微信上线。这个为智能手机而生的应用使整个中国的移动互联网时代发生了剧烈的化学反应，在两三年的时间里，移动互联网的商业化应用在中国犹如汹涌大潮，迅速而彻底地改造了城市人口的生活方式和商业模式。作为支付的端口，支付宝的场景化变得越来越高频，黏着度也越来越高。

　　到 2013 年，围绕支付宝已经形成一个复杂的"商圈 + 社群"的巨大平台，个人和商户的场景不断衍生、交互，并产生新的需求，引发新的供给，形成一个不断演化的生态。

----

① 2010 年 5 月，雅虎公开指责阿里集团在未经过董事会批准的情况下，将雅虎拥有 40% 股权的阿里巴巴集团所属的支付宝股份转给了马云控制的浙江阿里巴巴电子商务公司，造成了雅虎每股 0.8 美元的损失。阿里巴巴紧急回应说：第一，转让是经过董事会批准的；第二，转让是为了满足中国人民银行对于第三方支付企业的监管要求。

## 不算前言也不算后语

支付宝和微信支付是两个生长于中国土壤上的独特的现象级互联网产品，代表了这个时代快速跨界融合的趋势。一个是从电商基因出发的阿里金融系（现在的蚂蚁金服），一个是从社交基因出发的腾讯金融系（如微信支付、财付通、微众银行等），它们演化自完全不同的逻辑，却不约而同想在金融这个节点上找到越过山丘的路——殊途而同归，犹如源自不同山脉的大江大河，一路浩浩荡荡，终于要汇入同一个大洋。

从 2015 年开始，我一直在琢磨这两个产品和相关企业。因为之前和阿里系比较熟，看蚂蚁金服更方便。我来来回回跑杭州好多趟，积攒了几十万字的笔记和资料。一年后，我曾经试图在大量的文字笔记中梳理出一条干净的线索来理解蚂蚁金服，形成一个完整的案例。为了这个听上去不算过分的目标，2015 年底，我特地跑到西双版纳，在青山绿水之间闭关了半个月，想安静地将这个图拼出来。结果是，每往前走一点，就发现自己之前的理解被推翻一次，那个图始终像一个不停变幻和生长的物体，让我无法抓住最本质的内核。

其间有不少朋友劝我抓紧写本关于蚂蚁金服的书。这样一个全新的物种，即使戏说，也会引起市场关注。我想了很长时间，仍然无法接受"轻轻讲一个故事"这样的案例写作手法。在不能用极简逻辑理解这个企业之前，我放弃了在目前这个层面对蚂蚁金服做任何结论性的、框架性的叙述。这仍然是一个在摩擦中不断变化的生态。俗话说，摸着石头过河，对于现在的蚂蚁金服，或者是体系尚未完全形成的腾讯金融系，甚至更小规模的京东金融、百度金融，也许都是适用的逻辑。

《支付宝：中国互联网生态的演化与嬗变》是在访谈记录和资料文献中，根据我的理解所剪辑的一段历史，也是我对于蚂蚁金服旗下最核心的产品——支付宝演化路径的理解。这只是理解一个生态企业，乃至一个行业的某个切口和维度。我没有试图做出任何结论，仅仅希望的是，从一个产品的背景和演化历程里面，我们可以捕捉一些历史的必然与偶然，同时，也能看到一个生态可能的未来。

上面这段文字是 2016 年底，我在自己的公众号"香帅的金融江湖"发文时写下的，当时想写个系列。到 2017 年底，我在得到 App 的《香帅的北大金融学课》中，用两讲的内容写了对蚂蚁金服的观察，之后则没有继续下去。开始是时间紧，到 2018 年底之后则是因为自己越来越看不懂。尤其是现金贷、联合贷款等产品的推出，让我有点困惑。感到"新物种"的演化出现了某种中断或者变异。自 2019 年开始，我眼里的蚂蚁金服长成了一个具有巨大渠道力量的金融巨头，在通道业务上一览众山小—— 巨大巍峨，但已不是我在 2015 年为之着迷的那个"奇怪新物种"。巨型生物对于资本市场仍然具有巨大的吸引力和想象力，但是对于研究者来说，没有那么多可探索性。尽管 2019—2020 年，蚂蚁金服风靡全球资本市场，估值一时风头无两，但我还是放弃了这个研究课题。

与此同时，中国的金融监管环境发生了巨大转折。2012—2013年是宽监管时代，对混业、互联网金融都采取极为宽容的态度。2014年，包括 P2P、众筹在内的互联网金融创新风起云涌、潮生浪卷，通道套利和金融庞氏也沉渣泛起。2017年4月，中国政府来了个急转弯，开始了对金融市场长达4年之久的去杠杆：整治以 P2P 为代表的科技外衣下的民间非法集资，接着是资管新规，整治网贷，整顿移动支付行业，去各种通道……直到2021年的今天，尽管出乎很多人意料，这一进程仍然坚定不移前进，即使碰到新冠肺炎疫情这样的外部冲击，也丝毫没有动摇这一政策基调和取向。

2020年11月，蚂蚁金服那摧枯拉朽式冲击中国科创板第一股的进程被突然中断。之后霜雪满天，至今也还在半冰封期。当然，这个霜雪绝不是蚂蚁金服独享的，包括京东数科、度小满、腾讯金融在内的科技金融巨头都碰到了巨大的不确定性。这种不确定性最终还是会被解决，但是在估值上想象空间可能需要经历重大考验。除非科技巨头能在绝不触及官办金融这条红线的前提下，找到金融领域真正的附加值，做出增量。

在这样一个案例中，环境的变化和物种的变异不是绝对的因果关系，甚至不存在明显的时间序列。但是毫无疑问，环境变化是强变量，物种变异是弱变量，环境的变化加速了物种的生存选择路径。在这个意义上，企业，尤其是巨型平台企业，可能真的需要将视野放到更长远的历史中，思考一下在裂变的环境中，如何完成进化而不是退化的生存选择。

我们这代所谓的知识分子，读了哈耶克的作品 40 年，把他的理论读成了机械学，是时候重读波普尔，是时候看看达尔文了。

## 番后篇：文艺中年男马云的新赛道

"某一日风雨如晦，杨过心有所感，当下腰悬木剑，身披敝袍，一人一雕，悄然西去，自此足迹所至，踏遍了中原江南之地。"若干年后，不知道作为金庸迷的乡村教师马云会不会想起《神雕侠侣》第三十二回中的这段话。

2018 年的秋凉来得有点早。无论是民间还是政府，这一年都过得风雨飘摇、内忧外困。这边民间心力交瘁——房价高居不下，房租节节上涨，P2P 崩塌，数千万家庭被席卷洗劫，股市一片惨绿，幼儿园的虐童事件，毒疫苗事件，滴滴（顺风车）司机杀人事件……奋斗多年之后，以为已"中产"的中国百姓发现自己仍然活在剃刀边缘。那边政府更是忧心忡忡——经济下行，金融去杠杆运动化，中美贸易摩擦陷入僵局，各种明减实增的税费，无不让人生出国进民退的重重隐忧。

中国互联网行业也不太平，受限娱令影响，2018 年 3 月中旬以来，腾讯股价下跌 31.52%，市值蒸发 1.4 万亿港元。一贯高调正面的刘强东用奇怪的姿势闯入镜头，引发了京东的信用危机。更不要说曾经风光一时的独角兽们开始露出凡胎肉身，共享单车泡沫破灭，港股上的独角兽股价腰斩……

在这么一个信用全面透支的脆弱季节，马云宣布了阿里的

"传承计划"。无论哪种形式的退休，其实都不那么重要。作为这个时代企业家的图腾，就像《阿里巴巴：马云和他的 102 年梦想》(*Alibaba: The House That Jack Ma Built*) 的作者邓肯·克拉克所评论的，不管马云愿不愿意，他都是中国私营经济健康程度和远景的一个象征，不管他乐不乐意，他的退休都将被解读为不安或担忧。

网上开始出现充满中国味道的隐喻式调侃。早早"事了拂衣去，深藏身与名"的"李超人"站在摩天大楼之上，俯瞰凡间，拈花一笑，一切尽在不言中。"乃乘扁舟，浮于江湖"的陶朱公携美人归去的图片也配上马云标志性的脸，笑声夹杂着叹息声，回荡在网上。一个普通人的一个小动作，成了鸡汤、社论、回忆、展望，引发数亿人的狂欢。

19 年前的西湖湖畔，即使狂放好奇胆大如马云，大概也没有想到这样一幕。仅仅 19 年之后，他创下的阿里巴巴会以 5700 亿美元的交易额成为这个星球的第 22 大经济体。他在"十八罗汉"群中慷慨陈词的一个手势，无意中敲开了一个时代。而命运向他们敞开的，是一片远比阿里巴巴山洞广袤无垠的天地。

普通的大学老师马云，被命运的风云交错之手推向神坛。在时代的镁光灯之下，商人这个中国历史上曾经排末位的职业也被推向神坛。但这个角色，并不一定是天命之年的马云想要的天命。

《神雕侠侣》中，杨过在海潮中练剑六载，无分寒暑。木剑刺穿之声由响转轻，又从轻而响，如此反复七次，终于挥剑之间，"欲轻则轻，欲响则响"，这才体会到剑魔独孤求败暮年时的心境，

"以此剑术，天下复有谁能与抗手？"

在商人这个角色的扮演上，马云已经走到尽头。阿里巴巴能否超过亚马逊，马云身家是否再多一个零，也不过是招式之争罢了。是独孤九剑赢了北冥神功，还是降龙十八掌破了六脉神剑，终究只是娑婆小红尘。而马云不打算"自伤寂寞，埋剑穷谷，以雕为伴"，他需要一个菩提大世界。

和马云喜欢自诩的风清扬不一样，杨过骨子里是入世的。在桀骜乖张的言辞举止下，杨过有颗标准的"为天地立心，为生民立命，为往圣继绝学，为万世开太平"的心。从这天开始，他需要完成从顶级江湖剑客到侠之大者的转变。

大概马云也一直在等待这样一个时刻。

很多人忽略了的一点是，马云和阿里最擅长的不是竞技赛跑，而是创造新的赛道。仔细想一下，阿里的所有突破、跨越都不是大规模正面战役的胜利，而是某种新商业生态演化出新物种的结果，从淘宝、天猫到支付宝、阿里云、菜鸟、闲鱼，几乎都是在中国的人迹罕至之处，生生挖出一条赛道，开辟一个竞技场，最后变成一项流行运动。

换句话说，阿里的成功，是触发，而不是计划和掌控的结果。生态所能带来的改变与预设的商业模式能带来的改变，不是一个数量级。当成为一个庞大的商业生态之后，阿里已经和它所处的时间和空间形成一个内生系统。这个系统的演进，从某种意义上说，已经不是一个人，甚至一个团队所能掌控的，即使创造世界的上帝也无能为力。

这种宿命，说一口地道美语的中国民营企业家和浙商马云应该比谁都明白得更早。

合伙人制度则是这种思考下的产物。作为一个人，他无法左右一个生态的命运，但是可以留下某种理念，通过某些设置，创造某种价值观体系。即使生态有成长、繁荣和衰落的周期，价值观与理念也会通过生物个体得以延续和传承。

这才是永远热爱武侠、表演、气功的文艺中年男马云最得心应手的领域，也是一个造梦者最渴望的终极天命。

现代商业体系是一个建立在法治和制衡基础之上的系统工程。在一个缺乏这种启蒙和洗礼的文化传统中，我们的商人群体很难避免某种悲情色彩，在和权力的结盟或对立中走上殊途同归的命运。

即使在改革开放之后的40多年，中国企业仍然是世界上股权集中度最高的经济体，中国企业家（无论是民营还是国营）也是最容易被卷入原罪讨论的群体。个人与集体，领袖与信众，权力与权利，都是这个群体最容易踏入的塔西佗陷阱。

在新技术和商业范式的浸润中，是否有一条中间道路，通过制度的安排设计，将商人还原拆解成"商"和"人"两个维度？

2017年，在比尔·盖茨出走微软10年之后，现任CEO萨提亚·纳德拉在接受采访时，被问到"如果你和比尔意见不统一会发生什么情形"。萨提亚坦诚地回答："他很清楚，现在我才是CEO。但我重视他的意见，如果他不赞同，那或许应该再审视一下这个问题。"

作为现实主义者的马云仍然是合伙人团队中"唯二"的永久合伙人。而合伙人团队始终是阿里的中枢，确保这个生态的气质不会发生巨大改变，也维持创始人拥有足够的弹性空间。

作为理想主义者的"风清扬"——尽管他不像生性淡泊的风清扬，而更像有点表演型人格的杨过，"教育，慈善，女权斗士"确实更接近一个文艺闷骚男的新战场，"之后足迹所至，踏遍中原江南之地"，以出世笔法写入世传奇。

纸面轻飘飘的一句道别，在现实中并不是个简单的命题。尤其在我们这样的人文商业环境中，对骨子里家国天下的中国企业家群体来说，这可能是全新的考验甚至淬炼。70多岁的柳传志在十年中几番进退，不管是有心还是无意，总之是"到此踌躇不能去"。

马云会不会成功？也许唯有时间才能给出答案。

无论如何，祝福他，也祝福未来。

# 16

## 金融能让社会变得更好吗：
## 科技时代的金融未来

我们生活在一个金融主宰的现代社会中。你日常生活需要支付，结婚买房需要贷款，你要为孩子买教育基金，为父母考虑养老保险，你需要为储蓄找到更安全的投资渠道，寻求更高的回报率，你需要为未来做准备。你工作的地方叫作公司，是现代金融社会的基本细胞。你四周的每块砖瓦，脚下的每条路，甚至你热爱的琴棋书画诗酒花，背后都是不同形式的金融资本在运转和驱动。金融已经贯穿每个家庭、个体生活的几乎所有场景。

金融是柴米油盐，也是教育、养老、财富和安全。最近两年以来，大家更感到"金融＋互联网科技"以一种不可以思议的速度进入我们的生活。在北、上、深、杭这样的城市里，无现金社会不再是传说。一个手机将我们的衣、食、住、行、娱乐社交、投资理财全部打通，支付宝、微信、滴滴、美团、饿了么，还有《王者荣耀》和《狼人杀》，轻易占据并主宰了我们的日常生活。

金融开始和云计算、大数据、人工智能这些词语频繁联系在一起，科技金融（或者金融科技）成了最时髦的词语。

我们模糊感到自己的生活正在被"科技＋金融"的时代解构和重塑，但是未来并不清晰。在科技的时代里，金融的未来将是什么样子？和我们每个人的生活又有什么关系？

## 金融的本质

金融的本质是突破人类社会面临的约束条件，帮助我们在不确定性的未来中追求更大程度的自由。但是谈到金融，大部分人头脑里想到的第一个词语是"金钱"——炒股，各种投机，上市，风险投资（VC），股权投资（PE）暴富，当上 CEO，走上人生巅峰。这是大部分人对于金融的固有印象。金融这样一个离钱最近的行业，让人羡慕，又让人觉得浮华，对其有点鄙夷。

可是，让我们回到金融的本源去看看，究竟什么是金融。

作为一个舶来的词语，"金融"是从英文 finance 翻译过来的，它的词根 fin 来自拉丁语 finish，表示结束和终结，后来引申为债务的终结。就像 14 世纪的英国著名诗人乔叟诗中所说的，"Death is my finance"（死亡是我的终结）。从词源来看，金融具有一种信仰上的终极意义。生命就像债务，死亡和债务终结之间具有某种类似的特质。

所以，从一开始，金融考虑的就是和生命最接近的问题——时间的跨期和不确定性。

　　从早期文明到现代世界，金融一直以不同的形式贯穿于人类生活。比如，远古时代人们靠天吃饭，狩猎采集都具有很大的不确定性，一个人单打独斗活下去的概率很低。部落实行公有共享，保证大家能在一个连续的时间段内得到维持自己活下去的食物。这种公有共享的制度，就是一种隐性的金融安排，是个体之间进行跨期、跨空间的价值交换转移，目的是降低生存的不确定性。

　　再比如，传统农耕社会，老人逐渐丧失劳动能力之后，面临巨大的生存压力，所以要做一些价值的跨期转移交换。对于很多一辈子勉强温饱的农民来说，子女是唯一的储蓄，所以养儿防老本质上是一种金融安排，类似今天的养老保险合同，孝顺类似维持合同执行的制度安排，而不孝会被视为违约，受到社会的约束或者惩罚。多子多福是因为多子意味着这个金融安排具有了更多分散风险的功能。传统社会中的婚姻、契约、宗族、社团，都是类似的道理，都是人类为了降低未来生存的不确定性所做的一些跨时间、跨地点的价值转移。从某种意义上说，这些隐形的金融安排是帮助人类社会繁衍不息最重要的工具之一。

　　然后，在社会演进的过程中，一些金融工具被创造出来。欧洲的城邦国家在征战中，国债发行和流通顺畅的国家有充沛的资金支持，更容易取得胜利。在地理大发现之后，股票帮助欧洲各国开拓远洋贸易航线，赚取丰厚利润。在此之后，为了解决投资人的流动性问题，又产生了专门交易这些金融合同的场所，并逐渐形成一套与之相适应的机制设计。

　　随着股票、债券、基金这些金融工具的应用，人们发现，使用这些标准化、显性的金融合同可以实现更广泛的风险共担和利益共享，这极大地拓展了人类经济活动的能力和范围，而这也是人类增长的源泉。比如通过公开发行金融证券，地区、人口、时间上的各种限制被打破，个体机构的筹资能力被几何级地放大，使得细分行业的规模化生产成为现实。美国运河、铁路等交通网络的形成，西部大开发，钢铁工业稳坐世界头号交椅，无不得益于发达和成熟的近现代金融市场体系。大家可以回忆一下人类的增长曲线，在漫长的千万年历史长河里，人类经济增长的曲线是缓慢平滑的，直到有了这些被称为"外部化金融安排"的金融产品和金融市场后，人类社会经济的发展水平才发生飞跃，我们也才能从长久的"匮缺经济"中逐渐走出。与此同时，人们有了盈余储蓄，也会寻找更多的投资渠道，获得更高的未来回报。通过金融市场，个体的融资和投资行为因此转化成可流动、可交换的商品，并逐渐形成规范化的市场体系（如交易所），又反过来促进了更大规模、更复杂的投融资活动。和传统的商品市场相比，外部化的金融市场上，要素流动更加便利，更容易实现资源在更大范围内的最优配置，而这正是全球化的核心和基础。

可以说，金融的外部化是人类发展历史上的一次重大转折。它深刻改变了人类增长的路径和人类生存的状态：一方面，外部化、标准化的现代金融市场渗透到社会发展的几乎所有环节，演化出各种复杂的产业生态，前所未有地提高了人类经济活动的效率和复杂程度；另一方面，通过外部化、标准化的金融工具，如股债、保险、基金，个人得以更好地未雨绸缪，从而拥有了应对不确定性未来的更多自主权。

所以，金融的本质应该是突破人类社会面临的约束条件，帮助我们在不确定性的未来中追求更大程度的自由。

## 金融偏离初心

可是，为什么这半个世纪以来，金融（业）遭遇这么多抵抗，陷入如此多的是非呢？从《华尔街》中老奸巨猾的盖柯，到《华尔街之狼》中癫狂浮华的贝尔福特，再到《大空头》中大发危机财的巴里，华尔街作为全球金融圈的标志，在影视作品中永远以贪婪、算计的反面形象出现。尤其在2007—2008年的金融危机后，全球对金融的口诛笔伐更是达到高潮。媒体和政客也摇旗呐喊：法国前总统萨科齐就说"金融体系本质上是一个不负责任的、不道德的体系"，英国前首相布莱尔也说"金融体系偏离了本质，而且它也无法回归本质了"。

金融到底怎么了？

首先，成本－收益考量导致金融服务只能覆盖少数人群。

作为将金融服务进行商业运营的机构（银行、基金、保险、信托等），首先要考虑自己活下来的问题，在提供金融服务的时候，必须计算自己的经营成本和风险控制成本，包括网点设置、人员配置、客户交互、客户甄别、产品设计、风险控制管理等在内的所有成本要小于客户服务带来的收益。因此在客户选择上，资金雄厚的人群自然而然被视为有信用，金融资源天然地会往这些人群和机构上倾斜。举个例子，从一家商业银行的角度而言，是放贷给一家国有大型企业安全，还是放贷给街边一个小杂货店安全？是为资产过亿元的富人理财，还是为月收入 5000 元的普通白领理财划算？答案是显而易见的。

这种成本－收益考量决定了金融行业的二八原则——80%以上的资源覆盖 20% 的富裕人群和企业。也正因如此，在很长的时间里，金融被称为富人的游戏，而中小企业融资难在全球范围内都是个无解的难题。

其次，进入 20 世纪后半期以来，现代金融学和金融市场的复杂化加剧了知识上的信息不对称，导致金融的精英化和金钱化。

现代金融学的研究导向一直非常实际，其突破性的研究成果都和市场发展紧密相关。1952 年马科维茨的投资组合理论被称为"现代金融学的大爆炸理论"，是全球资产管理行业走向专业化的开端。之后，法玛的市场有效理论直接导致指数基金业兴起，资产定价理论和 MM 定理被反复应用在上市公司的投融资决策中，各种金融市场异象的挖掘是主动管理型基金的制胜法宝，而布莱克-舒尔斯期权定价模型更是开启了一个衍生品市场的全盛时代。从来没有一门社会科学与市场实践和个体财富结合得如此紧密。这正是金融学在半个多世纪里飞速发展，成为这个时代最引人瞩目的显学的原因。

但是，从马科维茨开始，数学工具和数据分析一直在现代金融学中占据极为重要的位置，所以在传统的金融学教育体系中，学金融的门槛变得很高，没有高等数学、概率论和微观经济学背景的普通人，会感到完全不得其门而入。另外，由于离金钱太近，金融学被视为聪明的、野心勃勃的年轻人通往财富自由的快车道：清北两校的商科集中了全中国一半以上的高考状元，北美顶尖大学经济系每年招二三十个博士生，而商学院金融系只招 2~4 个。华尔街顶级金融机构的名字永远和常春藤名校、显赫家世联系在一起——财富、精英、稀缺几个要素糅合在一起，金融成为金钱的代名词，越来越远离普通的人群。在一个金融已经与普通百姓日常生活紧密相连的社会中，基本金融知识的匮缺已经成为巨大的痼疾。

金融的确能十倍、百倍地放大社会财富累积。然而，在现代金融行业发展的过程中，这种呈几何级数放大的财富却并没有被所有人共享，反而因为金融"嫌贫爱富"，出现了"穷者越穷，富者越富"的马太效应。按照法国学者皮凯蒂的说法，因为资本的回报率超过经济的增长速度，所以有钱的人越来越有钱，而穷人的相对社会经济地位越来越低，社会的不平等加剧。我们在金融市场上看到的财富神话，比如上市公司 CEO 的薪酬是普通员工工资的上千倍，比如亏损投资人的钱却仍然拿巨额管理费的基金经理，比如复杂衍生品市场的投机家和炒客，比如 VC/PE 市场上疯狂的击鼓传花游戏。在这些不无极端的案例中，人性的贪婪和欲望被金融杠杆放大，繁荣和危机也更频繁地出现，并影响了社会的稳定和幸福感。本应为人类赋能的金融却不知不觉中往"富人游戏"滑落。到 2008 年金融危机后，这种摩擦以极端的形式爆发出来，发达成熟的欧美金融行业遭遇了空前的信用危机。

## 技术赋能金融

一个很有意思的现象是，在传统金融业遭遇信用危机的同时，大洋彼岸的中国迅速兴起了一波"互联网＋金融"的浪潮。2013年，第三方支付工具支付宝突然推出一款叫作余额宝的产品，将理财和支付全线打通，半年的时间就席卷了中国资管行业，达到5000亿元以上的规模。2014年春节，微信红包横空出世，创造了一夜绑定上亿个人银行账户的历史纪录。以这两个事件为标志，中国互联网企业渗透金融行业的步伐开始加速。和所有行业一样，开始的时候鱼龙混杂、良莠不齐，两年过后，中国互联网金融热潮退去，当年热火朝天的 P2P 平台、众筹平台都逐渐销声匿迹，但是以大数据和云计算等技术为核心的新金融模式反而在中国这片金融的贫瘠土壤上迅速长成为生态。

截至今天，支付宝和微信覆盖了几乎全部的中国百姓。从新疆的街边店到西藏珠峰营地的小卖部，电子支付的覆盖率已经远远超越欧美发达金融地区。2003 年，只有不到 5% 信用卡覆盖率的中国还是个现金社会（同年美国信用卡覆盖率在 80% 以上），2013 年之后，我们在无现金社会的路上将其他国家远远甩在后面。从支付成本来说，我国每单电子支付成本为 0.6%，而美国每单支付成本约为 3%。

再说说贷款，蚂蚁微贷在 6 年中为 600 万小微企业提供万亿元贷款，平均 1 笔只有 3 万元，而且这种贷款的流程之简单超乎想象：这种被称为"310 体验"的贷款流程只要花 3 秒申请，

1秒到账，0人工干预。这样基于大数据的标准化放贷模式，导致放贷费用从上千元一笔到几元钱一笔，完全不在一个数量级。同样，京东农村金融的养殖贷用数据匹配贷款，使得农村贷款人不需要一次性将养鸡的所有成本贷出，而是分批次，根据饲养过程的用料开支来细分贷款，一只鸡15元饲料贷款，利息可以降到6分左右。

除了中国，人口大国印度也发生了一些有趣的变化。被称为印度支付宝的Paytm在一年多的时间里覆盖了2.2亿印度人，还有几百万的线下小微商店，人口密集、金融极不发达的印度快速进入无现金社会。因为线上积聚人的速度惊人，印度的线上和线下融合的速度也更快，很多行业的生态正在快速被改变和转变。

这一切都是发生在我们周围的点滴小事，但不要轻视这些小事，在"润物细无声"的时候，我们这一代、下一代的生活模式已经被这些小事改造，而商业的形态也因此正在发生剧烈改变，未来社会的形态，当然也可能发生巨大的改变。

那么，我们要想一想的是，这些改变意味着什么。

值得一再强调的是，技术发展改变了世界。互联网能够以较低成本快速有效地触达用户，而到了移动互联网时代，金融、商业、消费、社交在内的各种生活场景的边界彻底被模糊。因为金融是为商业、生活服务的，所以随着触达这些场景能力的改变，金融的渠道能力随之改变，这就是所谓的金融场景化。金融场景化意味着做金融的方式在改变。

传统的从机构到客户的 B2C 金融模式会变成 C2B（客对商）金融模式，也就是说，以用户（账户）为核心，提供用户所需要的金融服务。

在这个金融场景化的过程中，金融风险甄别、定价和管理控制的逻辑被改变，风险控制能以更低成本更加精准地完成：金融场景提供了实时的数据获取，为风控提供活数据。比如前面谈到的微贷和养殖贷，其背后都是历史数据的挖掘，在此基础上形成可迭代的算法，求解在约束条件下的优化，而优化动态的过程又会累积数据，帮助后面的算法优化。与此同时，这个正向循环过程又会累积巨量数据，而大数据的结构化和挖掘必须依靠云计算。实际上，由于场景化金融的跨越式发展，中国很多企业在云计算方面已经走在世界前列，已经有企业云能每秒处理 12 万笔交易，比维萨高出差不多 10 倍。

有了场景、数据和计算能力，做金融的机构得以克服传统金融模式中的很多问题，比如因为成本和风险考虑放弃那些较为贫穷的人——较为贫穷的人并不意味着没有信用，相反，他们是面临约束，可能有更强烈的（投）融资动机来加强自己的信用。对于这些机构和人的金融服务，是真正意义上的普惠金融。

如果将金融体系特别比作人体的血液循环，中国传统金融市场是一个不那么普惠的模式。作为典型官办金融体制，国家要集中力量办大事，国有大企业因此获得更多金融资本支持，所以我们的经济体一直处于国有大企业主动脉供血过多的情况，而绝大部分的小血管（中小企业乃至小微企业），还有为数众多的毛细血管和神经元（个人）都严重供血不足，所以中国经济总是呈现庞大而不强壮、消费始终不旺的局面。这和我们的供血系统是密切相关的。相比之下，被视为最发达金融市场的美国拥有多层次金融市场，各个层级的企业和大部分人享受到较为通畅的输血（金融服务），能够为更多大大小小的企业和个人（细胞）输血的金融体系是美国经济一直能保持全球领先的最重要因素之一。

不足的传统金融服务供给为新金融留下了巨大的空白市场，中国多达 14 亿的人口和相对集中的居住区域（沿海、中部）又为互联网应用的爆发提供了最核心的要素——人类活动是以商业交换为基础的，而支付是这个基础的核心。移动互联网技术的应用在中国巨大的人口基数上找到了化学反应，以移动支付为切口，中国的金融市场开始逐渐形成一种直达毛细血管的能力。如果这种直达毛细血管的能力可以得到合理应用，那么整个机体的供血供氧都会更加充足。

因此，这样的一个时代，技术可以为金融赋能，让信用不再是少数人的奢侈品，它和普通人的每个生活场景紧密联系。每个场景的信用可度量，可采集，可流动，可交易，从而与人类的生活形成良性闭环。在联合国的文件中，普惠金融概念已经有 10 多年历史，但是由于金融天然要对抗风险，普惠和金融之间总是无法统一。直到今天，由于技术带来的成本下降、效率升高、风控流程客观化等原因，偏远贫困地区才有可能被金融普惠，缩短和现代世界的距离。

## "科技＋金融"的机遇和挑战

技术在解构，也在重塑我们的时代。对于数据驱动的金融行业来说，这个跨越显得格外重要，路径也格外清晰：金融将逐步实现从数据挖掘转向数据支持的智能驱动，数据和算法不仅仅能展现金融业务的发展情况，更可能在闭环和交互的过程中发现隐藏的价值。金融业将逐渐向个性化、智能化的服务方向发展。"以人为本"的金融，从来没有离我们这么近。

但是，事物应被一分为二看待。金融从来不是一个简单的行业——作为现代社会经济运行的循环系统，金融对经济体的繁荣、衰退、危机都有决定性的影响。巨大的正负外部性使得监管和金融创新永远处在博弈状态。而在互联网时代，这种外部性在一个网状结构里被迅速放大、扩散，从局部蔓延，一旦有负向的外部冲击，一些小的伤口可能演化为巨大的黑洞。

前两年 P2P 平台多米诺骨牌似的崩塌，就是 2012—2015 年间对"互联网＋金融"模式监管缺位的后果。

2015 年大规模的 P2P 平台倒闭潮后，互联网金融的风潮停歇了一阵子，在消费金融的热浪重来后，很多"高利贷＋传销模式"的"现金贷"换了个"科技金融和数字金融"的马甲又出山忽悠，其中也不乏业内人士在背后推波助澜。对于这些披着高科技外衣的新名词疏于监管可能出于两种群体性心态。其一是人们对于新金融寄望过高，认为它能够有效补充传统金融体系的漏洞，甚至倒逼金融体系改革。其二是对高科技行业的迷信，移动互联网、大数据分析等新技术、新概念的横空出世，制造了互联网信息技术可以替代金融风控技术的幻象。一个典型的例子是，大数据采集与分析技术的进步，为小微贷款的商业模式创造了新的可能性。为了改善中小企业贷款难的问题，在地方政府的支持和补贴下，小额贷款公司作为对正规银行体系的补充快速发展起来。然而小额贷款公司仍然无法绕开传统机构面临的信息不对称问题，在运营过程中出现了大量因贷前审查不严、担保手续不完善、超范围经营和高息放贷等不规范问题导致的坏账风险。

这一切都说明，科技赋能的普惠金融绝对不意味着做金融的门槛下降，相反，做金融的门槛提高了：在一般的金融门槛之外，还加了技术门槛——用现代技术来做金融。绝对不是扯条网线，用即时通信工具卖理财产品就叫作科技金融（这叫诈骗），而是要：（1）真正有数据积累、数据处理能力，以及数据分析能力；（2）有风险甄别和管理控制能力。

"普惠"的意思是接受金融服务的门槛降低了，因为技术降低了成本，提高了效率，能有效地覆盖更多人群。对于提供服务的机构来说，这提出了更高的要求。在可见的未来，只有两种机构有机会在这个行业里冲出来。一是传统的大金融机构，拥有极好的金融服务网络体系、客户资源和数据沉淀，现在通过兼并收购、业务转型等方式转身。老牌国际投行高盛算是其中之一，最近高盛在智能投顾、生物识别风控等领域加大投入，同时削减传统业务。二是新型的互联网企业，拥有超强的客户触达能力和技术研发能力，在业务扩展过程中积累对客户的理解力和客户数据，这是中国目前比较常见的 fintech（金融科技）企业模式——但是这种模式对企业本身要求很高，要在技术和数据上有过人的能力。"天下没有免费的午餐"，市面上大量的既无金融风控基础，又无技术沉淀的数字金融企业，十之八九带着庞氏诈骗的基因。

除此之外，互联网大平台做金融的隐忧也开始出现：在数据时代的前夜，数据将成为人类生活不可或缺的一部分，然而数据的垄断与个人隐私之间的矛盾，企业边界与个人自由的范畴，企业边界与政府权力是否会混淆，甚至互相加持的疑虑，也离我们越来越近。互联网极客是一群民主和去中心化的梦想家，互联网信息时代带来了一个崭新的世界，然而，万物互联最后是加强还是弱化了集中，其实是越来越值得思考的问题。当互联网企业拥有越来越多的个人信息，越来越具有操纵和扭曲的能力时，十年前谷歌写下的那句"不作恶"座右铭，更有如黄钟大吕。

时代给了我们前所未有的机会，然而，技术永远是一柄双刃剑，在创造便利的同时，也带来了威胁，而金融的巨大外部性可以创造，也可以毁灭。

对已来的未来，我们怀着希望，也保持警惕。

# 17

## 注册制的双城记

2020 年 6 月的第二个周五超级不平静。

晚上我和朋友吃饭，新闻正式确认新发地（北京最大的农贸产品批发市场，提供北京超过 80% 的果蔬供应）检测出新冠病毒，两天三例确诊，均与此关联。我们相视一笑，这恐怕是初夏最后的晚餐。果然，随即北京防疫措施全面升级，北京的神经又紧绷了起来。

那两天还发生了两件重要的事情，都和资本市场有关。一件关乎短期，在道指暴跌 6.9% 的外围环境中，A 股低开高走，走出了相对独立的行情。假设没有北京疫情变化，这应该是短期一个良好的信号。

另一件则更重要，证监会官宣，从 6 月 15 日起，深交所开始受理创业板在审企业的 IPO、SEO（股权再融资）和 M&A（企业并购）申请。这意味着，继 2019 年 6 月 13 日科创板开板，率先推出注册制以来，时隔一年，注册制终于在上海和深圳两城落地，试点规模继续扩大，向前迈了一步。

一直以来，A股上市公司的质量都被市场诟病。这个现象一般认为是市场进出制度之殇。进入的时候实行核准，由监管部门对上市公司进行资格审核，这使得上市在A股市场成为一种资格，监管部门权力过大，市场筛选机制相对低效。同时，由于没有完善成熟的退市制度，上市之后，只要不"罪大恶极"，就相当于进了保险箱——上市名额的稀缺性和上市资格的终身性，让A股市场出现了许多像IPO堰塞湖、壳价值这样的怪现象。

2015年，A股800多家公司排队要上市。最后只被核准上了77家，剩下800家都堵在那里，这就是IPO堰塞湖。这和北京的小客车摇号一样，有的人摇了十年，还没摇上号，自然就会出现车牌号的交易黑市。壳价值也是我们独有的现象，只要上市成功套现，以后经营不好，上市公司这张皮也能卖个好价钱。2019年9月，上市不到两年的振静股份发布了一则重组上市的公告，预计变更公司实际控股股东。财报披露，振静股份自上市以来，营收增速下滑非常明显，在2019年已经出现负增长。这一行为，迅速引起监管层的注意，在上交所问询函及市场各方重压之下，振静股份停牌两周之后，决定放弃卖壳，并调整重组方案。

这些问题都算是老生常谈了。上市的注册制和配套的退市制度也一直在讨论中。所谓注册，意思是说监管部门不负责审核资格，只负责审查企业是否合规，是否按监管要求进行了信息披露，以及这些信息披露是否完整真实。这从理论上来说是市场化改革的必要部分。如果一个企业各方面都合规，监管部门是没有权力无端否决其上市融资要求的，否决或者支持是应该由投资者来决定的，即市场用脚投票。

推行注册制后，更多的企业能够通过形式审查获得上市融资的机会，有助于疏导 IPO 堰塞湖。更多企业通过 IPO 方式上市，就意味着劣质公司的壳价值越来越低，辅以良好的退市机制，会使得资本市场真正完成优胜劣汰的过程，好公司活得久、价值高，烂企业被抛弃。

但要实现这些是有前提的——要有相关的制度设计。美国采用的是高度市场化的注册制，这不是一个单独的制度，而是在《证券法》《公共事业控股法》《信托契约法》《投资顾问法》等系列法律大框架下进行的。中国 A 股市场的问题根源恰恰在此——我们整个社会的信用制度基础建设都非常匮缺。

一直到 2020 年，新《证券法》才颁布实施。之前的立法还是 1998 年通过的，和现在的金融实践已经有很大差异，而且关于信托、资管等的配套法律，都任重而道远。不说别的，上市公司造假或者错误引导投资者等问题，长期以来都属于行政处罚范畴，到最后对牟取暴利的行为都"罚酒三杯"，敷衍了事，反而助长了市场邪气。

除此之外，中介机构的建设，会计师事务所、律所、信用评级这些资本市场的中介机构都处于非常初级的阶段，业务水平和信用度都不尽如人意。

这也是中国在注册制的推进上只能采取渐进式的原因。

2017 年金融去杠杆，对市场进行整顿治理的同时，各个方面的立法工作也在持续进行。2019 年《证券法》修订通过，并于 2020 年 3 月实施。新《证券法》探索建立集体诉讼制度，允许投资者保护机构接受 50 名以上投资者的委托作为代表人参加诉讼，以加强投资者保护和权利救济。

在这种基础设施配套稳步进行的情况下，又遇到中美贸易摩擦加剧，我国对科技创新的需求更加迫切的 2019 年，科创板才得以在上海快速落地，注册制也借此开始进入试验阶段。

一年试点下来，市场基本稳定。这才有了 2020 年的《证券法》，正式宣布中国证券市场将逐步实施注册制。同年 4 月，证监会宣布注册制将在创业板开始实施。

至此，中国资本市场的沪深双城，正式逐步进入双轨制时代——科创板和创业板，分别代表着两个市场的"注册轨"。这是自 2005 年股权分置改革以来，中国资本市场迄今在市场化方面最大的一步。

对于这样的步子，市场用价格做出了反应：从 4 月 17 日至今，沪深 300 指数和 ST 概念指数的涨跌幅度分别是 5.77% 和 −7.64%，垃圾企业的壳价值在逐渐退潮。

当然，这并不意味着 IPO 堰塞湖和壳价值会马上完全消失。所谓渐进式，就是迭代试错、小步快跑的模式。

路很漫长，但毕竟已经在路上。

## 创业板与注册制实施历程

2009 年 10 月 23 日，创业板在深交所开板。

2015 年 4 月 21 日，《证券法》修订草案第一次审议，提出确立股票发行注册法律制度。

2018 年 11 月 5 日，习近平在首届进博会开幕式上表示，将在上交所设立科创板并试点注册制。

2019 年 6 月 13 日，科创板开板。

2019 年 12 月 24 日，第四次审议《证券法》，指出"科创板注册制改革主要制度安排基本经受住了市场检验"。12 月 28 日，《证券法》表决通过，于 2020 年 3 月 1 日实施。

2020 年 6 月 12 日，创业板改革并试点注册制相关政策发布。

# 18

# "地摊经济"：小摊小贩们的出路

中学时有位叫何方的老师曾说"历史就是煎油粑粑（长沙话：油饼），翻来覆去"，当时我比较幼稚，闻言哈哈大笑。如今我逐渐年长，也算是在跌跌撞撞中亲历了少许历史，回想起这句话，却再也笑不出来，只感到无限苍凉。

这几天，"地摊经济"从媒体上到广场、街边都火了起来。从日入四万元的中年大叔，到年收入 1500 万元的补裤子小哥，还有辞万元月薪工作捡垃圾致富的美女，从各级红头文件到暴涨的"地摊经济概念股"，到"科技摆摊"的五菱汽车，再到"城管转型地摊推进工作组"的新闻……偌大中国，一夜间又充满了人间烟火的魔幻感。

我忍不住想起了 2016 年北京雾霾的冬天。那一年，我在一篇随笔中写了下面这段文字：

2016 年底，我家的钟点工阿姨告诉我，她要搬家了。

她在海淀清河住了好些年，离我也就几分钟路程。最近海淀这边人口疏散，她只能搬到天通苑，现在来我家打扫卫生路上要花费两个多小时。她辛苦，我自然也得提高点待遇，看起来双方都受损了。刚一寻思，这边电话又响了，是学生打来的，说因为北京各区限制人口，今年"留京名额"特别紧张，一个可以解决北京户口的工作简直成了博士生们的梦。如果没有户口，面对结婚、买房、生孩子、孩子上学，还有很多与户口挂钩的事儿，他们只能漂在这个大都市里，被视作"异乡人"。

谁会想到，仅仅三年多之后，那些"小商小贩"居然成了被新冠疫情重创的劳动密集型服务业的就业良药，被放在聚光灯下呢？

我的思绪在这几年之间穿越，不知道为什么，忽然感受到了"熟悉的配方，熟悉的味道"：从大众创业、万众创新，互联网金融，各种众筹咖啡馆、孵化器、加速器、互联网财富管理，到宏观紧缩，金融去杠杆，包括 P2P 在内的金融创新成为金融诈骗的代名词，中产财富缩水，孵化器人去楼空……

一桩桩，一幕幕，犹如剧本。眼见他起高楼，眼见他宴宾客，眼见他楼塌了。

自 2014 年开始，创业成了年轻人的时尚产业。在国家战略扶持的基调下，各种政府补贴、基金和优惠政策蜂拥而至，造就大量套利空间，大小前地产商和无数没有从业经历的套利者入场，华丽转身为孵化器，以产业孵化名义拿地，拿补贴。一时间，全国到处是"车库咖啡"，即使车库里压根儿没有喝咖啡的人。孵化器们并没有孵化，同质化竞争，依赖政府输血。创业企业也习得一身金蝉脱壳的好本领——拎包入住，免三个月租金，领完补贴走人。

几年过后，99% 的企业成了炮灰，平均生命周期不到 2 年，落寞散场。孵化器也成功实现劣币驱逐良币。从 20 世纪 90 年代开始的产业园经济，曾培育了一批有中国特色的专业产业孵化企业，这是一个利润并不丰厚，但能完成自我造血的小行业，专业人才确实谙熟中国产业、政府、商业环境，能为企业提供配套增值服务，具有很强的正外部性。但是在财大气粗的地产商孵化机器和喧哗浮夸的氛围中，这些寂寞山谷里的野百合都逐渐被连根拔起。

一个最需要沉淀的行业成了最浮夸的名利场，孵出了一地鸡毛。

孵化不是特例，当年动漫行业的国家战略扶持也是热闹开场，落寞收尾。因为家庭的缘故，我曾目睹了中国动漫和网游行业的发展历程。当年国家要求大力支持动漫行业，然后各级政府就开始大撒币，全国各个产业园里一夜之间多了无数动漫公司，大多是来混政府补贴，搞寻租的。几年过去，它们灰飞烟灭，动漫行业一直暮气沉沉。反观网游行业，是因为当时对网游的利润和潜力都一无所知，不够重视，所以限制、管控和支持都比较少，大体上类似负面清单式管理，反而蓬勃发展。

还有 2014 年开始的互联网金融，就像我们在 2018 年的文章《P2P 盛衰背后的金融逻辑》中说的，高风险的民间金融披上科技的外衣，演变成一场轰轰烈烈的运动。

高利贷，非法集资，换件西装，装几个 App，不知怎的，就变成了需要大力扶持的"创新＋金融"，各种 P2P 平台、众筹、财富管理公司像雨后春笋一样冒出头来。利用中国居民高储蓄，但又极度缺乏金融常识的群体特征，善良点的公司充当资金捐客进行套利，不善良的公司干脆直接进入庞氏模式。两年间，不但形成巨大的影子银行，影响金融安全，更是成为中国百姓储蓄的韭菜收割机。

2015 年以泛亚崩盘为导火索，P2P 这种无法持续的模式迅速崩塌。2017 年，迫于金融乱象横生的局面，中国开始金融去杠杆。之后金融市场"爆雷"成了常态，金融监管也被迫进入如履薄冰期。之前的大鸣大放后，现在包括基金备案在内的各项正规金融业务也只能承受更高的治理和监管成本。那些互联网金融公司，不是被诉讼，就是作鸟兽散，"此地空余黄鹤楼"。

这些年，我们已经经历太多这类事情。就像《孟子》里那个耳熟能详的故事。

宋人有闵其苗之不长而揠之者，芒芒然归，谓其人曰："今日病矣！予助苗长矣！"其子趋而往视之，苗则槁矣。天下之不助苗长者寡矣。以为无益而舍之者，不耘苗者也；助之长者，揠苗者也。非徒无益，而又害之。

企业、行业、产业的生长，大概也和庄稼苗类似吧。除了个别极端情况（比如资金极密集、周期极长、外部性极大的基础设施和基础科研行业等）外，最好的状态就是"散养"。给予公平竞争的机会，给予秩序良好的营商条件，给予张弛有度的法律和治理环境，给予相对宽松包容的政策面，然后让它们自由生长，也许是更好的方法。

不用施太多肥，不用设坛作法呼风唤雨，就像当年的乡镇企业、私营企业、中国制造一样，它们都是给点阳光就灿烂的草本植物，就像城市里散落的那些流动摊贩和街头小店。

北京的三里屯大可不必修筑各种围墙，不必要有整齐划一的天际线。海淀中关村和五彩城也不必要取消烤白薯、卖冰糖葫芦，上海襄阳路和新乐路也大可不必拆迁那些小饰品店、小咖啡馆，集中引入名牌和连锁。城市是一个活的、不断演进的复杂生态，木本、草本、藤本和苔藓等不同植被的交错才是生态的生机所在。

这些被称为"低端服务业"的地方，从来都容纳了最大数量、最辛苦，也最脆弱的城市群体——那些"手动口动"的低收入、低储蓄人群，那些容易被外生冲击伤筋动骨的群体。他们犹如寂寞山谷角落里的野百合，在城市里静静开放。

给他们一点阳光足矣，不需要太多炙热的光和过度的养分。不要让野地的百合刚从连根拔起的噩梦中醒来，就发现被卷入一场轰轰烈烈的"百合运动"，成了百合泡沫。

给定目前的城市治理水平，一拥而上"地摊经济""夜市经济"的可见后果是无序经营、无证经营、低质经营——流动摊贩的食品安全、质量保证、城市占道、市容市貌、卫生管理，甚至公共安全，从来都是城市治理的阿喀琉斯之踵，现在这样政策引导下的热潮，更是为卫生防疫、消防、环保、公安、工商，甚至社区管理，都带来了新的挑战。

更重要的是，一个城市究竟能放开多少地摊，能容纳多大体量的地摊经济？地摊带来的增量真的能救中国经济？真的能显著"拉动消费""增加居民收入""稳定就业"？这恐怕是一厢情愿而已。

放松之前对地摊的严格管控，让"苔藓类植被"也能存活在城市的有机生态中，这本来就应该是常态化、常规化、长期化的事情。但一旦演化成"苔藓运动"，恐怕会上演砍伐树木，猎杀动物来"保护苔藓"的剧目，最后漫山遍野的苔藓，破坏生态平衡，最后被迫进行"苔藓大清理"结果是让这些安静生长在生态中的、匍匐地面的植被最后反而因为"被保护"而失去生存空间，就像那些被"孵化运动"孵化得形销骨立的孵化行业一样。

给一点阳光足矣，不需要太多炙热的光，也不需给予过度的养分。

让上帝的归上帝，让恺撒的归恺撒。

# 19

## 在一个冷库中看见的
## 中国经济"转型"和"升级"

6月中旬，我跟着做投资的朋友去松江，看一个冷库项目，据说是一家著名私募公司这两年的重头项目。说实话，去之前没有太多期待，觉得"冷链冷库"这种词语已经被炒得烂熟，能有多大花样。

到了目的地，颇觉荒凉，一个巨大的白色建筑物单调地矗立在空地上。私募公司的年轻高管早已经到了，他肤色略深，穿着衬衫，挽着袖子。简单寒暄后，我们进了一个简陋的办公室。说是办公室，其实有点勉强，陈设让我想起小时候跟着妈妈去工厂上班的车间办公室。

这些年我在象牙塔里傻待着，习惯了各种衣香鬓影的场合，突然见到这样一个很工业化的场景，有种久违的熟悉感，也有了不太一样的期待。

从决定开始做"有用的"研究开始，我这两年脑子里一直在琢磨一个很俗的概念——中国经济转型和产业升级。大逻辑并不复杂，用文艺腔调说就是，中国那种撒把种子就野蛮生长成巨树的日子一去不复返，增长和财富的"低垂之果"几乎被采摘殆尽，即使偶尔有，也是伊甸园的禁果，闲人免入。接下来是一个需要搭梯子、修天堑去采摘"高垂之果"的年代，是一个更加精细化和持久化的"慢时代"。

这些模糊的想法被写在 2019 年底的《钱从哪里来》这本书的第一章：2019 年，中国进入 1 万美元社会，长江、珠江两个三角区加上大北京这 2.5 个都市圈所容纳和辐射的数亿人口构成了中国消费升级到产业升级的强大原动力。

但是这些逻辑我很少跟人细说。一来自己缺乏实践的体感，总觉得没有具象事物支持的车轱辘话多说也没意思。二来更是因为市场氛围。这些年所谓教授学者的主要精力是创造各种奇技淫巧的名词，不说点新鲜名词，不聊流量和线上化，都觉得汗颜，仿佛被时代抛弃了一样。

但是，2020 年在上海这样一个闷热的梅雨天，在一个庞大单调的冷库前，这些逻辑突然以一种具象的方式被打开，呈现在我眼前。这个认知可能仍然是模糊的，还不能算打开一扇窗，更贴切的状态是有一扇窗的影子被固定、被开凿。在这个被凿开的，可能还称不上窗的洞中，我看到了能够支撑这些宏大抽象名词（经济转型、产业升级）的材料。

冷链物流是这些年很火的一个名词，但是这个行业的原动力到底来自哪里？持续下去的商业逻辑在哪里？更直白的问题是，它能否赚钱？赚钱的逻辑是否简单？赚的钱来自新创造的价值还是行业内部的重新分配？

按朋友的说法，不能极简回答这两个问题的商业模式，都有"美图秀秀"的嫌疑。在聊到这个项目的过程中，这条原则体现得淋漓尽致。

主导谈话的是一个很有趣的组合，无论是世代，还是学历、人生背景，都大相径庭。项目管理方的人是这个行业的一个大哥，典型北京老炮范儿的主，说起越野就两眼放光，爱玩串，讲究喝茶。从 1994 年开始，他在这个行业已经浸润 26 年，说到专业，摇滚范儿收敛，开始有板有眼地将行业一一道来。

项目投资人则都是典型的 80 后，高中出国念书，海归，名校，有国际知名金融机构从业经历，所有履历都符合正常国人对金融精英的预设。但是眼前的男生都显得十二分接地气，言语间不带任何英语单词，一杯碎茶叶泡的茶，一碗浓油赤酱的普通盒饭，三两句套话过后，就直截了当切入项目规模、数字和实际操作。

按照我们的商战电视剧的俗套，这样的两拨人应该像原上野草和庭院里的花，没有太多交集。但实际生活中，这样的组合毫无违和感，反而让我感觉到某种新的力量在滋生成长，于是我忍不住微笑起来。他们的谈话内容很专业，我只是零碎记住了一些框架性的东西，但已经足够触动我。

从项目的需求端来说，这些年绝大部分都市人已经越来越依赖京东、盒马、美团这些 App。仔细想想，我们对阳澄湖大闸蟹、岭南荔枝、东北马面鱼、寿光黄瓜、余姚杨梅、大连樱桃这些"一骑红尘妃子笑"的事物都习以为常得麻木了。

但这些习以为常的背后，其实是一套庞大复杂的基础设施在运转，而冷链物流仓储就是其中的核心环节。实际上，不单单是新鲜食品，现代医疗的药品，比如糖尿病人用的胰岛素、输血用的新鲜血液、注射的疫苗……都对冷链有着高度的依赖和需求。

在仓储和运送过程中保鲜保质是最基础也最重要的诉求，温度的一点点变化，轻则食物腐烂、变质、耗损，重则影响生命安全，之前疫苗就爆出在运输过程中温度控制不好导致失效的事件。

大家都以为仓储就是仓储，实际上这个比我们能想象到的更复杂。我们大致可以这么理解，原来的仓储是毛坯房，摆点东西，存在库里，用的时候运出去，对温度、材质、环境的要求都不高。但是当消费真正开始升级的时候，大家对新鲜和时效性的要求提高了，各种各样的食物和药物都需要不同的温度和环境，甚至每个客户都有不同的需求。所以从干库到冷库，就像从毛坯房到精装房。从"库"到"运"，这个链条上每个环节都有巨大的提升空间。

从项目的可行性来看，之前仓储都是郊区房，有个屋顶就行。这几年几个大环境都在变化：一是大城市用地越来越贵，控制也越来越严格；二是随着消费升级的规模扩大，对仓储物流的卫生条件、温度控制、流转效率都有越来越高的要求。就像毛坯房逐渐退出市场一样，代之以规模化的精装，冷链仓储物流越来越成为这个行业的主流。

中国这条产业链上仍然有巨大的效率提升空间。目前我们国家生鲜耗损率在15%~20%，欧美则是5%，日本能达到2%，所以规模、管理……几乎每个环节都可以提升效率。客户需求越多，产业效率提升越快。

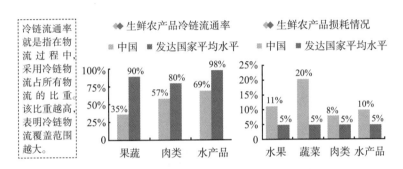

冷链流通率就是指在物流过程中采用冷链物流占所有物流的比重，该比重越高表明冷链物流覆盖范围越大。

资料来源：中联联盟、平安证券研究所

再看行业门槛，很多人没有意识到冷库的用地是一个非常有限的供给。冷库本身对地理位置要求高（必须是交通枢纽），占地面积大，但是单位产值低，也没法拉动就业。所以在北、上、广、深这样寸土寸金的地方，不管从哪个逻辑看，地方政府都没有动力批冷库建设用地。

换句话说，这是一个需求扩张远远超过供给扩张速度的行业。简单总结来说，即使在高度不确定性的大环境中，如果基于直观、简单的商业逻辑，市场上也具有大量确定性的机会。

以消费升级、都市圈、新中产这些概念为例，它们落地到现实生活层面，就是大量普通人对新鲜、质量、时效的要求上升，而这些诉求落实到物流仓储行业，就意味着冷库冷链的兴起，还意味着行业的升级换代，之前小规模的干库自然会被市场淘汰。

规模化冷库冷链一旦提升效率，就会对整个物流体系链条涉及的很多环节和行业，如仓储、运输、配送、超市、生鲜市场、餐饮业的中央厨房，甚至医院、血站产生影响。

逻辑再往前一步，一旦"库"和"链"占据交通和规模上的优势，在很多小品种上，仓储的属性就可以转化成渠道，并形成定价权。更有意思的地方在于，物业这种形态，天然具有金融属性，很容易转化成金融资产。

这样听下来，一个并不显得高大上，也不用谈流量，更不用强加黑洞、暗物质这些怪名词的普通行业，就踏踏实实以中产社会的消费升级为驱动力，整个行业有了升级和转型的机会。而所谓产业升级无非是效率提高，减低耗损，并在消费端、产业链的各个环节进行分配，这反过来又意味着消费的进一步升级。

更确切地说，对于服务业，消费升级和产业升级本质上是一个内生的过程。在这个过程中，会创造新价值，并使各方受益，这才是真正的经济转型升级。

我相信，这样的机会在中国市场上还有很多，衣食住行，任何一个最普通的名词背后都蕴藏着巨大的机会。但是这样的转型大抵是不能靠PPT和研讨会完成的。人必须在泥沟里住过、蹚过，才知道淤泥堵在哪个地方。不下沉到产业、行业的最细微处，找到具体的抓手，光靠几个 App，是无法完成这种转型升级的。

前面是一个需要抛弃概念、躬身入局的时代，一定会有人说它更坏，毕竟横财不再遍地皆是，但也会有人认为它更好，因为套利的机会也在减少，市场筛选的机制会更加有效。

半天的访谈结束，仓库外下起了大雨，穿过一个停车场的工夫，我的衣服就被淋湿了。钻进车里，我胡乱找纸巾抹了把脸，脑子里仍然是满的，除了冷库、冷链的产业升级之外，总觉得还有些什么东西，让胸口有点肿胀。大概因为下雨的缘故，从松江回上海一路堵车。我看着窗外，似乎明白了什么，忍不住发了一条朋友圈："世代转换这个事情对中国市场的投资和经营逻辑的冲击可能仍然远远被低估了。"

一个肉眼可见的事实是，在商业世界里，80后正在成为中国主流话语体系的重要力量。当然80后应该是一个泛指的概念（从消费观的角度看，由于中国城市化进程的不同，大城市的75后、小城镇的90后基本都可以被归于这个范畴）。这个世代的跨度很有意思，他们幼年时期大多经历过匮缺，对计划和贫穷都略有印象，但是并没有很深的感受。而他们成年的阶段恰好和中国最高速的增长同步，对西方也没什么仰视心态。这个巨大跨度奠定了这个世代市场主义和国家主义的基调。这两种在50后、60后那儿截然对立的态度在80后身上毫无违和感地被融合，并投射到几乎所有的行为和商业逻辑中（到95后之后，国家主义和个人主义会形成一个更加奇特的组合，就不赘述了）。

这里面有几个细节很值得玩味。

"国家主义＋市场主义"绝不是一句轻飘飘的评语，而会形成一套商业价值观。比如在聊天过程中，我们提及环境变化，大家都认同"资源垄断型的赚快钱机会不属于我们，该干脏活、累活，老老实实做产业"。大家相视会心一笑，但并不以为意。

具体到投行人这个角色上，之前中国 60 后、70 后的投行人所经历的海外与中国的对比强烈得多，整个启蒙教育更接近改造和脱胎换骨，而回国又碰上中国最求贤若渴的年代，一开始的站位就很宏观。用更通俗的话说，那一代回国的投行精英，更具买办型的改造气质，也更具宏大的"国师思维"。20 世纪 80 年代之后，不管是海外还是国内环境，不管是机构还是个人处境，都发生了巨大改变。所以这一代投行人，更具备微观的体感，对宏大叙事显示出一定疏离，更接近实业，当然，也许也少了一点浪漫的理想主义色彩。

我无法比较哪种模式更好，只能说，这是时间的产物、时代的产物。我们必须正视并拥抱这种变化。从我的角度来看，这个世代转换的逻辑和产业升级、经济转型的逻辑一样。

下一个时代，不再是那种宏大叙事的时代。

一位长者说，个人当然要靠自我不断奋斗，但也要注意历史进程。

这句话其实更应该反过来诠释：绝大部分个体都是时代的承受者，所以真没必要沉醉在什么水大鱼大、风大浪大的宏大话语体系里。

机会不过是个人的、微观的、具象的，如此而已。

# 20

## 2020 年教我的那些事 ①

对于很多人来说，2020 年都特别撕裂。

从 2 月疫情大暴发开始，到 3 月全世界变得前所未有慌乱，我们这代人每天都在亲历历史：10 天之内美股四次熔断，巴菲特活了 90 岁都只见过一次熔断，竟让我们赶上了；原油价格负数，在我学金融的前 20 年中都没有碰上过，也赶上了；全世界经济一片哀号，金融市场爆发，走出了历史最大的 V 形反弹……

4 月 21 日，我忍不住发了一条朋友圈，"每天早上起来，没有两三只肥肥的黑天鹅，感觉那都不叫 2020"。当时开始隐隐约约地感到这场疫情会对我们、整个人类社会产生巨大影响，但是我还不清楚它的"抓手"在哪里。

5 月至 6 月中国疫情控制住，很多线下商场开张，最典型的

① 这篇文章根据 2020 年 12 月 16 日我在得到启发俱乐部的演讲《2020 年教我的那些事》整理而成，本次演讲是我的得到课程《香帅财富报告 2020—2021》的首发。

是著名的奢侈品商场——北京华贸 SKP 全面恢复，1 楼的香奈儿和 LV（路易威登）门庭若市，越贵越有人排队。7 月至 8 月，我在新闻里却看到，以优雅、时尚、品位著称的巴黎开起了连锁一元店，无数顾客蜂拥而至，连夜排队消费。

2020 年，类似这样的强对比、强冲击随处可见，某个词语似乎呼之欲出。

7 月，我们团队去深圳调研，行程安排得颇满：上午去东莞，当时很多工厂还没有完全开工，东莞没有完全恢复生气。工人三三两两，很多处于打零工、半日工的状态。我们问他们收入多少、够不够花，他们的收入普遍大幅下降，也不知道什么时候是个头。年轻点的工人大多说钱不够花，稍微年长点的工人说够花，只是要节约一点，如果一个月能控制在 2000 元左右，还能存下一点。从厂区出来，我们心里有点沉重。

下午，我们去深圳福田调研潮汕民间借贷。觉得到了另外一个世界，金碧辉煌、富丽堂皇的场所，大佬们觥筹交错，谈笑间数十亿元、数百亿元的业务往来。有人手里一幢楼就价值百亿元。聊到潮汕民间借贷，他们笑着用不甚标准的普通话说"百万千万都是小数额，刷个脸就行了"。上午的震荡还没有被消化，我又被卷入另一个旋涡。还记得从那些巍峨大厦的大门走出来时，阳光照在身上，我感到深深的迷惘，有一种被撕裂的感觉。

当晚在深圳的街道上，我看着灯光把整座城市照得光怪陆离，还有点支离破碎的感觉。一个词慢慢浮现出来，这就是 2020 年教给我的第一个关键词——分化。

深夜，我站在柏悦酒店的玻璃窗前，看着一座座拔地而起的高楼、灯影绰绰的城市，只有一个感觉：我们这代人正走到历史洪流的拐点上，疫情就像一股海啸的力量，把很多原本潜藏在海平面之下的冰山托出水面，这座冰山的名字就叫"分化"。这不是 2020 年的关键词，不是深圳的关键词，而是关于未来一个时代的关键词。

想到这里，我回头再看那些撕裂的事情，就不觉得那么撕裂了。比如 2020 年美国大选中的红蓝对立、"黑命贵"运动，感觉美国好像撕裂得更厉害，但仔细思考，美国的撕裂恰恰就是这个词的最好表述。说起来挺讽刺，我们这代人是看美剧长大的，小时候我就看过一部名为《成长的烦恼》的肥皂剧。在我的印象里，美国中产阶级家庭就是那个样子——住大别墅，家家都有车，家庭特幸福，有钱，开放，梦幻得紧。1959 年，时任美国副总统尼克松去苏联访问期间，和赫鲁晓夫进行了一场著名的厨房辩论，辩论中他就曾列举了一系列美国中产阶级所享受的物质好处：3/4 的家庭拥有自己的房屋，美国人一共拥有 5600 万辆汽车、5000 万台电视机……他还骄傲地说"美国才最接近无阶级社会，是所有民众共同繁荣的典范"。

当时的美国是标准的纺锤形社会，数量庞大的中产阶级过着丰裕富足的生活。但是 40 多年后的 2016 年，特朗普上台的口号却是"让美国再次伟大"。姑且不论特朗普的口号中有多少是为竞选而造的噱头，但这个口号出现本身已经说明一些问题，这也是我在《香帅财富报告 2020—2021》发刊词中提及的一个概念——消失的中间层。美国社会曾最引以为傲的中间层正在快速消失。

2019 年，德国之声曾拍过一部叫《美国穷人》的片子。里面有一个叫埃里克的计算机工程师，他住在圣迭戈的一个停车场里，每晚都睡在自己仅有的一辆车里。很多人可能以为他又懒又馋，其实他曾经每天工作超过 12 小时，年薪 8 万多美元，是标准的中产。但他不幸被烧伤，美国医疗费用极高，医疗费耗干了他所有的积蓄，因为还不起房贷，后来房子也没了，变成无家可归者。这是一个典型的例子，但在美国绝不是个案。2020 年新冠疫情袭来，美国圣迭戈的停车场、纽约地铁里，就挤进了大批无家可归者。

再看看美国过去 30 多年，前 10% 的精英人士的财富上涨了差不多 1 倍，中间 50%~90% 这部分人，在美国财富中所占的比重则下降了一半。而且越是下层中产，陨落得越快。后 50% 的美国人在全社会财富中的占比几乎是零。而且一旦碰到金融危机或新冠疫情这样大的冲击，他们的财富立马变成负数，债务缠身。

为什么会这样呢？数字化和货币这两个听上去拥有光明未来的词语给出了部分答案。数字化技术进步对中间层的职业岗位特别不友好，随着数字化进程加快，传统中低端白领岗位大量消失，高端岗位虽然有所增加，但数量有限，大量就业人员只能"向下走"，进入低端劳动力市场。中产岗位的消失自然也伴随着中产家庭的消失。

除了数字化，货币宽松也加速了贫富分化。这几十年，货币不断宽松放水，资金存量很多，资金的价格下跌，甚至跌到零利率、负利率。这样的利率环境恰好对资产价格有利，所以利率越低越有利于拥有金融资产的富人。利率越低，资产价格升高，富人恒富，穷人长穷，形成一个循环。

不过，这两件事情都不是压垮美国中产阶级的最后一根稻草。现在流传着很多段子，说"美国年轻人朝气蓬勃，天天追求诗和远方，而我们中国人则天天操心着买房，买了一套还要买下一套，一点追求都没有"。而事实却是，美国中产的财富牢牢地附着于房地产上。从数据来看，下层人群的房产在财富中占比为80%以上，中间层为60%以上，而对于前10%的富人，房产仅占20%。说白了，房地产价格下降不会损害巴菲特、马斯克，损害的是普通工程师和技术员。

回头看1975—2005年，美国房地产价格上涨了5倍，平均年增长6%，是中产财富增长的主要源泉，这是美国顶尖学术期刊《政治经济学期刊》在2020年的最新论文的研究成果。纽约大学的著名教授也在《美国家庭财富趋势报告》中揭示了房价的秘密——"2007—2010年美国的贫富差距急剧上升，主要由于这个时期的房价急剧下跌"。实际上，和中国一样，整个美国中产的财富被牢牢地钉在房子上面，所以2008年房价的崩塌是压垮美国中产的最后一根稻草。中产阶级开始崩塌，少部分人财富上涨，大多数人都沉向底层。

但是，中国和美国很不一样。受疫情影响，中国2020年第一季度经济遭遇重挫，GDP同比下降6.8%，消费者物价指数下降了 20% 多。3 月的劳动力数据显示，底层劳动力减少了 30% 多，收入下降 20% 多，大家也都感觉经济环境很差，但奇怪的是，整个民间生活没有出现哭天抢地、食不果腹的现象，似乎没受太大影响。

美联储在 2018 年做过一个很权威的调查，调查一个家庭是否有钱做一笔 400 美元（不到 2500 元）的额外开支。结果是，100 个美国人里有 40 个成年美国人拿不出这笔钱。然后又问中产阶级家庭："如果你没有工作了，你家的储蓄可以支撑多久？"答案是平均三周。的确，和中国超过 40% 的储蓄率来说，美国 7% 的储蓄率确实太低了。我私下里问过不同人群，我们 90 后小主编笑着说："不降低生活质量的话，怎么也可以过一年吧。"我家阿姨保守地说："大概两年没问题。"

除了储蓄率，再看房子。关于房产限购是今年对我冲击最大、最反直觉的一个启发。

我们这代学人大概很少会有人认为房地产限购是个经济学上站得住脚的政策。2013 年，我年轻气盛，在光华面试硕士生的时候就问过这样一个问题——"试用经济学基本供需理论来讨论限购政策的效果"——我期待的答案是，限购等于抑制供给，会增加购房成本，反而会抬高房价。对，这是我读的经济学。

但是站在今年这个历史时刻再回头来看，我突然看到了很多很不一样的东西。我们都知道，国家财富等于公共财富和私人财富之和。今年在研究过程中，我发现很多国家的国家财富就等于私人财富，比如英国，公共财富基本接近于零；法国是欧洲国家里公共财富最多的，占比也只有 5%，而美国的公共财富是负的，只有负债，没有财富。

而中国在全球主要经济体里是独一无二的。我们的公共财富占比较大，除了经常被诟病的国有企业、四大行外，我国公共财富最大的部分是基础设施建设——修路、修桥、修房子、修医院、修学校等，各种形形色色的软硬基础设施建设其实都在公共财富里。而这些基础设施跟城市化是密切相关的，这就意味着公共财富有很大一部分以基础建设的形式存储在城市土地的价值里。

说到这里，你可能就豁然开朗了，买房本质上就是公共财富通过城市房产的形式向居民进行了一次转移支付，买房越多的人占有的公共财富越大，而且在我国，房子在家庭财富中的占比能达到 70% 甚至更高，这意味着家庭财富的分化主要体现在城市房价的不同上。

现在你再想想，为什么会有限购政策？

我们不妨做个假设，如果没有限购政策，石家庄、太原、沈阳、长春、青岛、乌鲁木齐、苏州、长沙、郑州……这些城市的富人们在考虑房产投资时会选择去北京、上海、深圳，还是当地？会只买一两套够自己住的房子，还是连排连栋购买？我们都知道资金是最聪明的，人往高处走，水往低处流，资金一定是往收益率更高的地方、更安全的地方走，这些二线城市最有钱的人一定会去北京、上海、深圳、广州这些大城市买房，挑最好的地段，紧挨着最好的医院、最好的学校、最方便出行的地铁。而长沙、哈尔滨、太原、乌鲁木齐等城市的房价一定撑不住，狂跌

30% 或 40%，最后受损的一定是我们这些普通的中产阶级。同样的逻辑，省会城市以下的市、县、镇、村会更惨。所以限制了北京的房价，就把资金压在了长沙、大连等二线城市；限制了长沙、大连的房价，就压住了下面城市的资金，实际上就是不让财富过度集中。否则中国城市的分化会过度头部化，出现很多大号的包租公、包租婆。三线城市居民基本上没什么财产，贫富差距会大到难以想象。

其实皮凯蒂在 2014 年的著作《21 世纪资本论》中就讲过这件事。关于资本管制，皮凯蒂认为资本管制是抑制贫富分化的武器。

资本管制的目的是什么呢？我们都知道，一只流动性不好的股票是要折价的。资金也是一样，资金会在全球的环境里流动，比如你有一亿元，不能流动，不能购买商品，就叫流动性折价。资本管制本质上给了这个资金流动性折价，等于把贫富差距压缩了一点。

今年将公共财富这个事情想通后，回头再读皮凯蒂，豁然开朗，中国房产限购的本质，其实是一次城市间的资本管制，限制了城市间的资金流动，把这些资金留在了当地，减缓了贫富分化的速度。

当然，房产限购不是一个完美的政策，甚至是一个反市场、低效的政策。但这么一个反市场的政策却在无意中保护了年轻人的市场，它给年轻人多少留下了一扇通往大城市的门，即使这扇门推起来有点沉重。

　　这是 2020 年教给我的另一件事情，每朵乌云可能都镶着金边。

　　再说说资产。2020 年放了这么多水，负利率（零利率、低利率）时代已经到来，在未来的资产世界，我们会面临什么呢？

　　首先是高估值，因为当利率很高，分母小了时，估值就上去了。分母越小，分数越大，所以呈现高波动的特性。然后高波动的资金都去追求有限的优质项目，市场出现高分化。所以未来的资产世界也是一朵乌云，我们会进入"三高年代"——高波动、高估值、高分化。

　　曾经有位同学问我怎么看茅台，我说茅台是安全资产，然后他说每股 1000 多元了，他也买不起。但是我们得明白，在未来"三高"的世界里，这样"买不起"的资产会越来越多。因为经济增速下降，优质项目越来越少，钱越来越多，钱的去处越来越少。而且，亏钱真的比赚钱容易。这是简单算术，上涨 25%，只要跌 20% 就全没了，因为跌的基数大了。所以在高波动的世界里，你会发现赚钱更难了，凭运气赚的钱，凭实力很快就亏没了。

　　这个结论很容易让人感到绝望，但是绝望中也有希望。这朵乌云的金边是什么呢？就是《香帅财富报告》中写到的两点：第一，寻找安全资产，比如大城市的房子；第二，与泡沫共舞。这是一个注定泡沫化的时代，聪明的钱可能要学会与泡沫共舞，并尽可能寻找更坚硬一点的泡沫。

　　说到这里，我又想到另外一件事。2019 年有一部获得奥斯卡奖的纪录片——《美国工厂》，里面有一个漂亮的美国质检员让我印象很深。她是一个单亲妈妈，原来在福特汽车厂工作，这是一个标准的中等收入、中等技能岗位。十多年前，她的时薪是27美元，还有特别多的加班工资。后来美国的汽车工业不行了，她失业了，直到福耀玻璃来了，才算重回工作岗位，但是2015年以后她的时薪从27美元变成12.5美元（这都是名义价格）。其中有个情节，她的女儿跟她说："妈妈我想买双跑鞋。"曾经的她可能想都不用想就会买给女儿，但那一刻，她脸上露出很为难的表情。纪录片结尾的镜头是，她点燃了一根烟，烟雾升上来把她的脸吞没了。

直到这一刻，我才切身感受到什么是中产的消失。尤其我自己当了妈妈之后，特别容易被这种场景触动。这是2020年教会我的一件事——阳光底下总有阴影。

我们这一代人是数字化最大的受益者，从PC端到现在移动端，再到场景化的智能硬件，我们的生活越来越便利，我们很少有人不是技术进步主义者。从我学金融起，教材上的知识和诺贝尔奖理论就告诉我们，金融抑制会导致增长抑制和国家失败。作为一位金融学教授，我对此深信不疑，并坚信自己在从事拯救人类的工作，我在促进增长。

但在今年的研究和调研中，我突然意识到，每个时代的技术进步背后都有失败者。就像阳光普照大地，但也正是因为这阳光，才生出了影子、树荫以及建筑物背后巨大的阴影。

有时候我会想，人类真的是一种只站在当下思考问题的动物。

20 世纪五六十年代有一位很牛的俄裔美籍经济学家叫西蒙·库兹
涅茨，他惊喜地发现从 19 世纪下半期开始一直到 20 世纪中期，
以前李嘉图、马克思等人担心的"随着经济增长，贫富差距拉
大"的现象消失了，贫富差距开始随着经济增长而缩小，完全变
成了一条倒 U 形的曲线，所以他写了一系列论文，提出库兹涅
茨曲线，也就是"越增长，不平等水平就会越低"。

　　同时期的诺奖获得者罗伯特·索洛提出了均衡式增长，留下
一句特别经典的话——"经济增长的大潮会使所有的船只扬帆
远航"。还有经济学家罗伯特·卢卡斯，他说"人类一旦提起增
长的问题就再也放不下了"。就在这个全球资本主义的黄金时代，
还诞生了两位平民出身的总统——克林顿和奥巴马。正因为我们
这代人都接受了这种教育，所以都认为增长是颗灵丹妙药。

　　但特别反讽的也就在这里，20 世纪中期之后，欧美世界的
不平等水平没有随着增长往下走，从 80 年代开始急剧飙升，其
中一个原因就是数字化。因为数字化是一种高度偏向型的技术进
步，在不同职业技能上的替代程度不同。

　　数字化最容易替代的就是之前所谓的中等技能岗位。比如质
检员、工厂里的小班组等，还有女秘书、会计、簿记员、打字员。
不瞒你们说，我曾经的理想是当个很漂亮的打字员，因为美国电
视剧里女打字员都是金发碧眼的女郎，穿得特别漂亮，在大楼里
工作，不小心还能碰到一位英俊的老板。

　　真是侥幸啊，幸好我没有干这行，否则就被数字化干掉了。

　　这些中等技能岗位的人，只有极少部分能找到高技能职业。

实际上从有计算机开始，高技能的工作是被加了杠杆的，这部分人数虽然少，但是收入越来越高，再加上资本的助力，资本的回报率远远高过劳动收入的增长率。当你的收入越高，储蓄率就越高，更容易进入钱生钱的省力模式，脱离人生钱这个费力模式。

另外，随着社会结构中服务业占比增大，大部分人被挤到人力密集型服务业的岗位上去，但是因为劳动力供给增加，工资反而没有太大提升。考虑到通货膨胀，美国底层劳动力从 20 世纪 80 年代开始到 2019 年工资就没有涨，比如产业工人。

所以数字化加快了劳动力市场的极化，也加剧了分化。

数字化的影响还不止于此。2000 年以后我们听到的富豪传说越来越多，现在普遍感觉是有几亿元、十几亿元都不叫暴富，得几百亿元才能让我们虎躯一震。这背后的宏观背景是，过去几十年，前 1% 的富豪的财产翻了不止一倍，全球都一样。其中有个东西扮演了很有意思的角色——平台。

平台是数字化推进标准化的产物。工业革命时期孕育了流水线工业，其实就是把工作流程标准化，原来一个人造一根针，现在把整个流程拆成好几道工序，每人只做其中一项，效率提高。数字化的本质就是用数据的形式把生产、消费的过程拆解得更细。打个比方，如果把所有东西都切碎，那么数据就是肉糜，是极细颗粒度的信息。数字化实际上就相当于更进一步的，在更细颗粒度上的标准化。比如，服务业是非标准化的。现在通过数字化，可以将服务流程切成很多段，标准化一部分，甚至大部分。过去消费互联网平台的出现，很多都是将服务业标准化了一部分，从标准化到规模化就变得顺理成章。这也是为什么我们会看到平台企业生长得特别快，规模效应特别强。从这个意义上看，平台是一种天然具有垄断性的企业组织形式。

这里要插一句，很多人都没有意识到，企业组织模式是这个社会最初的分配形式。我们小时候还是国营企业，后来改成私营企业，再后来是股份制企业，本质是在改变企业的组织模式，实现多劳多得，提高效率。毋庸置疑，我们这代人都是受益者。

说回平台，因为它天然具有标准化的特质，所以其规模化速度比以往任何形式都快，而且规模越大越容易产生网络效应，边际效益不降反升，大者恒强，这样一来，它们在社会分配中的地位越高，拿到的份额就越高。换句话说，平台这种模式天然导致初次分配一定会向平台倾斜，头部效应越来越强。

之前，平台监管闹得沸沸扬扬。本质上不是平台的恶，而是平台的特性天然如此，它是具有衍生能力的天然垄断型的企业组织，这种企业组织形式必然会使得初次分配占有极大优势。而且数字平台的诞生和风投创投资本密切相关，相当于金融给平台加了杠杆——当金融资本和一个偏向性的技术结合在一起时，它们所占据的分配优势自然更大。

从微观层面来看，这本身不是件坏事，甚至可以提高效率，但是头部效应意味着有更多的失败者。企业可以实行末位淘汰，但是社会不行，所以平台的头部效应会带来相应的社会问题，而这些成本到底应由谁来承担呢？这件事是每个政府都必须考虑的。

2018年以来，美国已经开始监管平台了，监管不是为了干死平台，只是要把分配的机制矫正一点。平台监管的本质不是屠龙，它只是想让那些屠龙的少年不要变成恶龙。

这对大家很重要，意味着整个商业模式要转向了。2020年初我们在研究平台的过程中意识到，这些年无论是腾讯、阿里、美团，还是亚马逊等各种平台型企业，都在做一件事，就是"线上城市基础设施"，它们在各自的领域"修路""修桥""当房东"，一天到晚搞流量，招商引资，追求自己的经济增长，然后向平台上的个人和企业抽成，像极了线上的"地方政府"。这件事情当然有好处，在过去十多年里我们"线上城市化"速度很快，有弯道超车的趋势，正如我们在线下用了40年实现了接近60%的城市化率一样，现在线上城市化率也已经很高了。这意味着什么？线上城市化的高潮阶段结束了。我们现在总是批评地方政府，不要天天追求GDP，不要重复建设基础设施，要转到民生上来，线上逻辑也一样。

不说别的，就说社区团购的"百团大战"，难道这不是线上城市化的重复建设？这不是资金浪费？从全社会来看，这是提高效率还是降低效率呢？

基于这些理由，我们坚定相信，线上模式要转型了。正如修桥、修路之后需要有车跑起来，建商场后需要货架上有足够多的高质量商品，建学校后需要更新教材和增添设备一样，线上也要追求更美好的生活，提高服务水平。所以大家不要总想着搞平台、薅羊毛，而应踏踏实实开店，做好拳头产品。

这里我可以做出一个大胆的判断，未来三年，也许用不了三年，平台企业要死掉80%。我们正在进入一个"小而美"的阶段，正在回归根本需求，去提高生活质量，这也是下一个阶段商业模式的追求。

2020年所观察到的、所研究的，对我的冲击非常大。

我开始意识到，人类都是站在自己的当下看问题的。生于20世纪70至90年代的人，会把增长当作理所当然。但是回头看才发现，人类历史的经济主题从来只有两个，一是增长，二是分配。当增长为主的时候，我们希望自由，不要管制，钟摆就荡到右边追求效率；当社会开始谈分配的时候，这个钟摆就荡到左边，追求公平。

在过去的100年里，钟摆就摆过两次。第一次是20世纪初期，当时因为是金融寡头时代，整个社会贫富分化差距特别大，后来发生了大萧条，左派罗斯福上台后，强调政府管制，信奉凯恩斯主义，整个40年代老摩根这些投行人都过得很惨。第二次世界大战后因为工业化进程，全球资本主义国家进入黄金增长期，大家都觉得这个模式没毛病，很好。

但当70年代高速增长结束，经济开始下行、滞胀时，里根和撒切尔夫人这两位西方国家的元首将哈耶克的自由主义推上了神坛。这时候钟摆就向右，重新开始追求效率。当数字化、金融深化、负利率把分化推到一个严重的阶段时，欧美国家的钟摆又开始往左，追求公平。2016年，特朗普上台这件事就很典型，大家又开始关注分配的公平问题。

2020年这场疫情让数字化被快速推进，分化更加不可阻挡，所以必须在初始分配阶段做一些调整。历史的钟摆从来都是这么摆动的。

2020 年，我们站在一个怎样的历史拐点上？我的判断有以下两个。

第一，这是一个从增长转向分配的时代，它不意味着没有增长机会，只是分配方式会发生变化。对于更多的普通人而言，暴富的机会可能少了，但小而美的机会也许更多。而且在这个时代，全球是一体化的，没有谁可以独善其身。

第二，尽管历史是个钟摆，但历史的潮水不会变，数字化和金融深化仍将持续，分化也仍将持续。数字化还会深化下去吗？会。低利率还会持续吗？也会。未来会是一个 K 形分化的世界，10 年后我们回看 2020 年，疫情可能已经变得不重要，但是我们会真切感受到，我们在当时已经迎来一个完完全全不一样的时代。

这个时代是什么？我也不知道。一眼看去，我也看不到未来，只知道是巨大的不确定性。我的孩子才 2 岁多，在写这本书，做这门课的过程中①，我真的特别情绪化，好几次哭倒在沙发上。为什么？因为我意识到我的儿子将面临比我这一代更充满不确定性的未来，我不知道该怎么办。作为一个母亲，我不知道该怎么把这种不确定性化为确定性的幸福捧到他的手中。

这让我纠结，但是后来又想，那又怎么样呢？如果我不是历史的弄潮儿，作为一个普通的母亲，那就做这个时代的顺潮儿吧，

---

① 得到 App 课程《香帅财富报告》。

找到潮水的方向，顺着这个潮水的方向做对决策。我每一次做决策都会想到，我最后的终点将是我儿子的起点。

所以这是 2020 年带给我最深的启示—— 如果我们不能做时代的弄潮儿，那就做时代的顺潮儿吧，把我们的肩膀留给我们的下一代。

卷三

金融学那点事

# 21

## 十年以来最具前瞻性的诺奖：
## 用经济学模型量化未来

2018 年 10 月 8 日下午，诺奖委员会宣布了该年度诺贝尔经济学奖得主：威廉·诺德豪斯（Willam Nordus），美国经济学家，77 岁，耶鲁大学；保罗·罗默（Paul Romer），美国经济学家，63 岁，纽约大学。

一般人可能会认为这个奖项是颁发给"发展经济学"（罗默）和"环境经济学"（诺德豪斯）的。这个理解不算错，但是远远低估了诺奖委员会思考的深度。我认为，这是过去 10 年最有前瞻性和思想性的诺贝尔经济学奖，也是我们这个时代对人类社会发展面临的巨大转变所做出的回应。

简而言之，这两位经济学家的研究可以用 3 个词语来概述：经济增长，知识创新，气候变化。其中经济增长是目标函数，知识创新和气候变化是具有外部性的内生变量。

"经济学是研究什么的学科？"对于这个问题可能有无数解

答，但是有两个命题是永恒的，一是"增长"，二是"分配"。没有增长哪里来的分配？所以首要的命题是，人类社会要怎么样才能实现持续增长，创造更多财富。

其实在人类漫长的历史上，增长并不是常态。你会看到，在过去的 2000 年中，人类经济增长是一个极为缓慢的过程。在前面的 1700 多年里，人类经济增长几乎是一条水平线。直到 18 世纪中期，也就是第一次工业革命之后，这条增长曲线的斜率才有了第一次跳跃，人类经济出现快速增长。到 20 世纪五六十年代，也就是以计算机和互联网为代表的信息技术革命开始，这条曲线的斜率再次跳跃，变成一条几乎垂直的线，也就是说人类经济增长呈现爆发式的几何级增长（公元后的 1700 年总共增长了 3 倍，从 1700 年到 1940 年，200 多年增长了 10 倍，而从 1950 年开始到现在的 70 年，又增长了 10 多倍）。

没错，人类脱离极度贫困匮缺仅仅两三百年的历史，衣食无忧也不过六七十年的历史。沉迷穿越的同学可以断了这个念想，漫长历史上人类社会的匮乏和贫困是今天的你根本无法想象的。

除了庆幸自己生活在当下以外，这些数字还告诉我们一些基本事实，并且得出一些关于我们未来的推论。

第一，技术进步是经济增长的根本动因，两者会相互作用，形成几何级的爆发式增长。

这一条对于目前我们人类社会的状态具有非常重要的含义。在信息时代之后，人类社会的技术进步到了一个临界点，以人工智能 / 大数据为标志的智能时代几乎就在触手可及的未来。技术进步的动力来自哪里？会怎么具体作用于经济增长？对这些问题的具体的、量化的、框架性的回答对我们下个时代的增长路径与世界各国的政策制定都有重要的意义，而这正是罗默的核心研究。

和人类社会经济增长的路径差不多一致，到 20 世纪五六十年代才出现成形的经济增长理论，以索洛等人为代表的新古典经济增长理论盛极一时。他们的模型中，资本和劳动力是增长的基本要素，技术进步则是一个外生变量。

罗默敏锐地捕捉到知识经济的苗头，在 20 世纪八九十年代提出关于知识和创新的内生增长模型，他有三个核心观点。

其一，知识是经济增长的要素，知识累积会影响劳动力水平和资本回报率。

其二，大部分技术进步源于市场激励导致的有意识的投资行为，即技术是内生的。

其三，创新可以使知识成为商品（如开源代码、发明专利），而知识商品非常特殊，它具有使用上的非竞争性和占有上的部分排他性，而且可以创造垄断利润（如新药研发等）。

这三条听上去不复杂，但是对于全球的经济增长模式和政府政策制定都有巨大的影响力：技术进步不是外生的，而是内生于劳动力和资本。教育投资和研发投资都会加快知识累积，使得劳动力素质提高，资本收益提高。正因为如此，边际投资回报率下降的速度比传统理论认为的要慢得多，加深知识累积的投资的持续增加能够长期地提高一个国家的增长率。这对于全世界都是一剂强心针，下一波技术革命的速度、下一个 30 年的经济增长速度可能取决于我们今天的投资方向。不仅国家发展如此，个人发展也是如此。

更重要的是，社会必须允许创新带来垄断利润，这才能够激励厂商大量投资于创新活动，加速知识累积，而这种知识会因为使用上的非竞争性，产生溢出效应，再进一步加速知识累积，这样对经济增长会产生多重拉动作用。罗默在自己的模型中对这些问题都给出了极为严谨详细的论证，让很多实证研究有了理论框架，能够给出具体的量化分析。这些研究对各国政策都有深远影响，比如为什么知识产权和专利保护很重要？因为这是技术进步的核心，也是经济增长的原动力。比如为什么要允许垄断利润存在？因为这才能加速全社会知识累积，让知识产生溢出效应。比如为什么要在教育上加大投入？因为这才是决定未来增长潜力的根本。

所以，罗默的增长模型是一个前瞻性的增长模型，它对过去几百年人类社会的增长路径做出了很好的解释，更为下一个技术革命下的人类增长模式提供了框架性的洞见——知识创新是技术进步的动力，它通过投资的方式作用于经济增长，而且是累进的叠加的方式。诺奖之所以颁给他，不仅仅是因为他对过去增长经验的总结，也不是说他的理论是完美的，严格来说，这是新增长模式的开始，诺奖委员会希望鼓励更多的学者研究新增长模式。

第二，高速增长带来的问题，比如自然环境问题，是人类社会的全新命题。怎么将自然环境的变化和人类经济活动的内生性关系量化，在自然环境的约束下，实现人类可持续增长则是诺德豪斯的研究核心。

我们生活在一个前所未有的物质富余年代，享受高速增长的同时，也面临人类历史上从来没有面临的问题——自然环境问题，而气候问题又是重中之重。在短暂的人类历史上，我们从来没有这么多人口，这么多工业，这么庞大的人类活动排放出来的温室气体过多过快，超过地球生态吸纳它们的速度，这使得地球表面温度升高，从而可能导致冰川融化、植被死亡、海洋洋流剧烈变化等多种自然问题（很多人认为这些年的各种飓风、地震、海平面上升等自然灾害都和温室气体排放有关）。这些问题，都是直接影响人类安全可持续发展的大事。

传统上这些问题都是自然科学的领域，但其实它们和经济领域有密切关系。一方面，所有这些排放都是人类生产、消费等经济活动的结果。如果要控制温室效应，只有通过影响人类经济系统，才能起作用。另一方面，气候变化也会对人类经济活动产生影响（如旱灾会导致农业歉收、台风会造成严重的经济损失等）。

在诺德豪斯之前，虽然有学者也提出了这些观点，但是缺乏系统的理论框架。诺德豪斯尝试把经济系统和生态系统整合在一个框架里。在这个框架里，经济活动会产生碳排放，碳排放又使得生态系统发生变化，这种变化再影响经济系统，形成一个循环。他将经济学中的边际分析引入气候变化这个命题，比如，他指出为降低温室气体排放所需要的经济投入是递增的，但是温室气体带来的损害会随着减排的上升而下降，所以我们可以找到一个最优的减排方案，使得社会净收益最大。你到大学、气象局、环保局、联合国等机构去看，就会发现，现在全球研究气候变化的主流工具——气候变化综合评估模型就是诺德豪斯的研究框架。

　　这些研究具有极强的政策含义。和极端的环保主义者不同，诺德豪斯考虑的是社会整体的成本和收益，所以建议比较温和地减排，但是他也笃信，气候变化对人类社会未来的可持续发展是至关重要的。我们从来没有经历高增长带来的烦恼，所以缺乏应对经验，也需要更多学者将眼光投射到这些前瞻性的全新命题上。尽管温室效应和减排都是非常有争议的话题，诺奖委员会还是将这个奖项颁给了诺德豪斯，也就是基于此。

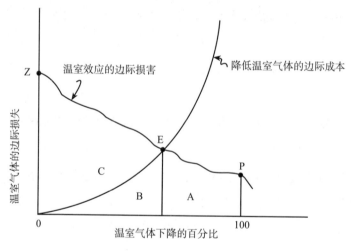

注：
A：超过最优点 E 之后，如果继续减排所能实现的减排收益
B：该区域成本
C：实现最大化的净收益
P：代表一个比较高的减排量所对应的边际收益
E：最佳的减排力度
Z：不实施减排时，温室气体造成的最大损失

这就是今年诺贝尔经济学奖两位得主的核心思想。当然，作为过去三四十年最具影响力的经济学家，两人的涉猎都非常广泛，对经济增长、福利、环境、城市等重大议题都有特别深入的研究，真正让他们大放异彩的，还是罗默的"内生增长理论"，而诺德豪斯则是"气候变化经济学"的奠基者。

这两个命题都是对人类社会未来增长方式的前瞻性和反思性研究，按照诺奖委员会的说法，这两位学者得奖的原因，是把人类经济增长两个最根本的约束——自然资源和知识，用科学、量化的方法引入经济学研究的理论框架。他们的研究把人类社会对经济增长、知识创新、自然环境之间内生性关系的理解推上了一个新台阶。

# 22

## 来自欧洲的"整体业务证券化"[1]

2016 年"两会"期间,"资产证券化"先后在李克强总理的政府工作报告和央行时任行长周小川答记者问中出现。其实,资产证券化是个笼统的称呼,比如总理和时任行长强调的这两种证券化是很不一样的产品。

在《金钱永不眠》一书中我们讲过,资产证券化就是将一组(个)流动性较差但预计能产生稳定现金流的资产通过一系列的结构安排和组合,对其风险和收益进行分割和重组,从而将资产的预期现金流转换为流动性较好和信用等级较高的金融产品的过程。

自 20 世纪中期开始,美国通过发行房地产抵押贷款支持证券(MBS),发展了本国的房地产市场。后来,通过对更多基础资产(信用卡贷款、学生贷款、应收账款等)运用证券化技

---

[1]  22—24 章由香帅和希哥(香帅的二徒弟,北大直博,目前在大厂战略管理部工作)合著。

术，资产证券化的金融创新在美国风靡一时，各种产品层出不穷。在 2007 年金融危机期间，部分资产证券化产品（如再证券化产品 CDO）受到较大冲击，资产支持债券占美国债市份额从巅峰的 37% 下降到 2009 年的 12%。但是随着人们对危机认识的深入，对市场进行拨乱反正，资产证券化也开始逐渐回暖，到 2014 年末回升到 27.8% 的水平。这大致是美国资产证券化发展的极简史。

我们把目光转向欧洲。20 世纪 80 年代是美国资产证券化市场创新的一个高峰期，与此同时，这种金融工具的概念由美国传入欧洲。从善如流的英国人民很快吸收了这一经验。1987 年，全英住房贷款公司（NHLC）发行了英国历史上第一笔居民住房抵押贷款支持证券（RMBS）。其后，同美国资产证券化的发展历史相似，欧洲资产证券化的基础资产也逐渐从住房抵押贷款拓展至企业贷款、信用卡贷款、汽车贷款、消费者信贷、设备租赁款、应收账款甚至不良信贷等各类资产。这些产品在我国被统称为"信贷资产证券化"，周小川强调的"不良资产证券化"就属于这个范畴。

但是，在借鉴美国资产证券化经验的过程中，欧洲也发展出一些具有自身特色的资产证券化业务，最具代表性的当数"整体业务证券化"（Whole Business Securitization，WBS）。李克强提到的"基建设施项目对接资产证券化"就属于这一类型。

### 具有欧洲特色的资产证券化产品 WBS

简而言之，整体业务证券化就是将企业的整体运营资产作为基础资产，以其产生的现金流作为支持发行的证券化产品。由于它是对企业的整体运营收益而非企业某项特定资产进行的证券化，因此得名"整体业务证券化"（以下简称 WBS）。

1995 年，英国 Craegmoor 集团为了按期偿还现有债券的本息，打算进行再融资（借新债还旧债）。由于公司杠杆率水平已经较高，如果选用贷款或者再次发债的方式融资，会继续推高融资成本。怎么办呢？聪明的投资银行家设计了一种新的融资模式。

他们让集团旗下的 Craegmoor 疗养院以部分特殊护理房间和老人护理房间的未来房费收益作为抵押，与集团旗下的内部财务公司签署了抵押协议。内部财务公司作为特殊目的载体（Special Purpose Vehicle, SPV）以 Craegmoor 疗养院的未来房费收益作为基础资产发行 WBS，所获得的认购资金在扣除各项发行费用之后通过 SPV 转给 Craegmoor 疗养院。Craegmoor 疗养院的运营收入则将按照抵押贷款合同的约定向 SPV 偿付贷款本息，然后由 SPV 向证券持有人偿付证券本息。[①]

此外，为了提高 WBS 的信用水平，融资方案中还使用了其他外部信用增级手段，如引入第三方金融机构为 SPV 提供短期流动性支持和利率风险担保，或者为 Craegmoor 疗养院提供循环信贷等运营资金支持。

---

① 在此之前，1994 年瑞典 St Erik 市的市政部门以公租房项目产生的现金流作为支撑发行的证券可视作 WBS 的雏形。

Craegmoor 疗养院的 WBS 发行成功后，这种以某个项目的未来现金流为基础资产的证券化产品为英国企业提供了新的融资思路。效仿者接踵而至，Phoenix 连锁酒店、Angel 铁路运输服务公司等也将其业务的未来收益权作为基础资产，进行证券化融资，用于偿还项目开发贷款或杠杆收购贷款。

和信贷资产证券化一样，整体业务资产证券化本质上也是通过一系列结构安排和组合，对基础资产的风险和收益进行分割和重组，从而将资产的预期现金流转换为流动性和信用等级较高的金融产品的过程。通过结构化的交易方案设计，证券的信用评级得以大幅提高，这使得融资方可以在高杠杆的情况下，仍然以较低的融资成本进行融资。

### "真实控制" 的 WBS

简单来说，在信贷资产证券化项目中，发起人将基础资产打包 "真实出售" 给 SPV。之后，基础资产被移出发起人的资产负债表，发起人也不再拥有对该资产的所有权和控制权。因此，发起人和基础资产之间相当于有了一层 "防火墙"。这种 "真实销售" 的法律处理和 "表外证券化" 的会计处理模式，正是资产证券化项目的基础资产和发起人实现风险隔离的重要手段。

而在 WBS 项目中，发起人保留对项目的控制权和所有权，基础资产留在发起人的资产负债表内。看上去，这种被称为 "真实控制" 模式的资产证券化并没有实现基础资产和发起人之间的风险隔离，那么一旦公司破产（或出现经营问题），会不会对项目资产进行干预，从而损害投资者的收益呢？

答案是在英国不会。因为在发起人和SPV签署的贷款协议约定下，有一个特殊条款：在项目公司经营失败，不能履行借款人职责时，WBS证券的投资者可以指定"行政接管人"继续经营基础项目，或直接处置项目资产。[①]

"行政接管人"是英国破产法体系中一项非常独特的制度安排，它规定：在浮动抵押中，当债务人发生违约或债务企业进入清算等情况发生时，债权人可不经法院批准直接指定行政接管人，以便全面接管债务人的资产和业务（参见英国《1986年破产法》B1章第14段）。[②]

这个制度中的关键词叫"浮动抵押"。按照现代英美法系的规定，浮动抵押是指债务人将其现在和将来所有的财产或者部分财产作为抵押，出于为债权人利益考虑而设定的一种物权担保。

其实浮动抵押的概念最早可追溯到罗马时期。罗马法规定，行为人可以就整个财产（有着同一主人或同一用途的标的和权利的总和）设定抵押权，在行使抵押权之前，债务人对所抵押财产保留正常经营过程中的处分权，即允许债务人在一定范围内自由处置财产。现代浮动抵押制度正源于此，这个制度使得企业能够用现在和将来的所有财产或者部分财产作为抵押，从而大大提升了企业的融资能力。

---

① 　在WBS中，发起人与SPV签署担保贷款协议，并以运营项目的未来收益作为基础资产发行WBS，卖给投资者，因而最终的担保债权人为WBS持有人。

② 　抵押人和抵押权人（均为法律术语中的称呼）的本义就是债务人和债权人。

在 WBS 融资模式中，融资企业正是将自己名下具体的和特定的资产固定抵押（或质押）给 SPV，将在抵押期间变动的、不确定的资产浮动抵押给 SPV，即与 SPV 签订一揽子抵押贷款协议，从而获得项目融资。而在浮动抵押设定下才存在的行政接管人制度有着非常重要的作用。在债权人（融资企业）出现问题的时候，行政接管人可以直接接管处置融资企业的资产。由于行政接管人直接代表 WBS 债券持有人的利益，这就排除了破产程序中其他债权人和法院对项目运营的不利影响，从而最大限度地保证了 WBS 证券投资者本金和利息的支付。[①]

通过浮动抵押上的行政接管人制度，英国的 WBS 项目在融资方全部资产上普遍设置担保物权，利用行政接管人制度确保 WBS 证券投资人可在融资方破产时获得对基础业务的排他性控制，这样就实现了传统资产证券化中基础资产和发起人之间的风险隔离。这一制度保障了 WBS 投资人的权益。也正因为如此，"真实出售"的 WBS 项目在英国获得极大的发展空间。而在没有行政接管人这一法律制度保障的国家或地区，投资人对于风险隔离的担心使得这一资产证券化模式未能普及。

### WBS 的"压力测试"

在没有经历"真实违约"之前，一切"真实控制"或者"破

---

① 其他债权人包括和 WBS 项目无关的债权人，也包括和其有关的债权人，如在外部信用增级过程中引入的流动性支持提供方、利率风险担保方、第三方金融机构等。

产隔离"都是纸上谈兵。在过去二十多年的实践中，WBS 确实发生过违约情形，证券投资人和发行人之间，以及不同级别的投资人之间都已经进行过"荷枪实弹"的真实较量，用血的代价给我们展示了 WBS 的"压力测试"结果。

1997 年 8 月，英国高速公路服务区运营商 Welcome Break Group（WB 集团）为了偿还杠杆收购贷款，将其旗下 23 个服务区的营业收入打包作为抵押，与 Welcome Break Finance（WBF）签订企业间贷款协议，支持 WBF 发行 WBS 证券。[①] 该项融资计划时长 20 年，总体融资规模达到 3.76 亿英镑，包含三组优先级 A 票和一组劣后级 B 票四个偿付层级。根据 WBS 的发行文件，1981—1994 年，相关高速公路通车量实现了 127.6% 的增长幅度，这一历史数据使得各方对借款人的未来业绩产生了过于乐观的预期，因而在设计融资计划时，不仅设置了较高的整体交易杠杆率，还规定了 7 年的免付期，20 年本息的偿付压力被集中压缩到后面的 13 年。

然而天有不测风云，2000 年石油危机和 2001 年美国"9·11"恐怖袭击事件的双重打击令 WB 集团的业绩一蹶不振。预期财务数据显示，一旦进入债券的偿付期，WB 集团的现金流收入将不足以满足 WBS 债券的本息偿还支出。再加上融资方案设计中并没有对利率风险进行完全对冲，一旦未来利率上升，浮动利息债券的偿付额会进一步恶化企业的现金流状况，WBS 债券违约

---

① WBF 为该案例中的 SPV，负责发行 WBS，发行收入用于为 WB 集团融资。

在所难免。为了避免债券违约，2003 年 6 月 5 日，WB 集团的项目投资人 Investcorp 向票据持有人发出回购要约。[①]

Investcorp 的最初回购方案为：将两个服务区售后回租，以融得的 2.3 亿英镑同时回购 A 票和 B 票，但均需打一定折扣。A 票持有人非常愤怒，因为按照偿付的基本原则，在 A 票全额清偿之前，B 票（劣后级）不应获得任何偿付。之后，Investcorp 提高了价码：A 票可按票面价回购，但 B 票需打 4.5 折（后来提高到 55%）。方案获得了 A 级投资者的批准，但又遭到 B 级投资者的否决。

在争执无果的情况下，2004 年 3 月，Investcorp 申请允许 WBF 进行破产重整。Investcorp 的举动实际上构成了 WB 集团的违约，按照英国的法律制度，债券投资人可对发行人 WB 集团实施行政接管。2004 年 5 月 25 日，德勤会计师事务所正式成为 WB 集团项目的行政接管人。德勤进驻没几天，Investcorp 全面投降，同意按面值全面回购 A、B 两级票据。WB 集团也就此卖掉 9 个高速公路服务区，用于平价支付债券持有人本金。

这个案例使得 WBS 债券持有人指定行政接管人的权利首次得到法院的裁决肯定。行政接管人制度在最后关头挽救了投资者，确保他们按票面价值收回投资。事件结果使得英国市场重新审视 WBS 这一新型融资工具，投资者对 WBS 债券的认可度大大提高，WBS 模式开始在英国出现繁荣局面。

---

① Investcorp 创建于 1981 年，是一家全球领先的投资管理公司，总部位于巴林。

### WBS 的繁荣

得益于英国的破产法制度中的行政接管人制度，WBS 的发行也主要集中在英国——英国 WBS 债券余额占欧洲 WBS 债券余额的比重一直在 95% 以上。近 20 年来（1995—2014 年），WBS 在欧洲取得了长足发展，WBS 债券余额稳步上涨，甚至在金融危机期间和危机后，在传统资产证券化产品（MBS、ABS 和 CDO 等）规模均大幅下挫的情况下，WBS 仍保持增长趋势。

截至 2015 年第二季度，欧洲的资产证券化市场余额为 1.76 万亿美元，规模远远小于美国资产证券化市场。[①]

在欧洲资产证券化市场中，MBS、ABS 和 CDO 三类产品占据了欧洲资产证券化市场的大半壁江山（87.73%）。WBS 和 SME（中小企业贷款证券化）作为欧洲市场上的特色产品，分别占比 6.04% 和 7.13%。[②]

值得一提的是，WBS 并非适用于所有类型的企业融资。一

---

[①] 截至 2015 年第二季度，美国资产证券化市场余额为 10.73 万亿美元，其中 MBS（房地产抵押贷款支持证券，即以住房抵押贷款为基础资产，以其产生的现金流作为支撑发行的证券化产品）、ABS（资产支持证券，即以信贷资产，如学生贷款、汽车贷款、信用卡贷款等作为基础资产，以其产生的现金流作为支撑发行的证券化产品）和 CDO（担保债务凭证，即以系列信贷产品，如高收益的债券、新兴市场的公司债或国家债券等作为基础资产，而发行的再证券化产品）分别占比 81.18%、12.90% 和 5.92%。

[②] SME 与贷款抵押证券（CLO）的本质基本相似。但是由于欧洲（主要是西班牙和德国）主要采用资产证券化手段支持中小企业融资，全球中小企业贷款证券化业务主要集中在欧洲。因而在统计中，SME 一般作为一个单独口径列示，而并不归属于 CLO 口径。中小企业是欧盟经济的"擎天柱"，据统计，2007 年，中小企业数量占欧盟所有企业数量的比重为 99.8%，解决了欧盟 2/3 的就业，占到欧盟整体增加值的 60%。

般而言，业务受经济周期的影响较小、现金收入占经营收入的比重较高且较为稳定、业务的进入壁垒高、在市场中具有较强的垄断地位等特征的业务，比较适合使用 WBS 融资。正因为如此，WBS 大多被用于公共领域的项目融资（如配套设施类、交通基建类、游乐场类和公用事业类等）。

自 20 世纪 90 年代中期开始，英国出现 WBS 模式之后，WBS 也开始在澳大利亚、新西兰、印尼等沿袭了英国破产法制度的国家出现，2000 年之后，WBS 也伴随着大规模杠杆收购在美国获得了新发展，成为资产证券化技术回流美国的典型案例。[①]

我国是否存在 WBS 模式的资产证券化呢？答案当然是肯定的，只不过其在我国更多地被称为"企业资产支持证券化"。在 2015 年之前，中国证监会主管的企业资产支持证券化项目中近 70% 为 WBS，包括公共事业（供热、供水、供电等）收益权证券化、基建设施（路桥、隧道、棚户区改造等）收益权证券化。自 2015 年开始，企业资产支持证券化中开始出现越来越多的小额贷款证券化、融资租赁收益权证券化，这些项目的实质为信贷资产。截至 2015 年 12 月底，我国成功发行的企业资产支持证券化项目中，公用事业收益权证券化和基建设施收益权证券化项目占比达为 34%。

中国企业资产支持证券化项目可以类比欧洲（如英国）WBS

---

① 由于 WBS 不能满足美国 ABS 条例中关于基础资产的"自我变现"要求，因而美国资本市场上的 WBS 证券几乎没有公募产品，至多是公开评级结果的私募证券。

项目，主要采取"真实控制"模式，中介机构是证券公司或者基金子公司。与 ABS 和 MBS 项目不同的是，WBS 不用设置破产隔离。由于美国破产法体系没有类似英国的行政接管人制度，所以 WBS 这类以业务未来营收现金流作为基础资产的证券化项目在美国是私募发行。我国破产法体系中也没有行政接管人制度，但是与 WBS 项目类似的企业资产支持证券化项目在国内是公募发行形式。部分国内文献已经在探讨这种发行形式潜在的问题。2014 年 11 月，证监会颁布《证券公司及基金管理公司子公司资产证券化业务管理规定》，确定了企业资产支持证券化项目特殊目的载体的破产隔离功能，但是这并不意味着所有类型的基础资产都可以实现破产隔离，例如，未来现金流类项目的游乐场门票收入、高速公路过路费收入等。

# 23

## 资产证券化的国际对比

近期，资产证券化在中国成了网红名词。做金融的不发行几个资产证券化产品简直不好意思出来混。其实，它不过是债权融资的方式之一，兴起于 20 世纪 60 年代的美国。2005—2013 年，这种舶来品在中国债券市场的发行一直不温不火，分别经历了初步试点阶段、停滞阶段和试点扩大阶段。2014—2016 年，中国的资产证券化异军突起，在产品设计创新和发行方面均十分吸睛，但是和欧美资产证券化市场仍然存在明显差异。在本章中，我们首先分析中国资产证券化与欧美资产证券化的规模差异，随后我们再奉上关于基础资产差异的分析。

中国的资产证券化产品主要分为两类：信贷资产支持证券化和企业资产支持证券化。这两个名字非常拗口，而且名不副实。为什么名不副实呢？我们统计了 2005—2015 年的发行量数据后发现，62% 的信贷资产支持证券化项目的基础资产是企业贷款，而 12% 的企业资产支持证券化项目的基础资产是信贷资产。

所谓的信贷资产支持证券化和企业资产支持证券化其实是欧美资产证券化产品在中国本土的换名改造。此事说来话长，中国债券市场一直呈现"监管分割"的诡异画风，银监会主管银行间债券市场，而证监会主管交易所债券市场，所以官方将"银监会主管审批、发行在银行间债券市场的资产证券化"称为信贷资产支持证券化，而"证监会主管审批、发行在交易所债券市场的资产证券化"则被称为企业资产支持证券化。在发行实践中，这两类产品的发起人和基础类型均有所重叠，这两个名字更像是中国式监管分割下造词运动的产物。

为了和欧美市场进行对比，我们按照国际惯例将中国资产证券化项目进行分类。从产品属性来说，欧美债券市场上，广义的资产证券化包括 MBS、ABS、CDO。在英国债券市场上还有一个流行产品，即 WBS。

- MBS 包括个人住房贷款证券化和商业地产贷款证券化。
- ABS 又被称为狭义的资产证券化，其基础资产包括房地产贷款以外的其他类型贷款或者债权性资产，如汽车贷款、学生贷款、信用卡贷款、租赁债权、应收账款债权、企业贷款等。
- CDO 的基础资产包含 MBS 和 ABS 债券，所以我们将其视为再证券化产品。
- WBS 则是将企业的整体运营资产作为基础资产，以其产生的现金流作为支持发行的证券化产品。它是对企业的整体运营收益而非企业某项特定资产进行的证券化。

下图是中国、美国、欧洲三个债券市场资产证券化项目 2005—2015 年发行规模及余额情况。

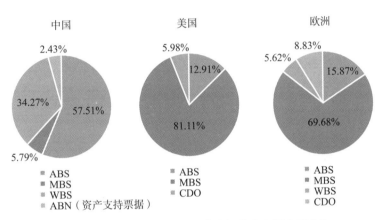

**2015 年末中国、美国和欧洲资产证券化市场余额占比**

**中国、美国和欧洲资产证券化发行量及余额对比**

| 中国资产证券化发行量（2005—2015 年）及余额 (2015 年末) | | | | |
|---|---|---|---|---|
| | 发行量（亿元） | 发行量占比 | 余额（亿元） | 余额占比 |
| 债券市场总计 | 1044031 | 100.00% | 485339 | 100.00% |
| 资产支持债券 | 10753 | 1.03% | 6556 | 1.35% |
| ABS | 7433 | 0.71% | 3772 | 0.78% |
| MBS | 493 | 0.05% | 380 | 0.08% |
| WBS | 2600 | 0.25% | 2248 | 0.46% |
| ABN | 226 | 0.02% | 159 | 0.03% |

（续表）

| 美国资产证券化发行量（2005—2015年）及余额（2015年末） | | | | |
|---|---|---|---|---|
| | 发行量（亿美元） | 发行量占比 | 余额（亿美元） | 余额占比 |
| 债券市场总计 | 679525 | 100.00% | 399211 | 100.00% |
| 资产支持债券 | 258132 | 37.99% | 107947 | 27.04% |
| ABS | 23059 | 3.39% | 13937 | 3.49% |
| MBS | 222048 | 32.68% | 87559 | 21.93% |
| CDO | 13026 | 1.92% | 6452 | 1.62% |

| 欧洲资产证券化发行量（2005—2015年）及余额（2015年末） | | | | |
|---|---|---|---|---|
| | 发行量（亿美元） | 发行量占比 | 余额（亿美元） | 余额占比 |
| 债券市场总计 | 1620648 | 100.00% | 178440 | 100.00% |
| 资产支持债券 | 57624 | 3.56% | 16202 | 9.08% |
| ABS | 7951 | 0.49% | 2390 | 1.34% |
| MBS | 37295 | 2.30% | 10491 | 5.88% |
| WBS | 723 | 0.04% | 846 | 0.47% |
| CDO | 5283 | 0.33% | 1329 | 0.75% |

备注：（1）美国债券规模数据源于美国证券业和金融市场协会（SIFMA）的统计。（2）欧洲债券规模数据源于欧洲金融市场协会（AFME）的统计。（3）中国债券市场存在一类特殊的资产证券化产品——资产支持票据（ABN），由银行间交易商协会主管，发起人主要是地方国企，项目基础资产为企业债权，包括基建设施收益权和公用事业项目收益权。至2015年底，ABN累计发行规模24单、226亿元，占资产证券化市场累计发行量的2%。

项目不设置 SPV，采取定向发行模式，认购人少于 20 人。

从图表中可以看出，在资产证券化的发行量、存量和产品结构方面，我们和欧美市场都有很大不同。

第一，在资产证券化产品存量上，我国仍远落后于欧美市场。作为舶来品，到 2015 年末，我国资产证券化余额为 6555 亿元，同一时点美国和欧洲的资产支持债券余额分别是中国的 107 倍和 16 倍。按照占债市规模的比例来看，资产证券化产品是欧美债的主流产品——美国资产支持债券余额占债市总余额的 27.04%，欧洲这一比例为 9.08%。而中国资产证券化产品，虽然被炒得沸沸扬扬，但到 2015 年底，仅仅占债市总余额的 1.35%，还远远不是债市的主流。

第二，如果仔细分析资产证券化产品的分类（见下图），我们会发现这种债市占比的差距主要体现在 MBS 上。MBS 在美国

**中国、美国、欧洲资产证券化市场产品**

**（2005—2015 年发行额）分类对比**

和欧洲资产证券化市场余额占比分别为 81.11% 和 69.68%，是市场的中流砥柱。我国 MBS 在这 11 年仅有 18 单项目发行，占资产证券化市场余额的比例为 5.79%。

中国 MBS 在市场的弱势地位与国内房地产市场消费者行为有关。据估算，2013 年中国个人住房贷款余额是国民净储蓄的 0.42 倍，而美国该比值为 16.2 倍。换言之，我国消费者倾向于储蓄购买住房，或尽快偿还按揭贷款，而美国消费者更倾向于借贷购房，而且也不急于还贷。从银行的角度而言，在前面的十年间，个人住房贷款是银行的优质资产，在没有流动性压力的情况下，国内银行没有动机对其进行证券化处理。

建行在 2005 年推出国内首单 MBS 项目，其创新意义大于实质需求。直到 2015 年 5 月，中国银行间市场交易商协会发布《个人住房抵押贷款资产支持证券信息披露指引（试行）》后，MBS 才开始逐渐浮出水面：2015 年，商业银行在银行间债券市场发行了 10 单 RMBS 项目，发行量总计 329 亿元。同年，武汉、杭州、湖州、三明和泸州公积金中心首次试水公积金贷款资产证券化项目在上交所发行。随后，上海公积金中心在银行间债券市场发行了两单 MBS，额度达到 69.60 亿元。这 7 单以公积金贷款为基础资产的证券化项目是更为典型的中国版本 RMBS 项目。

从基础资产的性质来看，期限长、流动性差、低违约率的公积金贷款是资产证券化的理想标的，以公积金贷款为主的 RMBS 可能是中国资产证券化发展的一个重要方向。2016 年 5 月，央行、财政部、住建部联合发布的《全国住房公积金 2015 年年度

报告》显示，截至 2015 年末全国住房公积金缴存余额 40674.72
亿元，潜力不小，但是仍然路漫漫其修远兮。

接下来，我们分析一下中国与欧美资产证券化在基础资产方
面的清奇差异。

基础资产是资产证券化项目的核心，资产证券化项目的质量
最终取决于基础资产的质量，而"风险隔离""信用增级""分层
设计"等中间环节，均可视为对基础资产的层层装饰。前些年，
由于这些装饰过于争奇斗艳、缤纷斑斓，严重侮辱了广大投资者
和吃瓜路人的智商，所以金融危机发生后，欧美监管层纷纷亡羊
补牢，修订资产证券化发行的信息披露条款，祭出了严厉、严肃、
犀利的大杀器，痛下决心整顿中介商和发起人粉饰基础资产真实
面目的现象。

欧盟委员会也于 2009 年陆续颁布 3 份新指令，统称 CRD II
（资本规定指引 II），其明确要求资产证券化发起人向潜在投资者
充分披露基础资产池的现金流情况、信用质量、贷款层面风险敞
口等信息。

与欧美资产证券化市场相比，中国资产证券化市场的基础资
产信息披露的透明度仍然较低。通过搜集有限的披露信息，我们
研究组发现——中国资产证券化的基础资产是妥妥的有中国特色
的基础资产，和欧美成熟市场有很大区别。

其最大特征是，中国资产证券化市场是以企业端债权证券化
项目为主，美欧等成熟市场是以消费者端债权证券化项目为主。
比如，2005—2015 年，中国企业端和消费者端债权证券化项目

发行量占比分别为 88% 和 12%，美国这一占比是 11% 和 89%，欧洲则为 30% 和 70%。

什么叫消费端债权呢？比如我们熟悉的住房抵押贷款、汽车贷款、信用卡贷款、学生贷款等。这些债权（或者贷款）的债务人是消费者，债权人是银行、汽车金融公司或者小额贷款公司（如蚂蚁小贷、京东贷、宜人贷等）。债权人将多笔债权打包作为基础资产，发行资产证券化。具体而言，2005—2015 年，每单消费者端债权证券化项目的基础资产约包含 38323 笔债权，对应 34029 位消费者，每一单在资产池中的比重都很小，风险分散程度较高，与美欧同类项目情况相当。单笔小额债权的非系统风险在资产池中得到中和，资产池的非系统风险充分降低，这是资产证券化的精髓所在。

那企业端债权呢？顾名思义，像企业贷款、基建设施项目债权、民生项目债权、租赁债权、公司应收账款债权等，这些债权（或者贷款）的债务人是企业，债权人是银行、贷款公司、租赁公司或者保理公司。债权人将少笔债权打包作为基础资产，发行资产证券化。这里的"少"是与上方的"多"对应的，那具体有多"少"呢？说出来也是蛮惊人的。

以占据中国资产证券化大半江山（占比 62%）的企业贷款证券化项目为例，2005—2015 年，每单项目的基础资产约包含 58 笔债权，对应 40 个借款企业，风险分散程度不能说低，只能说非常低。例如，天津银行在 2015 年发行的企业贷款证券化项目的基础资产仅包含来自 22 名借款人的贷款，其中来自山水水泥的贷款占据了资金池的 12%。结果在山水水泥陷入债务困境后，天津银行的企业贷款证券化项目立马进入评级公司的观察名单。要知道这在容不得违约事件的中国债券市场，是非常不得了的事情。再如，国开行在 2015 年以 3 笔发放给首都钢铁的贷款作为基础资产发行了 50 亿元资产证券化项目，就更只能令人拍案叫绝并刷新三观了。作为对比，美国企业贷款证券化项目，其每单项目基础资产平均涵盖两三百笔债权，对应借款人有上百人。

现在问题来了，为什么企业贷款证券化这种风险并不分散、算不上标准化的产品可以成为中国资产证券化市场的发行爆款呢？

这个问题归根结底还是与国内资产证券化市场（特别是银行间资产证券化市场）"非市场化"发行有关：（1）为了应对绩效指标，银行有更强的动力打包出售企业贷款；（2）一级市场上银行互持资产支持债券，并不用那么在意到底买了什么。

在以间接金融占据主导地位的中国市场上，银行资产以企业贷款为主（消费者贷款为次），银行出于"粉饰资产负债表"或者"为了创新而创新"的绩效指标，更有动力将企业贷款打包出售。我们分析过，从前些年的情况来看，消费者贷款（特别是住房抵押贷款）那么优良，银行根本舍不得对外出售。而银行间债券市场的主要投资者（特别是大金主）仍然是银行，A 银行与 B/C/D 银行友好协商，A 银行为了粉饰自身或者为了创新，在发行企业贷款证券化时，B/C/D 银行出面积极抢购，形成一派热火朝天频频刷低发行利率的场面；B 银行在实行粉饰或者创新时，A/C/D 银行如法炮制。在这种"银行互持"的和谐景象下，资产支持债券质量、基础资产质量、风险分散程度，再也不是大家关注的重点。

听说美女都是比出来的。和美欧等成熟市场相比，我们可以看出，全球资产证券化市场的主流是以消费者端债权证券化项目为主。而我们的资产证券化产品是以企业端债权证券化项目为主。这种清奇差异的背后是中国资产证券化市场中的"非市场化发行"现象，更深层次的原因就要回溯到我们的"官办金融"发展模式。

不过，到 2016 年，情况在悄悄发生变化。市场不傻，互联网消费微贷证券化、汽车贷款证券化、住房公积金贷款证券化的发行利率屡创新低，认购倍数屡创新高。而国际投资者也纷纷伸着脖子、探着头打听中国消费者端债权证券化，摩拳擦掌准备抢购中国汽车贷款证券化项目债券……我们倒是很期待年底时再盘算盘算，国内消费者端债权与企业端债权证券化的新局面。

# 24

# 从灾难证券到 CDS： 三生三世，十里套路

　　这两年，中国担保市场充满惴惴不安的气氛，各种萝卜章、倒闭、洗牌的新闻不绝于耳，频频闪现新剧情。信用违约互换（CDS）也因此被寄予厚望，屡屡被提及。从 2010 年开始，公募信用违约互换产品一直活在中国银行间市场交易商协会深奥难懂的各类指引力之间。信用风险释缓、信用违约互换、信用联结票据——各个令人眼花缭乱的中文名字充满了金融创新的威力。

　　其实 CDS 并没有那么复杂，它只是一个针对债权违约的保险产品。投资者可以为手中的债权购买违约保险，向债券市场寻求担保，将违约风险转移出体内。它的前生就是 20 世纪末开始发行的飓风灾难债券，21 世纪初被改造升级为单名 CDS 和多名 CDS（又称经济灾难债券），在 2007 年的金融危机中也曾饱受质疑。

　　从飓风灾难到经济灾难，从天灾到人祸，现代金融工具提供了风险分散的可能性，但从不会提供灵丹妙药。从飓风灾难债券到多名 CDS，从再担保类产品到信用衍生产品，资本市场旧瓶

装新酒的戏码未曾停止。太阳底下哪里有新鲜的事情，多么炫酷的名词，回看三生三世，也无非十里套路而已。

### 前世：飓风灾难债券

1992 年 8 月，安德鲁飓风袭击了美国南佛罗里达地区，所经之处伤亡惨重，街区被夷为平地，直接经济损失达到 260 亿美元。当地老百姓遭受了精神层面的严重打击，而负责灾后理赔的保险公司则遭受了物质层面的严重打击，赔到吐血，11 家保险公司赔到了破产的境地。有没有一种金融工具能帮助保险公司预防性地将大灾风险转移出去呢？聪明绝顶的理查德·桑德尔带着一群沃顿商学院的教授设计出了一个"风险共担"的新产品——灾难债券（Catastrophe Bond，简称 Cat-Bond）。

这个名字萌萌的灾难债券属于再担保类金融产品。本质上是保险公司作为发行人，向市场发行的高收益债券。光景好的时候，即没有飓风或者地震等重大天灾发生的时候，债券投资者享有高收益，保险公司稳稳当当地向投资者还本付息；而当重大天灾降临时，保险公司则不用向投资者还本付息。这个债券的风险定价与飓风、地震等重大天灾发生的概率紧密相关。例如，美国比欧洲地区多风，所以美国飓风灾难债券比欧洲飓风灾难债券的收益率更高。简单来说，这些高收益债券对保险公司起到了再担保的作用，将集聚在保险公司内部的重大天灾风险转移了出去，分散到了广大投资者身上。这个产品一推出，各大保险公司如获至宝。当时的保险业巨头——美国的 AIG、德国的 Hannover Re 纷纷加入发行灾难债券的大军。灾难债券的规模嗖嗖就涨上去了。尤其在严重的天灾发生后，这种债券的发行往往又喜迎新一波涨势。灾难债券市场规模在 1998—2001 年每年增长 10 亿~20 亿美元，2001 年"9·11"事件以后每年大约增长 20 亿美元以上，2006 年卡特里娜飓风袭击以后每年大约增长 40 亿美元以上。到 2010 年，美国的灾难债券（及类似的再担保债券）规模为 230 亿美元，这一规模在 2012 年桑迪飓风发生后翻了一倍，并继续保持每年 40 亿美元以上的涨势。截至 2015 年，其规模达到 720 亿美元。

　　保险公司拥有了灾难债券这种再担保工具后，重大天灾也不怕了。但市场上那些担保公司并不开心，因为保险公司的天灾再担保业务不需要它们来做了。目前美国再担保业务规模为 5650 亿美元，灾难债券的规模几乎达到再担保业务规模的 13%，业内预测未来几年这一比例还将翻倍。如此来看，保险公司直接通过灾难债券的发行向债券市场寻求再担保庇护，债券市场本身因此成为一家巨型再担保公司。和分层的债券产品一样，灾难债券产品大多为优先–次级分层设计，次级债券的投资者在享有最高收益的同时也面临最高风险，优先级债券的持有者享有较低的收益也面临较低的风险。

### 转世：单名信用违约互换

　　信用风险转移是债券投资者们朝思暮想的。1994 年，一个叫"单名信用违约互换"（Single-name Credit Default Swap）的金融创新面世了。这个简称"单名CDS"的产品本质上就是针对一个主体（公司或者国家）债权的保险产品。投资者可以为手中债权购买违约保险，向债券市场寻求担保，将违约风险转移出体内。当风平浪静时，投资者支付固定费用作为保费，如果投资者手中的债权出现违约，投资者从担保方那里得到补偿。CDS的买方向市场寻求担保，CDS的卖方对信用违约事件承诺担保。

举个例子，2008年9月，雷曼兄弟宣布破产。10月，基于雷曼兄弟债券的CDS正式进入赔付流程。如果你当时持有雷曼兄弟债券，并且也为手中的雷曼兄弟债券买了CDS保险，那么雷曼兄弟破产也不用怕，CDS的卖方将兑付承诺对你进行补偿：你把雷曼兄弟债券交给CDS的卖方，同时，CDS的卖方支付债券面额的91.375%给你，一手交券，一手拿钱，完成互换。经济灾难时期，这个补偿率真的可以知足了。若是没有这份保险，那么人们只能熬到雷曼兄弟破产程序结束后再看看这家公司债券还能剩下多少回收价值。2005—2017年，共有126单违约事件进入CDS赔付流程，这些违约事件的主角既包含雷曼、房利美、通用汽车等大公司，也包含希腊、阿根廷、乌克兰等主权国家。在这些公司债券和国债上持有CDS保单的投资者得到了保险理赔。

在纯良的套期保值者手里，CDS是纯良的保险合同；在妖厉的投机者手里，CDS是妖厉的对赌工具。纯良和妖厉都是金融市场的魅力。看空者可以使用CDS作为加杠杆的工具，当空方力量比较强的时候，CDS的数额会超过其对应债券的数额。

2005 年美国汽车零件制造商德尔福发行了 10 亿美元的公司债券，本该仅对应 10 亿美元赔偿额度的保险合同，市场上却对应着 100 亿美元赔偿额度的保险合同，CDS 数额是债券数额的 10 倍。也就是说，当时大部分市场上的投机者手上根本没有德尔福债券，却持有德尔福债券的 CDS 保单，这是典型的"裸卖空"——投机者们看空德尔福，赌定德尔福债券将违约，于是抢占先机购买了大量保单。这些 CDS 保单的卖出方则是看好德尔福的投资人，他们认为德尔福公司债券违约风险较小，希望躺着赚取保费，所以他们与看空的投机者一同进入了赌局。结果，在德尔福真的命途不济进入破产程序后，启动竞价程序以解决德尔福债券违约的赔付问题，德尔福债券的保单持有者们获得了债券面额 36.625% 的补偿。

裸卖空到底有没有错？这个很难说。市场上任何交易本来就是两情相悦、一个愿打一个愿挨的事情。例如，一个跨国银行因为自己的资产中含有投向法国的贷款，会试图寻求针对法国市场风险的担保，法国贷款没有对应的担保工具，于是它决定单纯购买法国国债的 CDS 保单来作为自己资产的担保，而它自己并不持有法国国债，这就属于裸卖空，但是听上去完全人畜无害。其实很多裸卖空的背后是真实的套期保值需求。2008 年，成堆的次级住房抵押贷款违约，大量银行和保险公司倒闭。这意味着 CDS 裸卖空方做到了套期保值，甚至可能赚得盆满钵满（比如，大名鼎鼎的华尔街"空神"约翰·保尔森），但是同时 CDS 裸卖空方也遭受了全世界的口诛笔伐，"全世界在哭的时候，笑的人有罪"。

2010 年金融危机余震犹在，铁打的德国毅然决然地要推动欧盟封杀 CDS 裸卖空，流水的意大利人和西班牙人则毅然决然地顽强抵抗，因为他们担心 CDS 裸卖空禁令会极大影响 CDS 市场的流动性，而债权担保市场的流动性一旦下降，必然会传导至实体债权市场，从而增加其国家在国际市场的借贷成本压力。同时，大西洋彼岸，美国参议院否决了禁止 CDS 裸卖空的议案修正案。

### 现世：经济灾难债券

保险公司将成百上千笔民宅或者车辆的重大天灾风险汇集在一起，通过发行灾难债券将风险转移出体内，分散到债券市场上。基金公司等机构也可以将手中成百上千笔主体债权的违约风险汇集在一起，通过发行灾难债券将风险转移出体内，分散到债券市场上。这种针对多项债权进行违约担保的 CDS 叫作"多名 CDS"（Multi-name CDS），等同于"单名 CDS"的一篮子组合。

从飓风灾难债券到"多名 CDS"，很少有人看出这两个产品前世今生之间的渊源，直到哈佛大学的约书亚·科沃尔、埃里克·斯塔福德和普林斯顿大学的雅各布·尤雷克在 2009 年的《美国经济评论》论文中形象地将"多名 CDS"称为"经济灾难债券"（Economic Catastrophe Bonds）：一般而言，多项债权集体违约只会在经济灾难时发生。在经济灾难之时市场行情下挫，多名 CDS 对应的众多债权集体发生违约，触发互换条件，多名 CDS 的卖方将向多名 CDS 的买方进行补偿。同飓风灾难债券一样，多名 CDS 产品也进行了优先-次级分层，对应多层债券。

| 实物市场 | 衍生品市场 | | |
|---|---|---|---|
| 股票 | 个股期货 | 多股期货组合 | 股指期货 |
| 债券 | 单名 CDS | 多名 CDS | CDS 指数 |

进阶版多名 CDS，即单名 CDS 的一篮子动态组合，称为"CDS 指数"。如果将单名 CDS 与个股期货进行类比，那么 CDS 指数则可以与股指期货进行类比。并且，就像股指期货为股票市场投资者提供了对整个市场套保对冲的工具一样，CDS 指数的推出，为寻求多项主体债权的保险合同的投资者提供了便利，投资者不用再去市场上为手中的每一项主体债权寻找担保了，只需要在 CDS 指数上下注即可。目前，单名 CDS 的交易仍然是由合约双方协议清算，CDS 指数的交易则是由清算所进行统一清算，所以 CDS 指数的投资者也不用担心"交易对手风险"，也就是担保方不兑付的风险。这个优点对于投资者而言太重要了。无论是在中国的担保市场，还是欧美 CDS 公募市场，平时担保费收得妥妥的、清算时则赔不起甚至不认账的主儿都不少见。中国从 2014 年以来风起云涌的债券违约潮已经直接引发这些债券对应担保公司的违约潮和行业洗牌，2015 年融资担保机构为 3389 家，比 2014 年锐减了 491 家。学界和业界在对创新型担保产品进行反思时一再强调：天灾也罢，经济灾难也罢，灾难债券的定价过程中，交易对手风险需要被慎重再慎重地纳入考虑，这是金融危机给担保产品持续发展敲下的警钟之一（Arora 等，2012，JFE）。

但是，直接下注一篮子 CDS 组合（无论是静态的多名 CDS，还是动态的 CDS 指数），许多投资者都无法做到精确对冲：投资者手中的多项主体债权与一篮子 CDS 组合对应的成百上千项主体债权的违约概率并不完全一致。听上去就像，投资者本来只想给自己家的七八个孩子投个健康保险，拿到手的却是整座幼儿园孩子的健康保险组合。所以单名 CDS 的存在还是很有必要的：通过一份一份地购买单名 CDS，将一份一份担保与手中的每项主体债权对应，投资者在承受交易对手风险、忍受较高交易费用的同时，能够做到精确对冲。实际上，近十年，全球范围内，单名 CDS 和多名 CDS 产品也差不多保持了相同的市场体量。

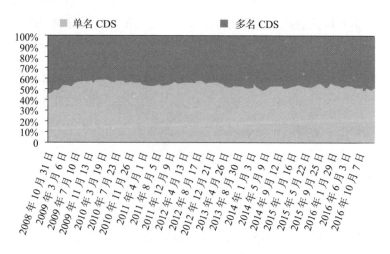

**单名 CDS 和多名 CDS 的存量占比**

资料来源：SIFMA

1997 年亚洲金融危机和 1998 年俄罗斯债务危机之后，金融机构的危机意识觉醒，认识到了信用风险管理的重要性，CDS市场开始快速扩大，名义规模从 1997 年的 3000 亿美元增长至2000 年的 2 万亿美元。2002—2007 年，伴随着住房抵押证券化市场的兴旺，CDS 经历了爆发增长期，名义规模飙升至 62 万亿美元，超过 2007 年全球 GDP 总额。2008 年金融危机爆发，由于标的资产海量违约，交织着交易对手风险，信用衍生品市场遭受了严重冲击。

金融危机之后，《多德-弗兰克法案》和《金融工具市场指令 II》相继出台，对金融业的泛滥和自由化进行管制。以《多德-弗兰克法案》为例，它严格限制银行参与信用衍生品交易，并且要求 CDS 指数交易进行统一清算。自 2014 年 2 月起，CDS指数篮子对应的多名 CDS 开始在结算所进行统一清算，由美国商品期货交易委员会监管。单名 CDS 仍然未实行统一清算，仍然是由交易双方之间约定互换，由美国证监会监管。

在《多德-弗兰克法案》和《巴塞尔协议 III》下，银行参与单名 CDS 的前提也变得极为苛刻，加上单名 CDS 的结算一直效率低下，其交易量开始惨烈下挫，这也进一步制约了多名 CDS的发展。2014 年 10 月，昔日的 CDS 重量级玩家德意志银行宣布彻底退出针对公司主体债权的单名 CDS 交易，某种意义上标志着这个名噪一时的担保工具走到了时运的尽头。随后，面对全球 CDS 市场巨大的颓势，2015 年 5 月，世界上最大的资管公司黑石向全世界投资者发出最绝望的号召，"拯救命悬一线的单名

CDS 市场"。到 2016 年底，全球 CDS 的名义规模为 10.18 万亿美元，不到 2007 年的 1/6。

面对这个颓势，CDS 还能恢复往日的荣光吗？市场并不乐观。在全球主要经济体维持量化宽松政策，债券发行利率与违约率同时走低之际，银行作为债券市场的大买家，承担的违约风险并不高，没有太大动力在单名 CDS 市场寻求担保。或许要等到全球负利率环境发生改变，实体市场的债券发行利率和违约率走高时，CDS 市场才能恢复活力。

中国是个热爱"金融名词创新"的地方，而 CDS 的重点在于分散"违约风险"，没有"违约"，哪里有违约风险？没有违约风险的"违约互换"简直充满了柏拉图的仪式感。也许，要等到债券市场"打破刚兑"的那天，公募市场上发生实质性违约，中国版 CDS 才能从"名词创新"走向实践。

# 25

## 格莱珉银行变形记：
## 从"普惠金融"到"普通金融"①

时光回到 20 世纪 70 年代中期，刚从美国获得经济学博士学位的青年学者穆罕默德·尤努斯与一位贫困潦倒的竹凳制作工人苏菲娅在孟加拉国南部乔布拉村偶然相遇，目睹了苏菲娅因借不到 22 美元而落魄的境遇。为了使更多像她一样的穷人能够获得贷款摆脱困境，尤努斯开始了漫长而艰辛的动员游说、贷款方案试错以及机构筹建。1976 年，在尤努斯教授的带领下，一家致力于为农村贫困地区的穷人提供微额无抵押贷款的"穷人银行"——格莱珉银行成立了，它颠覆了"富人金融"的概念，保持着十分惊人的回款率（最高时达 98%），引起媒体和学者的广泛关注，一时间成为全球传奇。"穷人的诚信"一炮打响，格莱珉模式也成为当时普惠金融的典范，在 40 多个国家推广。穆罕

---

① 本文由香帅、陆佳仪合著。

默德·尤努斯教授也因此获得2006年的诺贝尔和平奖。直到今天，说起普惠金融，人们仍然习惯于把格莱珉银行作为代名词。

然而并不为很多人所知的是，21世纪初，格莱珉银行经历了重大转型，第二代格莱珉银行取代了经典格莱珉银行，从最早的小组互保贷款走向个人贷款，也从普惠金融走向了普通金融。

第一代格莱珉银行的成功和小组贷款制度（Group Lending）与共同责任（Joint-Liability）这两大制度创新密切相关。顾名思义，小组贷款不同于个人贷款，是由银行发放给当地村民自发组成四五人的贷款小组，成员信用以小组形式捆绑。一旦其中一人违约，整个联保小组的信用受损，所有小组成员失去继续贷款资格直至欠款全部还清为止。在总结早期格莱珉的成功经验时，人们认为小组贷款机制能有效利用借款者事前更了解组员"是什么"（Positive Assortative Matching），事中更容易观察组员"做什么"（Peer Monitoring），以及事后更有效惩罚违约组员（Peer Pressure）这三大优势，在筛选、监管与执行三个环节上对传统贷款方式进行了改进，克服了信息不对称问题。但在如潮的好评声中，也有反对声音：小组贷款在熟人社会中制造了过大压力，反而降低了潜在借款者的信贷意愿，不利于农村地区长期稳定与发展。零星的质疑声夹杂在一路挺进的凯歌声中，并未影响人们对格莱珉模式的乐观评价，直至20世纪末一场洪灾的爆发。

1998年，孟加拉国发生了历史上最为严重的洪灾。据统计，洪灾持续11周，2/3的国土被淹，影响近3000万人口，严重破坏了当地基础设施，两季稻谷的损失造成食品短缺，大量经济活动因此中断。洪灾过后，格莱珉银行宣布其 42% 的放贷中心为灾难中心，采取了对已有贷款展期并发放新贷款帮助灾区借款人应对紧急需求的措施。银行寄望于借款人得到新贷款以获得增加收入的机会，但善意的举措却由于灾后大量借款人债务超过其偿还能力，开始逃避还贷，导致格莱珉银行的贷款回收率迅速下降。洪灾所引发的金融冲击，在 1999 年中期达到顶峰，银行面临众多严重的违约问题，迈门辛、坦盖尔等中北部偏远地区出现大量逾期贷款。事实上，尽管大部分借款人境况尚好，但仍有数量可观的借款人欠贷不还。

真正让银行警惕的是，仅用灾难来解释违约率的上升并不充分：所有借款人都正常还款的中心正好在地理上毗邻严重违约的地区。证据显示，相比于洪灾，银行系统的结构性缺陷是问题产生的更重要原因。一方面，早在 20 世纪 90 年代初随着银行规模的扩大以及各类新产品的推出（尤其是住房贷款），借款人可以获得的贷款规模也在不断扩大。此时银行内部逐渐出现担忧的声音，认为实际的违约率正在上升，但银行经理通过向违约者展期并提供更大规模的贷款来粉饰太平。1995 年，在没有任何自然灾害或有组织的抗议活动的情况下，仍然有多个地区出现了有组织的坏账，为此当时总部建立了特别机构监控并着手解决这一局部问题。另一方面，灾后工作组也调查发现，随着贷款额度的增大，银行与客户之间信任与透明度的丧失成为关键：其一，小组集体会议的出席率降低与危机产生关系密切；其二，当贷款金额较大时，银行监督贷款资金的实际用途变得困难，部分借款人的合谋更让其难以监控。针对这一现象，格莱珉银行开始思考从产品和体系两方面对自己进行脱胎换骨的改造。

## 产品革新：从小组到个人，从僵化到灵活

在产品的革新中，著名的小组贷款方案（Group Lending Scheme）被坚决地弃用。小组贷款方案是第一代格莱珉银行被广泛宣传和广为称道的普惠金融方案——借款人为获得贷款必须存钱，形成了强制性储蓄和小组基金，因此无论是贷款，还是储蓄，均以小组为单位，小组对其成员的个人贷款负责并提供担保，形成一种共同责任制。这一制度曾被认为是格莱珉银行以及类似机构维持高还款率的主因。这一制度下最典型的贷款被称为"一般贷款"，期限为 1 年，在贷款发放一周后开始偿还，均分 52 期偿还，每周以小组集体会议的形式向银行工作人员公开归还贷款。在贷款规模尚小的时候，资金用途主要是安全的、能快速产生收益的经营活动，但后期随着贷款规模越来越大，资金越来越多地用于投资额更高、利润更高的经营活动，例如，购买农业装备、移动电话和灌溉设备等。后期格莱珉银行开发的另一款重要贷款产品为"房屋贷款"，分为中等住房贷款和基本房屋贷款，可用于房屋建筑与装潢，作为一种投资性贷款，其年利率更高，中等住房贷款为 8%，其贷款上限也高于一般贷款，最高可达 25000 塔卡。随着格莱珉银行的发展与新产品的引入，格莱珉银行单笔贷款规模不断上升，贷款资金用于投资额度更高、回收周期更长，

以及利润更高的项目（如扩大生产或房屋建造）成为一个大趋势。

除了贷款规模变大外，小组成员的内部分化也成为趋势。经验表明，有些借款人的业务发展快于其他人，例如，更接近市场，有渠道进入更大的市场，其家庭有更强大的经营能力，这部分借款人理应被给予更大额度的贷款，使其能充分利用投资能力与机会获利，但单独提升个人的贷款额度上限将带来团体内部冲突。经验表明，如果一个借款人提升其贷款上限，其他人即使不具备大额贷款能力，也会要求提升贷款上限。为更好地利用这些人拥有的投资机会，第一代格莱珉银行曾经通过"集体贷款"（Collective Loan）的形式向一个群体贷款，使该群体能够合作经营一些利润率更高、资本更密集的投资项目，但群内利益分配以及搭便车等问题往往导致项目最终失败。

还有其他一些原因被认为与小组贷款失去民心有关。按照卡兰和吉内（2007）的研究成果，有三个原因造成了小组互保体系的崩塌：（1）小组内部的还款压力造成了成员间的紧张关系，因为不愿破坏社会亲缘关系，许多成员自愿退组；（2）高风险借款者缺乏还款动机，搭便车的现象愈演愈烈，低风险者自愿退组；（3）随着小组的发展，成员间的异质性凸显，尤其是贷款额度需求逐渐分化，低额度的贷款者不愿为高额度贷款者继续提供担保而退组。

为了解决小组贷款中的这些问题，第二代格莱珉银行将小组贷款全部转为个人账户贷款，同时原先包括一般贷款及其他贷款产品在内的僵化的还款条款被修改，取而代之的是在期限、分期还款规则、贷款额度上限等方面都更为灵活且个人化的基本贷款。这类贷款期限从 3 个月到 3 年不等，其分期还款额可以根据借款人经营环境不同而进行调整，其还款额需在贷款审批前由借款人和银行协商确定。此外，第二代格莱珉银行还修改了银行的贷款上限规则，每一个借款人都有自己的贷款上限，而不再是一家分行的所有借款人使用同一上限。确定上限一般有两个标准，其一是按照储蓄存款账户的累积存款总额来确定，其二是根据个人、小组及中心的整体历史表现。原先的小组储蓄也变成了个人账户储蓄，对于每个贷款者获得的每笔贷款，都按贷款额的 5% 扣除并存入其个人账户。此外对于存续期的贷款，借款人必须每周向其个人储蓄账户存入一笔最低额度限制的款项。小组依然存在，承担交流信息的作用，小组会议仍然定期举行，以增进银行与小组成员之间的透明度，但小组不再对成员的个人贷款负责。此外如果整个小组在信用上表现良好，小组也作为银行进行统一奖励的单位。

## 体系转型：从穷人银行到金融体系

很多研究者认为，格莱珉银行在 2001—2002 年的改革，不仅是应对金融危机的一次产品创新，更是它从面向穷人的贷款机构向金融体系转型的一次变革。尽管在此之后，尤努斯教授仍然坚持穷人的诚信以及向穷人贷款的理念，但银行的客户群体发生了很大变化，已经越来越多地转向非贫困人口，也更加注重客户群体的扩大、储蓄的扩张以及银行利润率的提升（Hulme，2008）。

除了前文提到的小组贷款转换为个人贷款以及金融产品的革

命，第二代格莱珉银行最为显著的特点之一是引入了众多的储蓄存款产品，并注重从会员和公众吸收储蓄存款。在第一代格莱珉银行中，吸储是核心业务，但非主要目标与任务。但在第二代格莱珉银行中，个人账户的存款对贷款的申请至关重要，新的组员需要每天在其个人存款账户中存入 5 塔卡，直至银行承认这一小组；存款的金额可变，视其所贷款项的金额而定。除了强制储蓄外，第二代格莱珉银行还在 2000 年引入了 GPS 养老金计划，为借款人准备退休提供免税的储蓄渠道，也为银行提供可靠的资金来源；GPS 的成功和普及为吸收自愿储蓄存款提供了必要的推动力量。在最初的 5 年，动员储蓄的效果十分可观。据统计，2002—2005 年，银行总储蓄翻了两倍，达到 4.78 亿美元。下图列出了格莱珉银行 2000—2005 年储蓄存款账户的变化情况与GPS 吸收自愿存款情况。

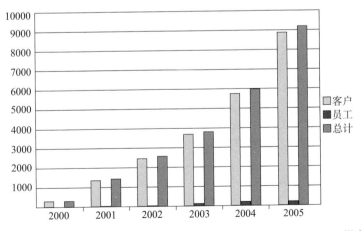

2000—2005 年从客户和员工吸收的 GPS 存款情况（单位：100 万塔卡）

　　与储蓄一同增长的还有格莱珉银行的客户群与利润。数据表明，在第一代格莱珉模型下，银行花了 27 年的时间积累了 250 万的客户群；但在第二代格莱珉银行的框架下，自 2001 年起仅用三年时间便吸引到 250 万新增客户。此外，银行利润也从 2002 年的 6000 万塔卡升至 2005 年的 4.42 亿塔卡。与此同时，银行增设了 500 多个分支机构，到 2005 年，分行数量已经达到 1700 多个。以下是第二代格莱珉银行在 2002—2005 年的增长情况。

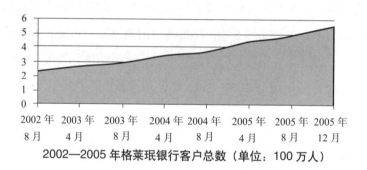

2002—2005 年格莱珉银行客户总数（单位：100 万人）

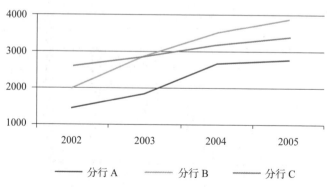

2002—2005 年格莱珉银行三个分行的客户数量（单位：人）

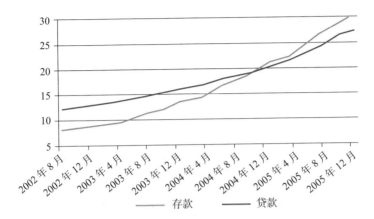

2002—2005 年格莱珉银行存贷款规模（单位：10 亿塔卡）

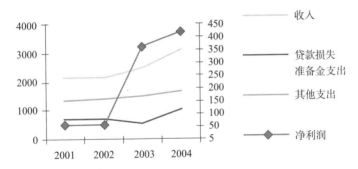

2001—2005 年格莱珉银行年度收支与利润（单位：100 万塔卡）

在第二代格莱珉银行快速成长的同时，也有声音指出格莱珉银行的客户群体已经发生变化，穷人不再是银行主要的服务对象：在第二代格莱珉银行下，无论是贷款资格的门槛与方式（需要一定数额的个人存款作为贷款的前提），还是通过新产品的设计来引导投资行为，以及对资金规模和利润的追求，都使格莱珉银行越来越多地服务那些非贫困或稍贫困人群。对于极端贫困人群，虽然第二代格莱珉银行也推出了"Struggling Members Programme"（奋斗会员计划），向他们提供具有补助性质的微额贷款，但截至 2005 年 12 月，该项目仅有 5.6 万客户加入，极端贫困人口通过该项目可获得的平均贷款仅为 6 美元，平均每人还需储蓄 1 美元。相比于孟加拉国 250 万极端贫困人口，如此数量与金额无疑是杯水车薪。

放弃了小组贷款的格莱珉银行焕发了新的生命力，不仅顺利解决了灾后遗留债务问题，还吸引了更多的储蓄和更广泛的客户群体，并在短期内扭亏为盈。换句话说，在产品革新和体系转型的过程中，格莱珉银行已经主动融入正式金融体系，悄悄隐去普惠金融的光芒，回归到普通金融的轨道。相似的故事也在其他机构或组织中发生：根据卡兰和吉内（2007）的研究，2004—2005年菲律宾莱特岛绿色银行 169 个中心的自然试验发现，当原先的小组贷款转化为个人贷款后，违约率并没有上升，但客户群迅速扩大，同时新增客户主要为优质客户，说明原先不愿意加入小组贷款项目的低风险者在小组贷款项目转化为个人贷款项目后愿意加入了。

第一代格莱珉银行的转型，意味着上一代普惠金融的先锋在20 多年的尝试后对现实的妥协，尤其是当他们发现曾引以为傲的制度创新的弊端在一次天灾的面前无所遁形时。但是，关于普惠金融的探索并没有停止。2005 年的"国际小额信贷年"，联合国首次正式提出普惠金融的概念。与传统金融的"嫌贫爱富"不同，普惠金融希望构建一个全方位、公平有效地惠及社会各个阶层和群体的金融体系。其主要任务是使被传统金融忽视的弱势群体，包括城乡低收入群体、小微企业等享受到方便有效的金融服务。这正是 20 世纪第一代格莱珉银行以及小组贷款模式所致力的工作——向普罗大众证明"穷人的诚信"不是一纸虚言。

旧时王谢堂前燕的"金融"真的能飞入寻常百姓家吗？为什么 20 世纪格莱珉银行在努力挣扎了 20 多年后终于无以为继？是普惠金融的方向错了，还是普惠金融的路径出了偏差呢？信息技术飞速发展的今天，技术能否重构普惠的概念？信息能否重构普惠金融的概念？

答案，已经渐渐浮出水面。

# 附录一
# 淡霾春天里的三日读书时光


## 胡长白


我第一次读完一本金融学著作，这让我大为吃惊。我没买过股票，几乎不去银行，连淘宝也不用。起初是因为我知识匮乏，恐惧数字和一切繁复琐细之物，后来竟刻意回避它们，以至这种回避凝结成了顽固的偏见。但凡在机场书店遇到谈论金钱和资本的著作，我总会转身离去，生怕遇到一张虚浮油亮的作者的脸。直到读了香帅无花的《金钱永不眠》，顽固的文艺中年终于有所改变。

以下忠实报告我在《金钱永不眠》中得到的知识和美感，它们让我觉得没有虚度在淡霾的春天付出的三日时光。

第一，金融是我们时代的背景，是个体所处的整体生活世界。你可以找到无数个关键词标签化这个时代，而"金融"应该被贴在最上面、最显著的位置。政经系统的得失兴替，个体生活的忧喜悲欢，皆在资本世界、金融背景之下展开。当你把目光或镜头从前台的生活戏码拉开，向更远更深处延展时，总可以看到大金融的背景。人与物、人与人、人与社会，乃至自我与内心的交互建构，始终渗透着资本的逻辑。前台的锣鼓，不过是后台大背景、大逻辑的呼啸和回响。从范蠡、张謇到袁庚，从东印度公司、万科、三一重工到泛亚，从荷兰的巨舰、韩国的救市之手、中国香港的突围之路到中国内地 A 股的熔断机制，皆呻吟、呼喊着那个时代的声音和腔调。

第二，向史、向学、向人。香帅写金融的笔法，先是向史溯源，讨要证据，再从经典理论那里探求可能的确定性，进而落实到人的具体处境和选择。如是，三卷三十余个专题铺陈下来，便提供了足够的概念和观念、方向和方法、解释和解决方案。有的专题告诉你"原来如此"之事——向史，有的章节述及"本应如此"之事——向学，有的故事则提示你就是主角，"如我一般"——向人。古今贯通，事理连缀，得失反复，一半是火焰，一边是海水。历史醒了，人睁眼了，现实仍在明昧之间，而金钱永不眠。王二狗和 D 小哥仍奋力走在飘浮、眩晕的大道上。

第三，有趣的严肃写作。当代学者已经很久不会写有趣的文章了。模型、数据、名词、逻辑编织的理论幻境，同宇宙人生、现实社会的真切处境之间隔得太远。居高临下的启蒙、教化和为世俗理性立法的知识优势不复存在，又不愿或无力重返百姓日用之道，这是今日包括我在内的学术群体的普遍尴尬。远离地面三万英尺，见不得南极北冥，亦无现实的草木可栖；谱不得雅颂，又唱不得凤凰传奇；道理太多，又离道太远。也有接地气的，又失之于过度迎合，好端端的道理沦为成功学，盈盈然的灵韵沸化为鸡汤。

香帅则不然，她写的是金融江湖。桃李春风一杯酒，江湖夜雨十年灯。有酒一瓢，你先喝了再说；有灯一盏，你要你就点燃。她在大大小小的金融理论的缝隙中绵密地嵌入了武侠、八卦、段子和流行歌曲，总是出其不意，又合情合理。

这跟我见她第一面时的印象是一致的：端正素净的美女教授的头上，轻覆着金毛狮王般的乱发。

# 附录二
# 江湖是要花钱的

王怜花

@ 香帅无花的名号来自《楚留香》中亦友亦敌的两个人，也许那本来就是一个人的两面：盗亦有道的老江湖、孤芳自赏的清洁癖；但她的本尊却很可能是来自《白玉老虎》中令人生畏的蜀中唐门，芳名唐涯。坊间传说，唐门举行抓周仪式，其时唐门长辈唐二先生正痴迷于《天涯明月刀》，随口一句"天涯远不远？"，遂取"涯"字。

话说江湖学问千门百派，其中命门之学乃是关于钱的学问，江湖俗称金融学。金融金融，一个是金，一个是融。唐涯异邦学艺、潜心金融，某一日，风雨如晦，心有所感，融会贯通：钱，越多越好；钱，身外之物。于是自号 @ 香帅无花，行走江湖，以明心志。她觉悟这一幕，像三少爷突然想明白燕十三的夺命第十五剑，也像绝命毒师老白说的——I am awake（我醒了）。

关于钱的学问，关于钱越多越好这件事，还有哪句话比"金钱永不眠"更能一剑封喉呢？所以，@ 香帅无花的江湖秘籍就叫《金钱永不眠》。金融的真谛，大家话赶话，都喜欢说关键词是信用、风险、预期等。不过，在江湖肉搏中，可能只有一个关键词——投机。对于基金经理来说，"价值投资"只是一个政治正确的路演说辞。看看《亿万》第二季里，一个季度业绩不好，就能急坏基金管理人。做二级市场的高手，比如江湖人称"白衣阿曼尼"的徐翔，在他还没有内幕消息做撒手锏级暗器（此暗器威力堪比唐门暗器）的时代，完全是一个天赋异禀、直觉敏锐的沉默刺客，后来傍上大佬才变身炼金术士。做 VC 的都心照不宣：那些从 Pre-A 到 A+ 轮的估值，一大半是靠拍脑门的。《股票市场的投机因子能赚钱吗？》专门讲投机这件事，深入浅出，举重若轻，转引如下。

理论：1977 年，诺奖得主默顿·米勒提出投机会使金融资产价格有长期偏离其基本面估值的风险，所以股票价格中应该包含这部分风险的溢价。到 2003 年，有个很牛的中国经济学家熊伟和他的合作者施可曼（Scheinkman）又进一步证明了股票的价格中确实会有一个"投机因子"或者说"泡沫因子"，要考虑股票的准确估价，就需要将这个因子考虑进去。

实验：在任意一个月的月末，我们先计算所有股票的异常换手率，然后排序，并分成 10 组（组数可以调整），然后买入异常换手率最高的一组（高投机型股票），卖空异常换手率最低的一组（低投机型股票），持有一段时间。这个交易策略的年化收益率是 23.5%。我们再将一些交易费用（如印花税、买卖价差等）和其他一些费用剔除，这个交易策略仍然能稳定地实现 21% 以上的收益率。

结论：在中国 A 股市场上，基于投机因子的交易策略始终能带来远远高于市场平均水平的收益率，牛市和熊市都一样。

另一个结论：更有意思的一个现象是，有卖空限制的市场投机程度更高，股价也更高，用金融术语说就是有一个"投机溢价"。这里需要稍做补充：中国市场一直有严格的卖空限制，在 2010 年融资融券启动后算是迈出了解禁卖空限制的第一步。在 2011 年的股指期货推出后这一限制进一步放松。与这个趋势相吻合，我们发现我国 A 股市场的异常换手率也呈现下降趋势。

人事有代谢，往来成古今。几个月前，特朗普刚当选总统时，说普京对他有好感是资产，转眼间，随着俄罗斯黑客操纵美国选情传闻发酵，资产变成了负债。

争夺权力和金钱的方式从暴力、非法转向和平、合法，是人类文明进步的里程碑。选举和并购是政经领域里的典型代表。宝能收购万科，本是合法的正当举动，但在这个神奇的市场环境里，却演绎出各种故事。市场不幸，学者幸，@香帅无花因此得以在书里用三个长帖来说个明白。

在第一帖《万科 vs 宝能：理想向左，资本向右》里，@香帅无花先讲宝能为什么要买万科：

> 万科被宝能盯上，一点儿也不奇怪。实际上应该奇怪的是这么多年居然没有被人盯上。为什么？因为像万科这样的标的，从兼并收购的角度来看，简直就是万里挑一的肥肉。2012—2014 年，万科的净资产回报率分别是 21.49%、21.49% 和 19.08%，而同期房地产业平均的净资产回报率是 10.38%、10.84% 和 5.9%。从 2013—2015 年的市盈率来看，万科 A 股的市盈率平均为 11.45%，而同期中信房地产指数的市盈率为 18.72%。也就是说，万科在过去的几年中，比兄弟房地产企业的市盈率低了差不多 40%。按照金融学的术语，这就是"价值被低估"的股票啊，不但价值被低估，股权还分散，这就好比一个二八芳龄的姑娘，貌美如花，聘礼要求超级低，陪嫁超级多，却没有登徒子看上，那不奇怪吗？坦白说，在美国市场上，这样价值被低估的"现金牛"企业估计早就被各路资本穷追不舍了。

在赞叹了宝能姚董的战法正确、战绩辉煌后，@香帅无花总结评价说：

> 这个案例只是一个开端，是中国资本市场良性发展的一个开端。从前我们习惯了幕后交易、暗箱操作、老鼠仓，现在转到地面上，大家堂堂正正地开战，用资本说话，用战术

说话。证监会发表的公告大概也表明了这一点，在现行法律法规范围内的交易行为，是受到保护的。在我看来，这是资本市场进步的标志。

常识健全的人应该都会同意这个评价，市场原教旨主义者会倾向于把身上所有能举的部位都举起来表示赞同。

但是，万科的王董不干了，自家的一亩三分地怎么能让一个门口的陌生人来做主呢？特别是这个陌生人还是卖菜起家的野蛮人，还是民营企业。于是，宝万之争起，江湖狼烟滚滚。

其实，这不过是个股权和控制权的常识性问题。想到普及常识于吾国吾民功德无量，@香帅无花在第二帖《股权 vs 控制权：万科围城》里苦口婆心：

1988 年，王石放弃了股权也许是历史的局限；2000 年，在企业实力、政商环境、金融市场背景，以及个人交情等种种因素的考量中，万科引进华润无疑也是当时约束条件下的最优选择。然而时代在变，万科却没有变，作为一个核心资产之一在于"管理团队能力"的企业，在长达 10 多年的时间里，没有从制度层面或者从企业运营模式方面上做出努力，没能使企业股权比例和企业核心要素禀赋得以正确匹配。在这样的股权结构和公司控制模式下，坦白说，即使不是在 2015 年，股东与管理层的矛盾也会在某个时点爆发。

对比一下，曹国伟从新浪 CFO（首席财务官）升任 CEO，所做的第一件事就是 MBO，从而确保团队作为第一大股东的控制地位。一个带头大哥的时间管理中，最紧急、最重要的事项是什么？装大牛、装大爷都是人之常情，但只装大牛、装大爷解决不了控制权问题。

在第三帖《并购时代之风起云涌》中，@ 香帅无花提醒江湖大佬，中国的并购时代来了：

> 经济下行、公司利润下滑、管理层代理问题、公司价值被低估、游资流动，这些曾经催生了美国杠杆收购潮的重要因素，也在 2015 年和 2016 年的中国资本市场上开始掀起风浪。并购的时代已经来临，所有仍然希望留在资本市场上的企业，将无法回避这个命题。

金融圈喜欢古龙、金庸的人很多，究其原因，或许是因为金融最接近真正的江湖：有刀口舔血的血雨腥风，也有四两拨千斤的举重若轻；有青山磊落险峰行，也有酒罢问君三语。从"只要有稳定的现金流，就可以证券化"这条江湖切口出发，@ 香帅无花在《资产证券化的前世今生》的结尾（同时也是全书的结尾）总结道：

> 在大半个世纪的时间里，华尔街的金融家做的究竟是什么业务？其实想一想，就是将形形色色的现金流"证券

化"——从债券、股票到资产支持证券。金钱永不眠，而金融的创新也不会停止。

古龙和金庸都有过类似的总结。在《神雕侠侣》和《倚天屠龙记》两段故事的转折处，金庸写道："花开花落，花落花开。少年子弟江湖老，红颜少女的鬓边终于也见到了白发。"在《风云第一刀》的结尾，孙小红、李寻欢目睹一个少年离别恋人去闯江湖的伤感场景，孙小红不解何必要闯江湖而伤别离，李寻欢解释说江湖子弟就是这样一代接一代闯江湖，否则就没有江湖了。

金钱必须永不眠，否则就不叫金钱了。